中国与东盟国家的产业合作

INDUSTRIAL COOPERATION
BETWEEN CHINA AND ASEAN NATIONS

韦政伟⊙著

清华大学出版社
北京

内 容 简 介

2020 年全球经济衰退,中国与东盟贸易却逆势增长,双方互为最大贸易伙伴。基于双方合作的重要性,本书分析了中国与东盟产业合作的演进、模式及博弈机制,明确合作中的互补与竞争特性。通过博弈论建模得出:中国应主动推进合作,东盟则倾向于"搭便车";引入美国后的三方博弈则复杂化,需通过约束性协议确保稳定。

进一步的实证研究显示,中国与东盟在电子产品、纺织品等领域竞争激烈,但在矿产、化工、机电设备方面互补性强。其中越南、泰国等国与中国贸易密切,而新加坡、马来西亚侧重高附加值服务与产业链合作。为深化合作,需强化政府引导与企业主导,促进产业链整合升级与多领域交流,形成更高层次的产业协同与共赢发展。

图书在版编目(CIP)数据

中国与东盟国家的产业合作 / 韦政伟著. --北京 : 清华大学出版社,2025. 8.
(清华汇智文库). --ISBN 978-7-302-70137-8

Ⅰ. F125.533

中国国家版本馆 CIP 数据核字第 2025KE6331 号

责任编辑:纪海虹
封面设计:汉风唐韵
责任校对:王荣静
责任印制:丛怀宇

出版发行:清华大学出版社
   网 址:https://www.tup.com.cn,https://www.wqxuetang.com
   地 址:北京清华大学学研大厦 A 座   邮 编:100084
   社 总 机:010-83470000   邮 购:010-62786544
   投稿与读者服务:010-62776969,c-service@tup.tsinghua.edu.cn
   质量反馈:010-62772015,zhiliang@tup.tsinghua.edu.cn
印 装 者:北京鑫海金澳胶印有限公司
经 销:全国新华书店
开 本:170mm×230mm 印张:15.5 插页:1 字 数:220 千字
版 次:2025 年 8 月第 1 版   印 次:2025 年 8 月第 1 次印刷
定 价:98.00 元

产品编号:106772-01

A摘 要
bstract

In 2020, when the COVID-19 pandemic triggered the global economic recession, trade between China and ASEAN grew against the trend and the two sides became each other's largest trading partner. Based on the importance of bilateral cooperation, this book analyzes the evolution, model and game mechanism of industrial cooperation between China and ASEAN, and clarifies the complementary and competitive characteristics of cooperation. Through game theory modeling, it is concluded that China should take the initiative to promote cooperation, while ASEAN tends to "free ride"; after the introduction of the United States, the tripartite game is complicated, and binding agreements are needed to ensure stability.

Further empirical research shows that China and ASEAN compete strongly in electronic products, textiles and other fields, but are highly complementary in minerals, chemicals, and mechanical and electrical equipment. Among them, Vietnam, Thailand and other countries trade closely with China, while Singapore and Malaysia focus on high value-added services and industrial chain cooperation. In order to deepen cooperation, it is necessary to strengthen government guidance and enterprise leadership, promote the integration and upgrading of industrial chain and multi-field exchanges, and move to a higher level of industrial coordination and win-win development.

Keywords: CHINA; ASEAN; Industrial Cooperation; Game Theory; Input-Output Technique

研 究 意 义

产业合作作为经济学领域中历久弥新的研究主题,其深度与广度不断拓展,形成了生产链、技术创新、市场营销等多维度的协同效应(Uhlig, 1980; Szumanski, 1989)。在全球化与区域经济整合的大潮中,产业合作超越了传统意义上的货物与服务交换,成为推动国家与企业技术革新、组织优化的基石。学术界对产业合作的关注,集中于国际贸易的动态、产业分工的演变,以及产业集聚的效应,然而,针对中国与东盟之间这种"南南合作"模式的系统性研究尚显不足,尤其是对国际产业合作效益的全面评估,亟待深化。

自第二次世界大战以来,中国与东盟的产业合作历经波折,从初期受地缘政治与经济条件限制,到近年来的深化互动,尤其是在中国—东盟自由贸易区(CAFTA)的推动下,双边投资与贸易实现了稳定增长。而自 2013 年起携手共建"21 世纪海上丝绸之路",进一步深化区域合作,加大开放力度,促进了多样化产业合作。其中,基础设施建设成为了合作的焦点,有效促进了区域内的互联互通与产业升级。[①] 2020 年,习近平总书记指出,中国—东盟关系

---

① 韩正.打造更高水平战略伙伴关系 迈向更为紧密的中国—东盟命运共同体[N].人民日报,2018-10-15.

是亚太区域合作中最为成功和最具活力的典范，也是推动构建人类命运共同体的生动例证。随着 2020 年 RCEP 的正式签署，不仅标志着全球规模最大、人口最多的自由贸易区的诞生，更为中国"双循环"新发展格局的构建注入了强劲动力。

在当今全球经济衰退与地缘政治处于不确定性的背景下，中国与东盟的贸易关系已超越了传统的伙伴范畴，彰显了区域合作的韧性和潜力。深化中国与东盟产业合作，既是应对当前挑战的务实之举，也是实现"双循环"战略目标的关键路径。所以，本书基于系统性分析产业合作的最优策略，通过理论模型构建与实证数据分析，旨在明晰合作目标与实施机制，为政策制定者与市场参与者提供精准参考。

从理论价值来看，以往的文献对北美、欧盟等发达经济体之间的产业合作研究较为深入，对发展中国家之间的产业合作研究较为匮乏。与发达国家间"北—北型"相对应，中国与东盟国家产业合作模式是典型的"南—南型"经济合作。研究中国与东盟国家产业合作的模式、机制和效益，是基于经典的产业经济学与区域经济学的理论架构。从合作的视角出发对相关理论进行新的解读和升华，是对产业组织理论与区域经济理论基本框架的扩展和完善（李一鸣，2018）。因此，本书对于中国—东盟产业合作的研究，在明确界定产业合作相关概念、基本理论框架和方法论体系的基础上，深入分析世界各国之间，特别是中国和东盟国家间产业合作的文献研究进展，同时也为中国和东盟未来在 RCEP 机制下的产业合作提供一个新的研究视角，试图形成一个完整的理论框架，并对相关理论做出补充与完善。

从实践价值来看，2020 年中国与东盟已经发展成为相互之间的第一大贸易合作伙伴，中国与东盟之间的政治、经济关系显得愈发重要。作为"一带一路"倡议的东盟起点，对东盟国家和中国的产业合作研究不仅关系到双方未来的经济发展，也对中国与其他国家未来产业的合作方向具有重要的借鉴作用。目前，业界对于产业关系的研究主要集中在中美间经济依赖性以及东亚各国间的生产网络，对中国和东盟国家间的产业合作缺乏深入细致的研究和评价。因此，通过对中国与东盟的产业合作机制、产业间的互补性和竞争关系、产业合作的效果进行分析,有助于对双方进一步深化合作的背景进行解读。对双方产业合作的模式现状进行总结,对合作效益进行测算,在此基础上,对未来中国与东盟国家之间产业合作深化提供政策建议,具有重要的实践价值。

综　　述

一、国外相关文献综述

Uhlig(1980)基于 Geneva 于 1973 年为欧洲经济委员会撰写的报告,首次提出了产业合作的广义定义,将其视为不同经济背景实体间的商业伙伴关系,不仅局限于商品与服务交换,更涵盖了生产、技术、营销等领域的协同。Leise (1977)则给出了狭义定义,强调专业化共同生产中的调整与协调。Schenk (1976)认为互助平衡常通过实际补偿来实现,这一观点在发展政策中得到广泛应用,以弥补国家间发展差异,高效利用全球资源,尤以产业生产合作为重。

西方工业化国家与发展中国家间的产业生产合作,即"南北关系"[①],由市场类型、发展水平及双方利益决定,形式多样,如分包、顾问合作、许可合作及企业合资等。在东盟、安第斯条约[②]、阿拉伯共同市场等地区与组织中,区域内的产业合作成为推动共同发展的基石。Filippi(1997)指出,合作前景的共识与公平收益分配至关重要,需具有高度信任、高效利润评估、均衡合作结构与长期策略。Beechler 和 Ranis(1993)强调来自政策与市场的影响,合作通常

---

① UNIDO Expert Group. Industrial subcontracting and partnership agreements in North-South and South-South industrial cooperation programmes[J]. UNIDO Technical Report,2024,(n. p.): 1-10.

② 安第斯条约,亦称安第斯集团,是南美洲安第斯山脉区域国家建立的区域性经济合作组织。1969 年 5 月,玻利维亚、智利、哥伦比亚、厄瓜多尔和秘鲁 5 国在哥伦比亚的卡塔赫纳市签署《安第斯区域一体化协议》(通称《安第斯条约》或《卡塔赫纳协议》),并组成了安第斯条约组织。

由政府发起,受发展成本与全球需求驱动,参与方包括企业、政府及信息收集机构。Szumanski(1989)从另一个角度认为,产业合作兴起源于其显著优势,特别是东方国家通过技术转移缩小科技差距,降低成本,刺激创新,提升产品质量与竞争力。西方企业则受益于低成本生产与新市场开拓。

产业组织理论超越了完全竞争市场的传统假设,战略管理中的产业组织经济观基于此发展,分为"旧"与"新"两个阶段。在产业组织研究中最有影响力的是 SCP 框架,强调市场结构对企业行为及绩效的影响。此外战略研究的核心是 Porter(1981,1987)的五力模型与多元化企业战略,其构建体现了 SCP框架的应用与反思,重点关注企业自身多元化因素与战略行为的市场结构反馈效应。实证研究表明,产业结构与企业自身因素对盈利能力的影响各有侧重。Schmalensee(1985)发现产业效应显著影响企业业绩,而 Rumelt(1991)则认为企业单元效应更重要。Powell(1996)分析表明,产业结构仅解释了部分业绩差异,企业自身因素更为关键。Demsetz(1973)、Cave 和 Porter(1977)探讨了市场集中度、进入壁垒对利润的影响,强调产业结构对行业流动性及利润的系统性影响。

西方的产业组织理论对中国产业分析具有重要价值,尽管存在批评,如过分强调市场结构而忽视企业内在因素,但它在寡头竞争、反垄断政策等领域提供了有益视角。SCP 范式在中国电影、鞋业、白酒、房地产等行业分析中得到应用,证明了市场结构变迁与垄断形成的关系,为政策制定提供了理论支持。在社会主义初级阶段,产业组织理论为市场资源配置政策制定及反垄断立法提供了依据,有助于减少社会损失的机会成本,实现经济发展目标。

二、国内相关文献综述

国内学者对中国与东盟国家产业合作的宏观态势与策略进行了深入探讨。吕余生(2014)强调,中国与东盟产业合作需依托自贸区优惠政策,实现优势互补,提升合作层次,通过跨国产业链和经济园区推动合作创新。廖淑萍(2017)指出,中国对东盟直接投资占比高,集中于基础设施,但面临地缘政治复杂、营商环境不稳定等问题。李东晋(2019)主张,中国应主动规划全球产能合作与产业梯度转移,以适应经济内在需求。战伟(2018)提倡以自贸区为基础,深化贸易、基建、产业、技术园、服务业合作。杨宏恩、孟庆强(2016)提出,应增强政策对接、建立互补产业链、构建多元化分工体系,实现产业双向嵌入与整体依赖。徐颖(2017)分析了全面合作领域,建议政府与企业各司其职。

在合作机制方面,胡晓珊(2004)、蔡洁和宋英杰(2007)探讨了中国与东盟合作中的博弈机制,认为应采取轮流讨价还价的博弈模式,以实现互利共赢。吴崇伯(2016)、陈慧(2017)聚焦产能合作,强调在基础设施、制造业、高新技术产业的合作深化,提出完善政策支持、建设跨境合作区、扩展"轻资本"合作、规划合作领域、建立评测体系。赵静(2017)主张,中国应将东盟作为产能合作重点区域,利用政策优势推动双方在基础设施建设和过剩产能转化领域的合作。严佳佳(2018)通过分析贸易互补性和出口相似性,发现中国与东盟在钢铁、水泥等产业存在显著互补性,具有较大产能合作潜力。

在具体产业部门合作方面,张鑫(2017)研究了中国与东盟农业合作的全球价值链地位,提出了升级途径。翁鸣(2015)建议以国家项目带动农业投资,加强培训,深化经济合作机制。俞国祥和胡麦秀(2018)量化分析了中国与东盟水产品贸易的竞争性和互补性,强化合作体制与提升国际竞争力。王勤(2016)、骆永昆(2018)、张越和陈秀莲(2018)、李娅(2016)、何勇(2016)分别探讨了海洋经济、高新技术、文化、旅游、养生、环保产业的合作现状、问题与策略。王勤(2019)主张对接第四次工业革命,推动产业互补与智慧城市合作。郑一省和陈思慧(2008)提出加强与东盟的电子商务、网络安全、科技合作园区与人才培养的合作。

此外,吕政宝和吴晓霞(2018)及张江驰和谢朝武(2020)分别聚焦于文化与旅游产业,前者主张多维度推动中国与东盟文化创意产业融合;后者建议构建旅游产业合作体系,探索合作路径,促进区域旅游繁荣。刘泽英和许立(2019)及高杰(2019)着眼于特色产业,前者提出依托国家支持、品质、需求、创新和资源,与东盟开发在油茶产业的新技术合作;后者强调养生产业合作研发对中国与东盟经济、社会发展的深远影响。赵锋、马奔和陈增贤(2020)

则专注于环保产业,分析了合作现状,建议通过建设合作网络、推动产业园区及示范基地、创新绿色金融工具,深化中国与东盟在环保领域的合作。

在考察贸易便利化对双方产业合作的影响方面,李波(2017)构建了双重差分非线性关联实验模型,发现贸易便利化合作显著促进区域产业发展,特别有利于对东盟贸易依赖度高的产业。对于产业合作的效果影响,胡国良、王继源和龙少波(2017)使用全球投入产出模型,分析了中国与东盟产业合作对双方 GDP 的影响及其传导机制。

在次区域产业合作方面,熊彬、李洋和刘亚静(2018)评估了"澜湄合作"国家的产业竞争力,提出制造业是合作重点,可实现双方产业优势互补。对于中国地方与东盟的产业合作,刘家凯(2019)研究了广西与东盟产业合作的机制优化、行业拓展与问题,提出了合作创新策略。周均旭等人(2018)分析了越南劳动密集型产业合作的挑战。宁龙堂(2018)探讨了广西与东盟服务业合作的潜力。唐奇展和杨凤英(2018)分析了广西文化产业与东盟合作的路径。姜文辉、杨扬和黄钰宁(2018)提出福建应深化与东盟的产业合作,以提升竞争力。饶志明(2017)建议福建通过市场调研、资源利用、产能转化战略,选择与东盟直接投资合作方式。陈岚(2016)主张闽西与东盟应加强政府引领,深化三次产业合作。李逸群(2014)分析了贵州与东盟在农业、工业、服务业的合作,提出分工优化、中介服务体系建设与企业自主性提升策略。

研究内容与创新

一、主要研究问题

本书从定性研究、模型构建和实证分析的角度,主要探讨以下五个方面的问题。

第一，中国与东盟国家、世界其他国家经济体之间产业合作模式的机制、模式是什么，效益如何；中国—东盟与其他国家间、其他区域经济体间产业合作的比较，存在哪些共性和差异。

第二，在第三方大国（美国）影响下，中国和东盟国家产业合作的最优策略是什么。

第三，中国和东盟国家之间贸易的互补性和竞争性如何，由此是如何影响两者之间贸易的依存度和因果关系的。

第四，在中国与东盟国家的产业合作中，中国的优势产业部门有哪些，产业合作在不同国家和部门间的异同。

第五，中国与东盟国家产业合作的效益如何进行测算和评价。

二、研究内容

本书围绕中国与东盟国家产业合作的深化研究，构建了系统性分析框架。前言部分概述了研究意义，明确了创新点与主要内容。第一章梳理了国际区域经济产业合作的理论基础与方法论，通过博弈论、计量经济学与投入产出分析，奠定研究的理论根基。第二章从历史视角审视全球主要区域的产业合作实践，提炼共性与特性，为后续分析提供参照。第三章追溯中国与东盟产业合作的历史脉络，剖析合作模式、机制与特征。第四章构建中国、东盟与美国间的博弈论模型，探讨最优策略选择，揭示合作博弈的机制、策略与挑战。第五章采用全球投入产出数据，结合贸易结合度指数与贸易竞争指数，量化分析了双边贸易的互补性与竞争性，揭示贸易结构的内在逻辑与演变趋势。第六章采用实证分析与效益评估方法，评估中国与东盟产业合作的经济效益，量化贸易竞争力与合作效益，为政策制定提供实证依据。第七章综合分析研究成果，提出政策建议，同时指出研究局限与未来方向。本书旨在为深化中国与东盟产业合作提供经济学视角的深入洞察与实证依据。

三、创新之处

本书围绕中国与东盟国家产业合作,采用文献回顾、理论分析、定性与定量相结合的方法,展现如下四项主要创新。

观点创新:本书构建了包含美国在内的中国、东盟国家三方博弈模型,深入分析了大国影响下的最优策略选择,同时评估出了中国在与东盟国家产业合作中的优势产业部门,为合作策略制定提供了新视角。

数据资料创新:本书构建了涵盖中国及东盟 10 国的国家间投入产出数据库,基于 OECD 投入产出数据库,特别区分了各国各行业进出口的中间投入和最终消费,实现了对东盟国家产业合作的精细化分析。

模型构建创新:本书提出了以最终产品为外生变量的、基于国家间投入产出表的冲击模型,改进了传统模型中对总产出和最终产出的处理方法,使模型更贴近实际经济运行,提升了分析的准确性和有效性。

评估方法创新:采用极限假设法与综合评价模型,量化了中国与东盟国家产业合作对各国 GDP 的拉动效应区间,以及合作的经济效益,为政策制定提供了实证依据与决策支持。

编者

2025 年 6 月

目录
Contents

C 目 录
ontents

图表目录

第一章

概念界定与理论基础

本章主要对书中涉及的基本概念和产业合作的基本理论进行阐述,构建产业合作的方法论体系。

第一节 产业合作的相关概念

自 20 世纪 80 年代以来,各国为在全球范围内扩大产品市场,配置优势资源,国际范围内的区域经济一体化不断深化和发展,比较成功的例子是欧盟国家和北美的区域经济一体化,其他真正意义上成功的一体化范例并不多见。可能的原因当然是多方面的,但从本质上说,缺乏产业方面的深入合作是其中的一个重要因素。产业理论是经济学理论的一个重要分支,产业合作当然也是国与国之间、区域经济体之间经济合作的核心内容。产业合作不仅仅是三大产业相互之间的交流合作,同时也是贸易、资金、投资与专业技术的全方面合作,以及政府、企业、非经济组织和相关辅助机构的合作。产业合作的目标应该是在指定区域内,实现产业结构的完善升级和区域经济的可持续发展(吕洪良,2005)。

为深入分析目前国际产业合作的研究进展,本节首先对产业合作相关的基本概念进行总结。

一、产业的概念界定

产业的概念由来已久,国内外经济学领域的许多经典文献均对其做出了解释。一般认为,产业是指具有相同经济属性或经济特征的企业及其相关活动的集合。从人类经济发展史来看,产业是在经济活动过程中,随着社会分工和相互协作的不断深化,逐步形成和发展起来的。也就是说,产业是生产分工和协作发展的结果。

产业的产生与发展,第一步是社会化作业分工发展进步的产物。分工是社会生产力发展进步的最终结果,而分工的发展进步又推动了社会生产力的提升与新产业的产生。根据恩格斯的观点,人类社会已经历了三次大规模的产业分工[①]:第一次发生在原始社会后期,一方面,身为野蛮时代的中级阶段,一些族群开始驯养动物并扩大畜群,逐渐由野蛮人向从事畜牧业的游牧部落转变;另一方面,随着原始人类制造和使用工具的能力提升,出现了犁、织布机等生产工具,形成了以大面积种植谷物为目的的农耕部落,畜牧业和农业实现分离。劳动生产率的提升产生了许多剩余产品,部落间的产品交换日益频繁。

第二次大分工发生在原始社会末期,可以看作是第一次分工的高级阶段。手工业从农业中分离,青铜器和铁器等工具得到大范围应用,商品生产的规模和商品交换的范围均迅速扩张。以手工业为中心的城市开始出现,第一次社会分工零星出现的奴隶制萌芽,在这一阶段已经成为社会制度的主流。

第三次大分工发生在原始社会瓦解,正步入文明时代的门槛时期,在这一阶段由于商品交换的需要出现了金属货币,专门经营商品买卖的商人阶级逐渐形成。这次社会分工逐渐确立了奴隶从事体力劳动,而其他人完全脱离

---

① Engels,Friedrich. The Origin of the Family,Private Property and the State[M]. Chicago: Charles H. Kerr & Company,1902.

体力劳动,专门从事监督生产、管理国家及科学、艺术等活动。财富逐渐向少部分人手里集中,阶级对立开始出现。

另外,产业发展也是商品经济的客观要求。社会分工和商品经济的发展相互作用和促进,随着社会分工的深化,商品经济不断发展。而商品经济的不断成熟,也使得人们对进一步社会分工的要求越来越急切,进一步推动新的专业化部门的形成。同时,随着商品经济的不断发展,具有新特点、新形式的产业部门也会持续涌现出来(韩微,2007)。

近几十年来,随着科学的迅猛发展,技术不断创新和更新迭代,全新的科学技术、新的生产工艺、全新物质材料、全新科技产品不断涌现,进一步推动了生产加工和社会分工进入全新的行业领域,也为新产业部门的诞生提供了基本条件。化学合成、原子能、电子和互联网等技术的发明、发展和不断成熟,逐渐实现了工业化的生产应用,使得电子信息、机器人、激光、航空航天、海洋开发、生物工程、原子能、新型材料等一系列产业不断地被细分出来。例如,自动智能化控制管理与加工制造计算机的专业技术发明的大规模推广和应用,就推动了专业生产加工电子自动智能化控制管理与加工制造计算机产业部门的产生(李悦,2008)。最近几年,人工智能、云计算和大数据等高科技的发展也催生了数字经济产业的发展壮大。无数的实践结果证明,科学专业技术的进步和技术创新的能力,正在促进现有产业部门的不断分化以及新的产业部门的形成和发展。

二、产业的国际竞争

世界经济一体化不断深化,生产要素在世界各国之间快速流动,产业在世界各国国内和国际经济中的重要性愈发凸显。人们普遍认为,产业是国内经济和国际经济研究的重点,它将国际贸易投资、国家和各级各类企业紧密地融合在一起。在产业经济学研究的早期,学者更多的是在一国范围之内来界定产业。20 世纪 80 年代后,随着经济全球化和区域经济一体化的不断深化,产业的概念和范畴也超越国界成为一个国际化的概念,产业的国际竞争力也成为各国经济发展中的核心问题,如何提升产业的国际竞争力受到人们的持续关注。产业是国际竞争的重要组成部分,是连接企业的国际竞争、国家之间竞争的中间层次。

产业的国际竞争力可以解释为某个国家产业及其各个产业领域在国际经济环境中相对于其他国家的竞争优势,或者说是在同一个产业领域的国际竞争中,不同国家的相对实力。纵观西方产业组织理论的发展,实际上是建立在关于竞争的讨论基础上的。迈克尔·波特(Michael E. Porter)曾提出[①],和产业发展进步有关的国家社会经济发展进步四时期,依次是生产加工基本要素导向时期、投资导向时期、改革创新导向时期与富裕导向时期。市场竞争先手优势的连续力取决于三项重要基本条件:第一,独特资源的功能优势;第二,市场竞争先手优势的类型和数目;第三,市场竞争先手优势的连续力。市场竞争先手优势要求持续的完善与自我提高。产业不仅要维持某些市场的竞争先手优势,同时也要依靠关键基本要素的交流互动,不断加强,才可以产生其他国家很难仿照的产业环境。在国家优势方面,创建完整的产业系统,远远比产业的局限片面表现重要。[②]

国际贸易是产业合作与竞争的核心要素之一,而贸易竞争指数(Trade Competitiveness Index, TCI)是衡量一个国家产业竞争力的重要指标。贸易竞争指数=(出口额-进口额)/(出口额+进口额),即一个国家某一类产品出口贸易和进口贸易的差额除以进出口总额的商。当该指数为正值时,说明该类产品在国际市场更加受到欢迎;当指数为负值时,表示该类产品的国际竞争力相对较弱。除国际贸易外,一个国家对外国投资者的吸引力,国内企业向外国投资的能力,以及技术不断更新换代的能力,也是产业竞争的重要组成部分。当我们把一个国家特定产业范围内的所有企业竞争力集合起来,就形成了产业竞争力,它是企业如何制定未来的发展战略,选择适当的发展模式和目标区域,从而有效地从国际市场获取外部经济资源并在国内利用的能力,也体现了本国不同规模,不同类型的企业掌控和配置该产业发展前沿

---

① Porter M. E. The Competitive Advantage of Nations[M]. New York: Free Press, 1990.
② 迈克尔·波特. 国家竞争优势[M]. 李明轩、邱如美, 译. 北京: 中信出版社, 2007.

的技术、市场和其他经济资源的能力。

研究产业国际竞争时,需要注意它的几点特征。第一,产业竞争发生于经济行为的所有环节。产业竞争在产品的出口和进口、劳务的输出和输入、技术的引进和转让,以及资本的输入和输出等国际经济技术活动的所有环节都普遍存在,因此,贸易竞争、投资竞争、资本竞争、技术竞争等多种竞争形式均属于产业国际竞争的范畴。第二,产业竞争具有双向性,特定产业中的各类生产要素,既可以从国内流动到国外,同时也可以从国外引入。国家可以通过出口商品、输出劳务、出口技术和境外投资等方式,体现自身具有较强竞争力的优势;反之也可以通过引入的方式,来提高国内对应产业的水平,也是增强竞争力的另一种表现。第三,产业竞争具有综合性。一个国家某一产业的竞争力,是这个国家该产业范围内全部企业的竞争力综合而成的,每个企业单独开展国际竞争活动,会受到产业整体发展水平的影响。但一个国家某一产业的竞争力并不能简单视为该产业范围内所有企业个体竞争力的叠加,企业特别是多元化经营企业的经营范围通常会跨越多个产业的边界,所以产业内所有企业叠加的边界不等于产业的边界。从另一个角度来看,所有企业个体竞争力融合转化为产业综合的竞争力,是一个复杂的协同提升过程。第四,产业竞争具有选择性。所有国家都无法实现自己的所有产业均在相当长的一段时间内占据领先,也很难做到在产业内各方面同时都相对于竞争者处于领先地位。因此,各国不约而同地努力实现核心技术水平最高,市场前景最广阔,同时将本国优势最强的产业放在未来发展的核心,并集中力量来提高竞争力。同时在表现一般或处于弱势地位的产业中,采取维持、防御或撤退的战略,来换取明星产品竞争力的提升,最终实现这些产品在该产业链中占据技术的前沿。

产业竞争力是相关企业产品竞争力的集合,在当今世界的市场体制下,任何产业的国际竞争力都是具体产品竞争力的直接体现,一般来说是通过产品的市场占有份额来衡量,但仅考虑个别产品竞争力则具有片面性和局限性。从产业所有产品的角度分析,其中技术水平较高、发展潜力大、受市场追捧的产品数量和种类越多,市场占有份额越高,相应产业的国际竞争力也就越高。因此,由于各国的比较优势不同,不同层次的产品所占市场份额就存在差异,这也代表了不同国家、不同产业在国际市场的发展水平。

企业作为市场竞争中的实际参与者,是一个国家全球市场竞争力的实际载体。各类生产要素、市场机会、产业规模、软性作用力、外部关系的影响等因素与产品的竞争力密切相关,最终反映在企业的相对地位上。企业自身的经营情况和成长发展,对整个产业在国内外的竞争力发挥起着十分重要的作用。在集中度很高的产业,资源基本被领先的一家或几家大型企业占据,它们的市场竞争力可以近似代表产业的竞争力。反过来在集中度较低的产业,其市场竞争力体现在这个产业里的每一个企业所产生的综合市场竞争力。产业市场竞争力并非是一个企业个体市场竞争力的简单加和,它可能和企业之间的相互关系更加密切。除此之外,很多企业都实行多元化经营战略,因此产业市场竞争力就更不可以由上述企业的市场竞争力简易加总而形成。从某种意义上讲,企业的未来取决于产品的竞争力,产业的未来取决于企业的竞争力,而产业竞争力可以决定一个国家未来的经济发展和国际地位。

三、产业分工

(一)国内产业分工

产业结构由产业内的分工和产业间的分工组成。从产业间的分工来看,全部经济活动分为农业、工业与服务业三大产业,即为产业间分工。三大产业内部进一步细分为许多具体的不同产业和部门,从而形成产业内的分工。在研究国内产业分工时,人们普遍关注的焦点在于产业结构是否合理,并且是否能够实现不断优化和提升。

随着社会生产力的发展,产业结构将不断演进和提升。产业结构在协调管理、优化提高的基础之上,其综合水平与收益会持续向更高水准发展进化。产业结构和社会经济综合发展能力一一对应,并且持续变化。这类变化主要表现在伴随着社会经济的发展进步,产业结构在产业实际高度方面持续地从低级向高级演变,在产业结构水平方向联系方面,持续由简易化向庞杂化演变,这两个层面的演变持续地推动产业结构向高效化方向发展进步。从全球各个国家产业结构演变的真实状况分析看,产业结构的转化是有基础规律可循的。

产业结构提升与演变的内在基本规律是:(1)当一个国家或地区处于较低人均收入水平时,其产业结构的特点是初级产品及传统日常生活消费类产品的生产加工比例较大,其市场贸易分布体现为自动输出初级产品及传统日常生活消费类产品,自动输入普通生产加工机器设备的中间产品。这是一个初级产品大规模生产加工的发展时期,是一个经济低速增长的时期,第一产业生产加工活动在整个社会中占据主导地位。(2)当人均收入水平提高到接近产业结构向高级阶段转化的临界点时,传统日常生活消费类产品的生产加工比例快速降低,机械设施、金属材料等制造加工产业比例提高,自动输出产品转为日常生活消费制成品,自动输入生产加工机器设备的高级中间产品。这是一个现代工业化时期,其重要特点是经济核心由初级产品生产加工转为制造加工产业产品的生产加工,资产累积对社会经济发展进步的重大贡献较多。(3)当人均收入水平超越临界点之后,产业结构全面进入高级化时期(或发达经济时期),其特点是高专业技术第二产业部门发展,地区的生产加工重点转为石油、复合材料、重型机械设备、精密机械设备、多种家用电器等耐用消费类产品与高专业技术产品,自动输出的产品转为生产加工物质资料、耐用消费类产品与高专业技术产品,自动输入产品转为初级产品。

对于坚持走中国特色社会主义道路的中国,产业结构的优化与提高,是市场与政府两个层面同时发挥作用的最终结果,政府的产业政策起到非常关键的影响。

国家产业政策具体又可以划分为产业结构政策、产业组织政策、产业布局政策等。

产业结构政策是政府根据产业结构的发展基本规律与一定时期内的变化态势,制定的相关产业部门相互之间资源配置组合模式、产业间及产业部门间比重相互关系协调管理方式,以推动产业结构向协调化和高度化方向发展的国家政策总和。产业结构政策的中心,是在推动产业结构协调化的同时,提升产业结构转换水平,进而推进产业结构在合乎基本规律的转换中提升速率、提高收益。产业结构政策的发展目标,是在市场体制调节基础上,通过政府应用多种必要方式与措施,对过剩产能实施有序退出、对战略产业实施保护、对主导产业展开准确选择、对新技术行业实施扶植,以实现产业结构调整和升级,推动发展目标的实现。

产业组织指的是产业市场中各主体的构成及其相互联系,以及这些主体所涉及的交易市场的运行效率。产业组织理论则主要研究产业内部经济资源的配置方式和市场表现,并在此基础上阐述了如何通过政策实现产业资源的高效组织。产业组织政策是政府为了提升产业资源配置的合理性,全面调整企业间的相互关系,实现资源的高效利用,并推动产业发展而采取的一系列国家管理措施。其目的主要是在产业内部营造一个高效的市场竞争环境,通过竞争激励企业提高经济效益,从而提升产业的总体收益,重点关注规模经济和范围经济①两个层面。产业政策通常包括反垄断政策、兼并重组政策、中小企业政策以及促进公平市场竞争的政策等。

产业布局涉及对产业在空间维度上的系统性规划,即决策特定产业部门应定位于哪些具体的地理位置。产业布局可被视为政府对产业空间演化的一种干预行为。在政府不干预的情况下,市场机制成为影响产业空间分布的主要力量。由于产业分布是企业分布决策的宏观体现,企业作为影响产业分布的关键行为者,其分布决策通常以利润最大化为目标。企业在制定分布策略时,会依据市场价格信号和价值规律来指导其决策过程。

(二)国际产业分工

从世界范围内看,全球产业分工经历了一个持续改变的发展过程。第二次世界大战以前,不发达国家和西方发达国家的产业分工的基本方式是垂直

---

① 规模经济是指企业在生产单一产品时,随着产量的增加,单位成本下降的现象,主要通过固定成本分摊和专业化分工实现成本优势。范围经济则是指企业在生产多种产品时,通过资源共享和技术互补等手段降低单位成本,实现成本优势。简言之,规模经济强调单一产品产量增加带来的成本效益,范围经济则强调多产品共存带来的协同成本优势。

国际分工(vertical pattern of international division),也就是西方发达国家生产加工与对外出口第二产业产品,不发达国家主要生产加工与对外出口农产品及矿产品。由于原材料与产品在全球市场上的价格差异明显,后者一般要比前者高出很多倍,因此在全球开展产品交换,是不等价的交换关系。一般来讲,西方发达国家经过专业技术优势剥削奴役了发展中国家。发展中国家由于基础设施不完善,工艺技术水平落后,没有能力生产能出口的产品,被发达国家在相关领域长期压制,这种剥削与被剥削的局面,在相当长的时期内是难以改变的。

第二次世界大战以后,由于科学技术的快速发展,不发达国家的制造加工产业有了比较大的提高,大型国际企业的崛起、道路交通运输与通信业的强大进步,全球市场贸易快速扩增,并日益全球化。在这类全球化态势下,产生了和垂直分工并存的综合水平分工(vertical-level mixed industrial division)。过去的纯原材料、初级产品的生产加工国与对外出口国,愈来愈多地被迫生产加工与对外出口原材料、初级产品,与此同时又要被生产加工与对外出口成品的国家代替,只不过不同国家所生产加工与对外出口成品的比例不同罢了。即使在现今,发达西方国家所生产加工与对外出口的大部分依然是成品,但是从全球整体分布局面分析看,随着全球产业结构的不断演变,产业布局逐渐呈现出垂直分工与水平分工并存的局面。同时,欠发达国家在产成品加工和出口方面也显示出稳步增长的态势。

四、产业合作

产业竞争的对立面为产业合作,两者相互依存、辩证统一。在一个国家内部,三大产业各自分工明确,但又在某种程度上紧密联系,只有相互配合,优化资源配置,才能保持国家经济的平稳运转。在国际范围内,产业是一个国家的经济基础,是承载所有企业的集合。如前文所述,产业合作是国家合作和企业合作的中间环节,在两者之间起到关键的承上启下作用。与产业分工类似,产业合作也可以分为国内产业合作和国际产业合作两方面,其中合作博弈中的战略联盟已成为国内和国际产业合作的重要形式。

（一）国内产业合作

国内产业合作通常指的是一个国家内部各产业之间的紧密联系,形成一个相互依赖的产业共同体。各产业之间,包括三大产业之间、传统产业与新兴技术产业之间,都需要相互合作。在当前的实践中,国内产业合作日益通过经济规划区的方式来实现,即将一个国家划分为多个经济规划区,每个经济规划区相当于一个产业合作区。一个完整的经济规划区系统,是在各产业相互联系和作用的基础上形成的。各产业的相互作用和联系构成了产业排布序列。产业排布序列指的是一个国家产业结构中,基础产业、主导产业和高新技术产业之间的布局关系。在当代社会经济中,基础产业为主导产业、高新技术产业的发展提供了物质基础,而高新技术产业的发展和主导产业的成熟稳定,又为基础产业提供了新兴专业技术与装备,从而推动基础产业的不断升级与演化。这一产业排布序列具有明确的层次结构,有助于直观地判断产业结构升级的进程,并产生深远的实际影响。

随着市场经济的不断发展、产业边界的不断扩大以及科学技术的不断进步,一国范围内不同产业之间的合作也越来越受到大家的关注,并逐渐形成如产业聚集、产业集群这种产业之间合作的新形态。一个区域长时间在某一产业具备优势,优势产业持续增加并且逐渐发展成为这个区域的经济核心支柱,地区社会经济的发展进步和产业发展进步高效融合,形成了以产业集聚为特征的经济区域。一个国家的经济发展未必来自某一产业或者某几个产业的成功,而是源自众多互相连接密不可分的产业集群。国家整体的经济是通过多种产业集群所构成,上述产业集群补偿并且产生市场竞争先手优势,自然也能够产生市场竞争劣势。

产业聚集地区互联网体系是建立在中心产业、辅助产业及其内部各公司之间相互联系的基础上,涵盖了公司、科研机构和行政组织之间长期合作的稳定关系。这一体系通过交易市场、交易组织和公司层级之间的综合管理方式进行组织,具有相对稳定的交易市场和灵活多样的组织功能优势,因此该网络结构被称为"有组织的交易市场、可调配的公司"。在产业聚集区,各产业和公司之间形成了完整的产业链相互关系。英国学者马丁·克里斯多夫(Martin Christopher)指出:"交易市场仅提供产业链,而没有公司。"他进一步提出:"21世纪的市场竞争不再是公司与公司之间的竞争,而是产业链提供者之间的竞争。"

产业聚集的本质因素是,集聚作用能够给地区内部的公司创造较大的投资回报,资源禀赋是产业聚集产生的最初诱导原因。高效、全面、充分利用各地区的天然矿物资源优势发展经济,是产生产业聚集的原始推动力。随着科学技术在产业发展中越来越重要,高新技术产业的集聚也逐渐兴起。我国政府出台了大量政策,支持高新技术产业的发展。近年来,国内各地的高新技术产业集群和园区如雨后春笋般不断涌现。

(二)国际产业合作与产业竞争

国际产业合作的目的是促进区域内国家的生产要素在特定的区域聚集,优化配置和重新组合,使得区域整体竞争力得以提升,最终带动区域内国家的经济实力不断增强,产业在世界范围内越来越具有竞争优势。每个国家的经济发展水平、政治社会文化环境不同,人力、资源、技术等要素都存在差异,没有国家能在所有产业中都具有绝对优势,能够依靠自身就实现经济发展的内部循环,完全不需要与其他国家在产品、资金、服务和技术等方面发生联系。国际产业合作的最优策略在于全球范围内的资源配置,重点投资于具有最高生产效率和最大发展潜力的地区与领域。随着资本在全球范围内的自由流动,企业能够根据自身发展需求选择最适宜的地域聚集,从而实现"用脚投票"。最终,产业将在市场机制的作用下,自动向具备较强发展优势的区域集中。

在国际产业合作中,思考以下三个问题至关重要。第一,产业的总规模或单一产业中的主体公司是否能够实现规模经济效益。第二,产业内部是否存在科学合理的生产加工层级结构,即各公司生产加工规模是否符合优化要求。第三,产业内部的关联性。某些产业从科学角度进行分析,将逐步发展为系统性产业。这类产业通常具备足够大的交易市场规模和完整的产品链。通过系统化的经营管理,这些产业能够获得更大的效益,相比于其他非系统化的产业布局(如独立生产、分阶段加工、配套供应和技术合作等),系统化经营方式能够更有效地整合资源,提升整体效益。

在现代市场经济体制下,国际产业合作主要是通过产业开放和产业竞争表现出来。产业开放的含义主要包含:(1)该产业的多种产品交易市场对外开放,允许欧美等同类型产品全面进入并参与市场竞争,从而形成全球化的产品市场;(2)这个产业的每一个公司所有权交易市场对外开放,允许欧美资金全面进入全国资本交易市场,形成全球所有权市场竞争;(3)本国的国有企业跨出国门,到国外开展跨国经营管理,从而在全球资本交易市场上吸收资产和各生产加工基本要素,进行全球基本要素市场竞争;(4)允许早已在产业里大力发挥作用的专业人才跨国流动,吸收欧美发达国家同产业的专业人才在国内任职。

当然,国际产业合作主要包含全球范围的产业合作与地区范围的产业合作两大方式。全球化与地区化作为全球社会经济发展的两大态势,产业合作也能够在这两个层次上开展。发达西方国家在三大产业中普遍较为成熟且稳定,因此其产业合作往往在全球范围内全面展开。凭借区位优势以及政治、文化等多方面因素的影响,发达西方国家在多个地区积极开展产业合作。欧盟与美国、加拿大等地区自由贸易区的建立与发展便是这一现象的典型例证。相比之下,不发达国家在这两个层面的合作水平仍然较低。在全球范围内实现平等合作,对于不发达国家而言,许多矛盾和问题无法在短期内得到有效解决。因此,开展地区性产业合作通常是对不发达国家而言更为可行的选择。

以往的文献认为,在市场制度和产业合作模式都不发达的环境中,产业合作更难以采取超出其直接经济利益的行动,因此它们可能成为产业合作在新兴市场中做出社会反应的重要刺激因素。在这些市场中,他们对超出直接经济利益的行为的制度压力相对较弱。跨国产业合作中社会响应的变化,是运动策略与产业合作所带来的政治机会结构变化的结果。过去十年中,在线激进主义逐渐兴起,通过网络平台进行发声、教育普及、组织动员和推动变革,已经成为一种新兴方式。特别是在新兴市场,社会运动组织和其他更有组织的行动主义形式(如抗议和集会)是政府禁止的。组织的脆弱性以及产业合作本国的制度逻辑与运动要求之间的一致性是产业获得合作的重要政治机会。组织脆弱感会促使产业合作满足要求,因为受制裁的威胁对产业合作来说似乎更有威慑力。如果是产业合作者的活动要求与产业合作本国的制度逻辑一致,他们将被视为具有更大的合法性,从而减少产业合作抵制,做出更快的反应。此外,竞选所施加的压力及其主张的合法性,会对公司反应的程度产生不同的影响。

第二节　产业合作的理论基础

一、新制度经济学视角下的跨区域产业合作

从制度经济学的视角分析跨国产业合作模式,首先需要探讨哪些因素影响经济行为,进而影响跨国产业合作的结果。有三种关键因素值得关注。一是社会网络。经济行为往往嵌入在人际关系网络中,因此,经济结果会受到社会网络属性的影响。这一观点不仅涉及强关系和弱关系的优劣,还引入了"行动者网络理论"[①]。该理论强调网络中人与物的不可分割性,形成了一种独特的网络力量,将行动者、组织文化和环境等要素紧密联系在一起(Callon,1991),从而对跨国产业合作的经济结果产生深远影响。二是经济主体的创

---

① 行动者网络理论(Actor-Network Theory,ANT)是由法国社会学家布鲁诺·拉图尔(Bruno Latour)、米歇尔·卡隆(Michel Callon)和约翰·劳(John Law)等人发展起来的理论框架,主要用于理解科技、社会和经济现象中的行动者(actors)及其网络。该理论特别强调在社会和技术实践中的"行动者"不仅是人类,也包括非人类元素(如技术、物品、制度等),并且这些行动者通过相互作用和连接形成一个复杂的网络。

新、学习和适应能力对于其在网络中的表现也具有重要影响。与传统经济学中假设的完全理性不同，这一因素强调了行动者的认知能力在多大程度上能影响其战略决策、行动以及最终的结果。三是，经济是一种制度化的形成过程，通过群体力量持续塑造。这一过程既不是机械的系统化，也非特定群体偏好的简单体现。这种群体的力量包含法律法规等正式制度的集合，也包括个体习惯、群体惯例、社会规范等非正式制度。在信息不对称、市场不确定性和知识有限的现实经济环境中，制度具有稳定性，人们在制度的限定范围内获得共识，并指导国家间的产业合作行为。因此，从管理角度看，跨国企业与国家之间的经济合作都需要通过寻求政策来改变经济轨迹。由此可见，正式和非正式制度都对市场和国家间的机构产生影响，进而作用于其产业合作等经济活动。在制度经济学的视角下，与其相关的基本概念及管理原则逐渐被渗透到跨国区域发展的研究中，产生了新的制度转变及政策影响。

在以往的研究中，"区域"被认为是全球政治经济中获取竞争优势的重要来源（Cooke，1997）。尤其是在领土临近的经济组织中，高度活跃的区域经济和基于地区资产的产业分支成为竞争优势中的重要因素。这又可以延伸到内生增长理论，它认为规模收益的增加和专业化相关的经济性来源之一是空间聚集（Porter，1994；Krugman，1996）。专门从事特定产业及其上下游联系的地方受益于规模经济和与专业化相关的优势，这些从跨国产业合作模式中都能找到相应体现。中国与东盟国家在跨越地理空间的产业合作中使得经济活动的交易费用减少、回报增加、产业间专门知识交换增多，以及技能技术有所进步。跨国产业合作同样受益于制度的进步，使得国家间的关联性和邻近性增强，并基于互惠和信任的关系，促进了国家间的知识流通和经验推广（Amin and Thrift，1995；Sunley，1996；Storper，1997）。基于制度调整过程中学习环境的变化，区域产业合作在创造竞争优势的同时，也面临一些局限性（Amin & Cohendet，1999）。例如，隐性知识的流通受限，以及双方国家博弈机制对合作效果的影响等。

二、基于共生理论的国际跨区域产业合作

中国与东盟的产业合作作为典型的跨区域经济合作模式,我们可以从区域经济的理论视野出发对其进行探究。区域经济理论认为,国家间在自然资源、社会文化和生产要素水平上存在的差异,导致了不同的经济区域具有发展不平衡的特征。张丽君、郑妍(2014)在区域经济一体化理论的基础上分析了我国进行跨境经济合作的必要性和客观要求,并提出了我国跨境经济合作的实施策略。姜永铭(2009)提出的三大区域空间理论,从区域经济学的角度出发,深入分析了国际经济与产业合作的基本框架,并重点剖析了欧盟、北美和东亚典型国家和经济体在跨境经济及产业合作中如何选择其发展路径,从而实现互惠合作。基于区域经济理论的视角,已有的文献探讨了影响跨境经济合作的主要因素,包括政治因素、制度因素和转移成本(Blatter,2000;Hanson,2001)。也有学者以东亚地区为研究对象,将跨境经济合作分为三种模式,分别是双方建立特殊合作通道的模式、建立贸易口岸的模式和通过设立开发区进行跨境经济合作的模式(汤建中,张兵,陈瑛,2002)。中国与东盟的合作随着国家间地理空间的拓展逐渐增多,进一步扩大了产业合作的发展基础,也在一定程度上推动了区域经济集团化的发展。

共生理论指出,共生关系是自然与人类社会都存在的普遍现象。人类社会与自然如果想达到共生,必然需要互惠互利,这也是共生关系的终极目标。同样,这样互利的关系是开展跨区域经济与产业合作的战略基础,是各国开展合作的前提。冷志明、张合平(2007)发现,基于共生理论研究解决区域经济问题,对形成区域经济合作机制及目标提供了一个独特的视角,研究的问题与理论也保持了一致性。已有研究将"共生理论"嵌入"一带一路"倡议中的东北亚地区的合作。衣保中、张洁妍(2015)提出应建立共生机制,创新合作模式,东北亚地区的发展应该深化系统平台,加强全区域内的互动合作升级。

纵观共生理论研究的文献,我们可以发现,学者更多地关注区域经济合

作,而对跨境区域经济合作的研究很少,也很少关注国家间的跨区域产业合作。跨境经济合作涉及多个经济实体。对于中国与东盟国家不同经济主体间的合作方式,同样可以运用共生理论进行分析,从而推动制度转变及国际产业合作的可持续发展。

三、产业转移理论

在全球化进程中,一国企业将其生产环节的某一部分或全部转移到他国的过程被定义为产业转移。这一过程往往发生在相对发达国家与欠发达国家之间。关于产业转移的研究,有两个不同的视角:一是站在相对发达国家的角度研究本国产业向他国转移,二是站在欠发达国家的角度研究本国承接他国转移产业。产业转移主要分为两种模式:一是相对发达国家的跨国集团企业向欠发达国家转移其优势产业的"溢出"模式,另一种是在相对发达国家面临激烈竞争行业的企业向欠发达国家转移其劣势产业的"边际产业转移"模式。具体来看,产业转移理论经历了漫长的发展历程,在全球化浪潮中不断进步。其主要包含以下观点。

(一)雁行模式理论

在众多经济发展阶段理论中,最具启发性的可能是雁行模式理论。这一模型是由赤松要(Kaname Akamasu)创立、小岛清二(Kiyoshi Kojima)发展起来的。它将国际贸易理论中基本的命题资源禀赋理论[又称"赫克歇尔-俄林"(Heckscher-Ohlin)定理]与资本积累理论联系起来,动态地发展了它们的论点。这一理论在形式上发生了变化,发展成为费奥卡瓦拉尼斯[①]的经济发展相变理论。

---

① 费奥卡瓦拉尼斯(Fei-Ou Kwan)的经济发展相变理论(Theory of Economic Development Phases 或 Transition Theory)是关于经济发展过程中转型阶段的理论。此理论基于经济体从一个阶段向另一个阶段的转变,类似于物理学中的"相变"概念,强调经济体在不同发展阶段中,经济结构和行为的剧变。相变理论认为,随着经济从传统农业社会向现代工业社会过渡,必然会经历几个不同的阶段或"相"。

雁行模式理论包含三个发展阶段。第一阶段是与生产和贸易有关的动态、循序渐进的发展过程,即进口→国内生产→出口,赤松称之为雁行模式的基本类型。当一个发展中国家试图开始发展时,它不能在国内生产现代商品,因此必须进口。然而,当进口增加,国内需求得到满足时,这些货物的技术就被引进国内,同时也希望进入市场的企业(企业家)就出现了,开始了这些货物的国内生产(Kojima,2009)。随着国内生产的增加和国内需求的满足,进口开始减少。当生产能力扩大到足以拥有储备时,出口就开始了。换句话说,国家间的比较优势结构在那个时期发生了变化。在这里,我们把这种比较优势结构的动态变化称为第一种雁行模式。

第二阶段,比较优势结构发生转变,从劳动密集型产品向资本密集型产品,或者从消费品向生产性产品过渡。对于发展中国家,在第一种 FGP 模式(full goods process,货物从仓库到店铺的全流程管理模式)的发展过程中开始积累资本,资本变得相对充裕。在这方面,国家逐渐获得资本密集型商品的相对比较优势,而资本密集型商品最初没有比较优势。这些货物开始在国内生产,从而影响出口容量。因此,在资本密集型商品方面,也最终呈现出类似第一种发展模式。如果一个国家在资本密集型商品方面具有比较优势,那么它在劳动密集型商品方面就具有比较劣势,导致后者的生产和出口逐渐减少,最终让位于前者。生产和出口商品的动态结构变化,包括产业结构的转变,代表了第二种雁行模式。

在借鉴东亚国家发展经验的基础上,Fei 等人(1986)提出,在经济发展的第一阶段,现代消费品进口时,会刺激和启动国内生产,导致出现初级进口替代,即国内生产替代进口。随后,初级出口替代的第二阶段出现,即出口商品从传统产品转向现代消费品。在第三阶段,当生产性商品进口时,国内生产逐步形成,二次进口替代开始出现。如果这种情况继续下去,就会出现二次出口替代阶段,即出口产品(曾经是消费品)被生产性产品替代。在上述阶段,现代技术完全是从国外引进的。但在第四阶段,技术开始自主发展,二次进口和二次出口替代随着当地新技术的运用而不断发展。这一阶段的转变与第一类和第二类使用进口和出口替代概念的 FGP 理论完全相似。在第三阶段雁行模式中,当发达国家 A 对资本密集型商品具有比较优势时,与 A 国有贸易关系的较不发达国家 B 对劳动密集型商品具有比较优势。随着时间的推移,较不发达的 B 国追赶 A 国在资本密集型商品上具有比较优势,发达的 A 国在资本密集型商品上的比较优势将逐渐增强,此时比 B 国发展程度更低的 C 国在劳动密集型商品上具有的比较优势将逐步体现。这种根据各国发展阶段而产生的台球现象,称为第三种雁行模式。通常,亚洲飞雁图案样式的发展过程是指第三种飞雁图案。例如,常被称为雁行模式的产业转移是以日本为领头雁,其次是新兴经济体,然后是东盟,最后是中国后来居上的经济发展的连续过程(Suehiro,2000;Hiratsuka,2003;Suehiro,2000)。这种模式从理论上说是从第一和第二类 FGP 衍生而来的。日本经历了所有这些阶段性的转变,中国台湾地区和韩国也经历了这些阶段性的转变,Fei 等人(1986)的研究模型表明第三种雁行模式在这些国家是有效的。

(二) 中心外围论

正如英国社会学家斯科特和马歇尔所说,"中心—边缘"[或核心—外围(core-peripheral)]模型是一种空间隐喻,它描述并试图解释发达或大都市"中心"与欠发达"外围"之间的结构关系(Scott & Marshall,1994)。因此,如果不把一个先进的中心放在与较不先进的外围相当的位置,就不可能确定它是什么。因此,没有外围就没有中心,反之亦然:没有参照中心就没有外围。诞生于资本主义国家的中心—外围理论,被研究者用来指发达资本主义社会与发展中国家的关系,前者起中心作用,后者作为边缘存在(Prebisch,1962)。然而,由于这一理论的普遍性,它不仅适用于资本主义世界的研究,而且适用于各种社会制度的研究,也适用于地理学、文化人类学、文学或外交史的研究。中心—外围论将世界看作一个相互联结并动态变化的体系,其中包含两个部分:一个部分是"中心",指具有先发优势的中心国家构成的同质性、多样化的经济结构;另一部分是"外围",是指众多发展中国家构成的差异化、专业化的经济结构。中心与外围彼此存在着极大的体系差异性。中心国家遵循技术、创新为主要驱动力的发展模式,这使得中心国家的发展模式具有一定的同质性；而因创新带来的技术优势,中心国家在生产领域覆盖面更广,包含在制品、产成品、技术服务等一系列方面,也能够保持多样性。外围国家则截然不同,其发展模式是由加工生产驱动的,经济结构为满足初级制造而将本国资源不断地向生产部门倾斜。因资源分配差异,它的劳动生产率极低与极高的部门并存,经济结构存在异质性。为了满足中心国家的产品生产需要,外围国家不得不不断发展生产能力,并最终使生产部门走向专业化、制成品、技术、服务等只能依赖进口。在 21 世纪深度全球化的推动下,中心国家的先发优势愈加明显,中心—外围体系的不平等趋势愈发加剧,中心国家不断出现新技术。技术进步使得中心国家与外围国家产生了体系差异。中心国家占据制成品环节,而随着技术进步,市场垄断优势增强,制成品价格不断上升。但外围国家初级生产品环节却没有因制成品价格的上升而增加,反而在此过程中始终处于价格低位,因此一直被原始不利位置影响。中心国家凭借远超外围国家的技术、资金、人才、物力等优势,制定与操控贸易规则,使得外围国家始终处于结构劣势,处于附属位置,配合中心国家的生产需求,消化中心国家已濒临淘汰的落后技术,并在此夹缝中寻求生存发展的道路。

四、国际区域产业合作的目标

在绝大多数情况下,利润最大化是企业合作要达成的终极目的。企业合作既可以是国际合作,也可以是国内合作;产业合作的目标就是实现双赢,提高产业发展进步水平与产业市场竞争力。企业合作更主要的是遵循丛林法则,也可以说市场竞争规则,产业合作则强调一起发展进步,也就是实现地区产业结构的优化组合。

分工和技术化是推进专业技术进步与社会经济发展的助推器。针对这个方面,亚当·斯密在《国富论》里早已明确地提出。其中,还要求确定地区分工和地区经济技术化的特点,它是在地区经济综合发展进步的基础上出现的。因而,地区分工和地区经济技术化不能被单纯地理解为地区经济侧重于某一产业,地区产业结构技术化水平高也并非代表着地区产业体系科学合理。

地区产业结构优化组合的参考标准是,要有助于地区经济连续稳定发展进步。这就需要思考地区产业结构是否具备如下 3 个特点和作用功能:(1)维持或者增强地区的发展潜力;(2)维持地区社会经济的总体性和体系性;(3)维持地区产业结构的改革创新性。

地区产业结构优化组合的一个重要参考标准,是产生了地区创新投资应用系统。地区创新投资应用系统,指的是在一定经济地区内与改革创新全流程有关的组织、组织机构和完成基本条件所构成的互联网系统及其运行工作基本规律,由主体、环境与链接三部分组成,具备自动输出专业技术知识、物质产品与收益三类功能。专业核心知识、企业老板与创业人员、中心产业、各级地方政府管理部门、环境是建设产业聚集地区创新投资应用系统的重要影响因素。专业核心知识是产业聚集获得长期发展进步的根本,适宜的环境是专业技术改革创新可以全面推进的充分保障,产业发展进步使改革创新可以完成商业化,成为取得经济收益的中间载体。企业老板与创业人员是改革创新的实行者与组织方,各级地方政府管理部门是体制改革创新的行为主体,是国家管理政策、改革创新环境的重要建设者。

从地区改革创新的层面分析,地区产业结构的科学性须从两个方面来考核:首先,认可和接受全球各个国家相对独立的经济收益,从地区发展进步角度来确定产业结构的科学性;其次,从地区层次协调管理国家之间利益和地区分工的相互关系,从追求地区经济总体利益最大角度确定地区产业结构的科学性。

五、区域产业合作的类型和机制

(一)区域产业合作的类型

区域产业合作可以根据合作内容,划分为以下五种类型。

第一,以三大产业本身作为重要基础的相互合作,能够区别以第一产业为核心的合作、以第二产业为核心的合作与以第三产业为核心的合作,与此同时,也包含第一产业、第二产业与第三产业的全面合作。产业合作是经济合作的基础,其方式也与整个经济合作的水平相联系。欧洲逐渐发展到了经济全面系统化发展的水平,其产业合作自然是全面的。美国、加拿大等自由市场贸易区,以美国与加拿大为核心,非常发达,第一产业所占比例非常小。在这些地区,产业合作主要发生在第二产业。我国与东盟很多国家是发展中国家,三大产业不发达,合作意愿更强,但要采取先后有别、有条理发展的方式。

第二,依据产业合作的密切程度,能够将其区分为疏散型产业合作、密切型产业合作与系统型产业合作。分析亚太经合组织成员之间的产业合作,大概可以称之为一类疏散型产业合作。密切型与系统型的产业合作能够被称为体制型的产业合作。欧洲的产业合作早已完成了系统化,美国、加拿大等自由市场贸易区与中国—东盟自由贸易区都应该属于紧密型的产业合作。

第三,以产业合作的联系体制为区分标准,也就是以市场贸易或者投资为重要基础还是以金融为重要基础来区分,可以将其划分为市场贸易主导的负责型产业合作、投资主导的负责型产业合作与金融主导的负责型产业合作。截至目前,全球范围的产业合作依然以市场贸易主导的负责型产业合作为主。20 世纪 80 年代以来,投资主导的负责型产业合作有了大规模发展,90年代以来,金融主导的负责型产业合作有了一定进步。从地区产业合作角度来说,欧洲早已进入金融主导的负责型产业合作时期;美国、加拿大等自由市场贸易区是市场贸易主导的负责型产业合作与投资主导的负责型产业合作同样重要的时期;而中国—东盟自由贸易区与其他地区社会经济管理组织相比较,依然处于市场贸易主导的负责型产业合作时期。

第四,依据交易市场与政府管理部门在产业合作里的影响不同,可以把产业合作区分为交易市场引领型产业合作与政府管理部门主导型产业合作。前者是在交易市场体制中自发产生的,也就是在一定地区内,随着国家与公司联系的持续加强,把上述国家的产业自然链接在一起,形成地区产业结构,欧洲自由贸易区就属于这类方式。政府管理部门主导型产业合作是指地区内的各个国家,依据全球各个国家社会经济发展进步的实际情况,积极主动采取措施加强产业合作。不发达国家之间的产业合作普遍属于这类方式。不管是交易市场引领型,还是政府管理部门主导型产业合作,它们都不是完全孤立的。任何产业合作都要受到国家政府部门与国内交易市场竞争两个层面的影响。

第五,以参与产业合作的国家的发展水平差异进行区分,能够将其划分为垂直方向型产业合作与水平方向型产业合作。第二次世界大战前,产业合作主要为发达国家之间的水平方向型合作,以及发达国家与不发达国家之间的垂直方向型合作;第二次世界大战后,产业合作在全球各个国家间变得普遍,不发达国家越来越多地开展合作,与发达国家的交流合作,也越来越多地以混合型的方式出现,也就是不仅有垂直方向型合作,也存在水平方向型合作。

最初的产业合作,通常是一类松散型、公司与交易市场引领的市场贸易型合作,是一类自发型的合作。

(二)区域产业合作的机制

地区产业合作的重要体制,是指交易市场体制与政府管理部门体制。交易市场体制又主要包含全球市场贸易体制、全球资金流动体制、全球金融体制、专业技术和数据信息的跨国转化和自动传递体制等。

所谓全球市场贸易体制,是指通过各国与地区之间的连接,形成的全球市场贸易的基本框架,同时也是构成全球经济和产业系统的重要组成部分。自第二次世界大战后,尤其是20世纪80年代以来,全球经济迅速增长,全球市场贸易的快速扩展成为最引人瞩目的现象之一。全球市场贸易不仅在推动各国和地区产业结构的演变方面发挥了重要作用,还成为促进相互依存与协作的关键枢纽,逐渐发展为巩固全球分工、推动社会经济发展和应对结构性变化的原始推动力之一。全球市场贸易的传递体制构建了一个立体的分布空间,将各国和地区的产业结构变化相互链接,形成整体性的互动关系。在这种关系中,全球各国和地区的产业结构不仅更加紧密依存,也互相制约。

所谓全球资金流动体制,通常指通过直接投资,尤其是欧美投资者将资金、专业技术、数据、综合管理经验、交易市场的销售实践经验等资源带入其他国家。直接投资对投资国,特别是对发达国家内部产业结构的优化与升级,具有重要推动作用。发达国家通过直接投资,将劳动密集型、低附加值的生产环节转移到发展中国家,同时保留高技术含量和高附加值的生产环节,进而优化本国的产业结构。这一过程不仅帮助发达国家更好地利用本国的比较优势,还为新兴技术行业的发展提供了空间,推动产业的持续升级。对于不发达国家而言,直接投资对其产业的影响通常通过两个渠道发挥作用:首先,间接渠道。通过海外资本的流入,促进生产加工资源及基本要素的流动,从而改变一个国家或地区的资源配置结构和使用要求,推动其产业结构的调整与升级。其次,直接渠道。直接投资不仅在东道国建立新的产业部门,还创造了新的经济和社会环境,推动当地产品结构的优化、公司专业技术的提升,并加强产业、公司与全球市场之间的联系,从而提高产业结构的市场竞争力。

所谓全球金融体制,指的是在现代经济活动中,全球金融市场作为各国之间和全球区域间经济交往的核心枢纽。社会经济管理活动由两个相互作用的组成部分构成,即价值运动与实物运动。为了实现社会经济的平衡发展与进步,国家需要在总量和结构上保持价值流量与实物运输量的平衡,同时还需确保价值储备总量与实物储备总量的平衡。金融经济服务体系通过调节价值运动的流量与储存总量,进而影响实物运动的流量与储存总量,从而推动产业结构的变化。通常来说,金融经济服务体系通过诸如贷款利率等资金市场价格信号,引导资金、人力等资源在不同行业间的配置,从而影响产业结构。与市场贸易不同,全球金融体制的传递机制并非通过国家对外开放职能部门直接传递到非对外开放部门,而是通过金融渠道在全球范围内传递,进而影响社会经济的发展与产业结构的调整。全球金融体系对社会经济发展的影响主要通过两条途径:一是不同国家间贷款利率的差异,二是汇率的波动。

所谓专业技术和数据信息的跨国转化和自动传递体制,指的是在社会经济发展进步中,专业技术和数据信息作为生产加工基本要素发挥着日渐关键的作用。在经济发展全球性热潮的推进下,专业技术和数据信息的跨国转化和自动传递也在持续加强。从国家经济角度分析,认可和接受外来专业技术和数据信息不单单是参加全球分工、开展全球竞争的必要方式,而且是本国社会经济发展进步、产业结构优化提高的基本条件。从全世界经济角度分析,专业技术和数据信息的跨国转化和自动传递,逐渐发展成为交流沟通与链接全球各个国家经济和产业结构,推动其互动、演变和进化的主要环节,变成一类关键的关联传递体制。当前,信息早已实现了全球共享。数据信息的全球自动传递,逐渐发展成为现代社会经济发展进步的一个必要保障条件与直接链接全球各个国家社会经济的重要方式。在经济发展全球化浪潮下,全球各个国家的经济互相依存。获取全球各个国家社会经济发展进步的数据信息、全球交易市场数据信息、全球科学技术数据信息,以及与经济相关的数据信息,不管是针对一个国家的对外经济关系,还是其内部社会经济发展进步,都非常重要。一个国家社会经济发展进步与组成结构改变,是另一个国家社会经济发展进步与组成结构变化的外界环境影响因素,相反亦然。从数据信息的跨国自动传递在全球地区间产业结构互动中发挥的传递作用角度分析,第一,数据信息是交流沟通与链接全球各个国家,甚至地区间产业结构的主要链条;第二,全球各个国家、地区产业结构的互动、演变、进化,是参与全球分工的结果,全球分工结构的实时改变,同时也是全球各个国家产业结构实时变化的最终结果,二者互为因果。

全球市场贸易体制、全球资金流动体制、全球金融体制、专业技术和数据信息的跨国转化和自动传递体制,主要是国际大型企业在发挥作用。国际大型企业控制了全世界三分之一的生产加工,掌握了全世界 70% 的直接对外投资、三分之二的全球市场贸易、70% 的专利与其他专业技术转化。现代国际大型企业在全世界范围快速、空前地发展进步,其投资已遍布全球每一个地区,渗入各个国家社会经济的每一个产业职能部门与公司内部,逐渐发展成为链接全球各个国家与地区产业结构的主要力量。换句话说,国际大型企业是全球与地区产业合作的主体。它通常表现在三个方面:首先,对全球市场贸易、全球直接投资等体制的多层面影响与作用;其次,对全球分工的深刻影响;最后,运营管理商务活动的全球性与地区化。

由于资本的逐利本性,在国际大型企业的生产加工技术受全球分工的影响下,国际大型企业成为全球产业转型的关键角色。这些企业根据不同国家和地区的区位优势,通过直接投资的方式决定产业转型和布局。从全球视角来看,产业分工系统已经形成了三个相互联系、相互补充的分布层次。首先,美国、日本、欧洲等拥有最多国际大型企业的国家位于全球分工系统的上层,其产业结构朝着高度专业化、技术密集型和知识密集型方向发展。其次,少数通过大型国际企业直接投资而发展起来的现代工业化国家和地区位于中层,它们主要生产低技术、资金密集、专业知识和劳动相结合的产品。最后,广大发展中国家处于全球分工系统的底层,主要发展劳动密集型产业,同时与大型国际企业及第二层次国家的企业合作,生产一些将专业知识、专业技术与劳动密集型特点结合的产品。

大型国际企业主导负责的交易市场体制,是全球产业合作的重要体制。但是,和通常意义上的全球产业合作不同,在地区产业合作中,政府管理部门发挥着关键的作用。

(三)产业集聚

产业之所以会集聚,是因为产业集聚可以给集聚在本区域的企业带来知识外溢、资源共享等一系列优势,有利于节约交易成本,发挥本区域的资源禀赋和比较优势。Porter(1998)指出,在一个竞争主要由投入成本驱动的时代,拥有一些重要禀赋的地区,例如天然港口或廉价劳动力供应,往往享有一种比较优势,这种优势在竞争中具有决定性,而且随着时间的推移会持续下去。

Marshall(1920)提出,人员和货物的运输、各相关企业人员间的交流都需要一定的成本,而产业集聚可以降低这些成本。首先,如果企业设立在供应商或客户附近,可以大幅降低货物的运输成本。其次,把企业设立在劳动力汇集的地区特别是劳动力市场附近,有利于减少成本。最后,他提出了知识溢出理论,认为应把企业建立在城市群中。Fujita 和 Anthony 等人(1999)提出了"新经济地理学"的概念,认为降低运输成本是产业集聚的核心驱动力。梁琦(2004)认为,任何新知识和新技术无论在全球哪个地方诞生,虽然中间会产生种种不利的因素,但它们最终会流向全世界的各个区域。知识和技术的传播并不具备即时性和瞬时性,在有限的时间内,知识和技术的传播也是有限的。而且,随着知识和技术传播路径的不断变长,传播时对信息的扭曲和失真的现象就会越多。Jaffe 和 Trajtenberg(1998)、Eaton 和 Kortum(1996)对区域专利引用数进行了实证分析,认为区域内的知识和技术扩散程度要远高于区域外的扩散程度。Gleen 和 William(2010)通过检验 Marshall(1920)的产业集聚理论认为,产业集聚的好处会最终体现在邻近性导致的运输成本降低所产生的收益上。

在知识溢出效应上,高技术产业的集聚有利于人员打破地理隔阂,方便进行技术交流,加速了企业间信息和新技术的传播,整个产业集群的整体效率能够得到提升。高技术产业的发展也会有利于知识溢出效应和劳动力市场共享,最终传导至产业集聚(王立平,李缓,2021)。高技术产业的发展有利于构建和完善数据的互联互通网络,促进企业与个人间的知识和技术传播,打破"信息孤岛",减少组织间信息的隔阂。而且,高技术产业的发展也有利于自动化生产代替人力劳动,解放大量的劳动力,使这些劳动力可以从事更具有创新性的工作。Henderson 和 Vernon(2003)发现,本地自有行业的规模外部性可以通过本地其他自有行业工厂的数量来衡量。产业集聚在高科技行业中有很强的生产率效应,但这种效应却不存在于机械制造等行业中。Glaeser 和 Edward(1992)通过研究美国特定时期的制造业状况,认为在城市—工业层面,竞争更有利于产业的发展。跨行业的产业集聚、城市多样性更有助于就业增长。他们对这一结论的最佳解释是,行业内知识溢出对增长的重要性低于行业间溢出,特别是在相当成熟的城市。有证据表明,不同行业之间的思想交流可以加速经济增长。城市的发展是这种现象的一种表现,例如,这一结果将意味着在开放的社会中,劳动力在各个行业之间的大量流动,将展现出更多的思想传播和经济增长。思想交叉传播的观点支持劳动力流动,如移民和跨地区迁移,这有利于产业的发展。

Jacobs(1961,1969)认为,城市扩展的动力来自城市内各产业的跨行业集聚,不同产业间的差异性以及多样性通过交流和碰撞会产生技术溢出和知识传播。各种类别的产业都具有一定的互补性以及关联性。多样化聚集有利于各产业间的不断互动,各个不同领域的人才、技术和信息得以不断交流与融合。这些人才、技术和信息在不断的交流和碰撞中会产生"相互孕育"的效果,最终加速科技创新和技术进步。特别是在非传统制造领域,高技术产业和不同类别的生产性服务业不断地融合,能够通过多样化的信息和技术产生多种交叉领域的新产品和新服务,从而进一步提高经济增长质量。而且,多样化集聚还有利于强化产业间的精细分工,促进区域内厂商的竞争,提升区域内的产业创新能力,最终提升区域的产业竞争力。

韩峰和阳立高(2020)认为,作为上游产业,生产性服务业可以通过规模效益和技术外溢效应等机制推进产业分工,延长价值链,降低企业间的交易成本,从而促进产业结构升级。Marshall(1890,1961)认为,集聚经济外部性会在产业的区域内集中分布,以及专业化分工的过程中逐渐形成。产业的专业化集聚会产生两种效应:第一种是规模经济效应,第二种是技术外溢效应。一方面,专业化集聚有利于克服地理上的以往企业空间距离较远的缺陷,节省了包括运输成本在内的交易成本,利于形成规模经济;另一方面,专业化集聚有利于具有相似技术特点的企业人员交流信息及技术。这种交流包括正式的以及非正式的,从而打破组织间的信息鸿沟,促进信息的流通,最终促进产业整体生产力以及竞争力的提升。

帅彦竹、朱鹏洲(2020)认为,产业集聚有利于形成一种本土化的生产网络,将各个生产单元高效地聚合在一起,促进各种要素在组织间自由流动,从而降低交易成本,打破信息壁垒。在产业高度集聚的区域,更多且实力更强的公司会被吸引到这一区域,这使得竞争更加激烈。弱小的公司在面对更大市场、更激烈的竞争时往往很难生存,最终优胜劣汰,这一区域产业的竞争力会整体增强(Combes & Duranton,2012)。苏丹妮等(2020)认为,产业集聚有利于企业生产效率的提升。只有生产效率高的企业才能承担较大的生产成本,生产高质量的产品,从而提升出口产品质量(Baldwin & Harrigan,2011)。我国在很长的一段时间内,很多行业的技术较西方发达国家落后,产品质量较差,无法达到一定的标准,从而不利于出口。当产业得到升级,出口产品质量得到大幅提升时,这种缺陷就能够得到弥补,从而利于出口。陆毅和李冬娅(2010)对中国制造业数据进行了实证分析,认为产业集聚现象会促进企业规模的扩大,企业与众多的中小型公司相邻并不会使自身受益,临近大型公司的企业更有可能从中获益。Holmes 和 Stevens(2002)分析了美国的制造业数据,发现无论在产业内部还是不同产业之间,产业集聚都利于企业规模的扩大。Barrios 等(2006)对爱尔兰的制造业数据进行了分析和检验,认为产业集聚有利于企业规模的扩大。Lafourcade 和 Mion(2007)对意大利的制造业数据进行了分析,也认为产业集聚现象对企业规模的扩大有正面影响。傅十和与洪俊杰(2008)研究了企业规模、城市规模与各种不同类型的产业集聚的关系,发现不同类型的产业集聚效应会正面影响不同类型城市的经济发展。大中型城市的马歇尔外部经济特征更为显著,特大和超大型城市的雅各布斯外部经济特征更为显著。Baldwin 和 Harrigan(2011)认为,大量的产业集聚在某一区域有利于企业出口规模的扩大。文东伟和冼国明(2014)也认为,中国制造业有不断向广东、浙江、福建等几个沿海经济较为发达的省份集聚的趋势,这些高度聚集的行业推动了企业的出口。出口规模不断扩大时,这些企业和国外企业之间信息、技术和人员等方面的交流也会愈发频繁,国际市场上很多已经经过市场实践检验的技术和经验也会一起流到出口企业中。更加广阔的国际市场也有利于企业发挥规模效应。因此,产业集聚有利于出口,从而有利于企业生产率的提高以及产品质量的提升。

(四)区域外部分工

产业分工是经济学研究中非常重要的细分领域之一,很多学者对该理论做了翔实的研究,推动产业分工理论不断发展。亚当·斯密(1776)最早在其著作《国富论》(全称《国民财富的性质和原因的研究》)中提出了分工的概念,此后又出现了古典贸易理论、新古典贸易理论和新贸易理论等流派。学者们在研究产业分工的同时往往也会涉及国际贸易的领域。亚当·斯密(1776)提出了绝对优势的概念,各区域会根据自己的绝对优势发展相应的产业,生产相应的产品,从而参与国际产业分工,然后通过本区域优势产业的产品参与国际自由贸易。社会劳动生产率提高的主要影响因素是分工,是分工增加了整个社会的财富总量。虽然绝对优势理论指出分工对于生产力提升的重大意义,但该理论仅适用于当时为数不多的已经开始工业化进程并向全世界出口产品的国家,无法解释各个经济部门都弱于另一国家的处于弱势地位的国家和处于强势地位的国家之间存在的贸易。基于以上的这些缺陷,Ricardo(1817)提出了比较优势理论,认为一个国家即便相较于其他国家不存在绝对优势,仍然可以利用对于其他国家的比较优势参与国际分工并与他国进行贸易。比较优势理论在很长时期都是全球产业分工和国际贸易重要的理论基础,也基本能够解释绝大多数国家从 19 世纪中期至 20 世纪中期参与国际分工和进行国际贸易各不相同的状况。但是,比较优势理论也存在一些缺陷,比如该理论没有很好地解释比较优势是怎么产生的。在古典贸易理论中,各国在国际产业分工中的地位是一成不变的,产业结构升级的情况并不会出现,这很难解释在旧殖民体系下的殖民地或半殖民地成长为工业国的现实,如第二次世界大战后东亚经济的崛起。基于 Heckscher 模型,Ohlin(1933)提出了要素禀赋的概念,进而提出了要素禀赋理论。要素禀赋理论是新古典贸易理论的重要代表之一。该理论认为一个国家或地区会使用本国充裕的要素生产相对于其他国家和地区具有优势的产品,然后向其他国家和地区出口这些产品,不充裕要素的情况则反之。Samuelson(1948)进一步发展和完善了要素禀赋理论,认为自由贸易最终会导致各国要素价格的均等化。但是,新古典贸易理论也认为各国在国际产业分工中的地位是一成不变的,产业结构升级的情况并不会出现。

但是,近几十年的现实情况是,产业升级是会发生的。特别是 20 世纪 70 年代经济全球化以来,广大发展中国家通过发挥自己劳动、土地等要素价格相较于发达国家偏低的优势,承接了来自发达国家的落后产业。但是,这里的“落后”指的是相较于发达国家的产业,而相较于发展中国家的本国产业,这些产业是“先进”的。虽然发达国家对发展中国家仍然在很大程度上保持着人才、资本、技术、品牌等方面的优势,但发展中国家也会在参与国际分工的过程中积累自己的技术、人才、资本等要素优势。总的来说,经济全球化的过程客观上促进了发展中国家的产业升级。

基于这些事实,我们可以发现古典贸易理论和新古典贸易理论都存在着一定的缺陷,即这些理论都广泛地使用了静态分析方法。在现实中,国际产业分工的变化往往非静态,而是动态的。为了克服以往理论中的缺陷,学者们开始从不同的角度入手,研究区域间的产业分工和贸易关系,形成了新贸易理论。构成新贸易理论比较典型的文献有 Grubel 和 Lloyd(1975)提出的产业内贸易理论。该理论放宽了以往国际贸易理论中一些严格的假定,如完全竞争的市场结构、规模收益不变等,从规模经济和产品差异性等方面考察了发展水平相似的国家之间贸易的形成机制,进而解释了当时产业内贸易份额权重在国际贸易总体份额中不断增多的现象。以 Vernon(1966)为代表的产业生命周期理论认为,每个产业不会永远停留在一个阶段,产业的成长过程是动态的。一个区域的产业从出生开始就注定在一定时间内,它最终会由于种种原因完全退出原来的区域,转移至更加适宜这个产业发展的区域。这个动态的过程可以被分为四个阶段,即初创阶段、成长阶段、成熟阶段和衰退阶段。在这之后,这些衰退产业会进行战略转移,由其他较落后的国家承接。以 Gereffi(2002)为代表的全球价值链理论认为,由跨国企业构建的网络组织会涉及原料采购、半成品加工和成品制造、产品消费和回收处理等从生产、消费到回收几乎所有的环节。参与价值链上各分工环节、增值活动以及利润分配的企业散布于全球的各个区域。相对于以前的研究,新贸易理论扩展了要素的范围,克服以往理论仅限于完全竞争市场的缺陷,研究对象不仅限于产业间分工,还拓展到了产业内分工。以往的国际贸易理论往往把分工、贸易和产业升级等诸多方面割裂开来,新贸易理论把这些因素整合到了一起进行研究,认为一个国家或地区的科技水平决定了其参与国际分工的地位。

上面着重回顾了产业分工的理论发展脉络,也有大量的学者针对观察到的具体状况做了详细的研究。梁琦(2004)计算了我国区域制造业分工指数并进一步分析了其变化率,认为产业地方化、地方专业化是一个趋势,产业分工与地理距离有很强的关系,地理距离越短,产业同构性就越强,地理距离越长,产业互补性就越强。殷醒民(2006)分析了长江三角洲主要城市的制造业分工地位,认为在区域内部并不会形成"产业同构"现象,区域内各地的产业分工会不断加深。孟德友和陆玉麒(2012)对我国中部数省,如湖北、河南等省的制造业数据进行了分析,认为在区域内部各个地区之间的产业专业化分工水平存在差异。吕卫国和陈雯(2013)研究了江苏省制造业空间集聚和扩散的关联,认为在不同时期,各类地区的专业化分工状况会有所不同。当区域间产业一体化程度较低时,各地区的专业化分工会处于数种状态并存的复杂局面。当区域一体化达到一定程度时,产业将初步向具有优势的地区集聚。当区域一体化程度不断深化时,会产生一定程度的集聚不经济现象,这种现象会促使制造业由集聚中心向外围迁移。李学鑫和苗长虹(2006)对中原城市群的区域产业结构做了量化分析,认为城市群内部产业结构的优化会促进城市群的发展,从而带来城市群内部产业分工和协作的不断深化。姜晓丽、张平宇和郭文炯(2014)对辽宁沿海经济带产业分工状况进行了研究,认为在发展程度不一的产业中,产业分工的深度存在巨大的不一致性。毛艳华(2005)认为我国加入世界贸易组织(WTO)后,会加快经济全球化步伐,国际产业分工不断深化,这会促进国内各区域间的产业分工程度加深。李娜(2009)认为产业分工是经济增长的重要动力,而产业分工虽然主要由市场主导,但也需要政府一定程度的引导。政府引导有利于避免产业分工过程中出现的企业盲目投资等一系列缺陷。姜晓丽、张平宇、郭文炯(2005)认为,深化产业分工是为了发挥各区域的资源禀赋,突出比较优势,避免过度同类竞争,促进高效率区域分工合作体系的构建。李娜(2008)认为参与区域产业分工协作有利于参与者优化生产要素的配置,在协作的过程中,人员、技术、信息等要素会不断地交流,伴随而来的就是技术转移,从而利于区域整体产业结构优化升级。王婷和芦岩(2010)认为发达国家把各方面已经不占据比较优势的落后产业转移到发展中国家和地区的过程是以跨国公司为载体来实现的。这个过程促进了国际产业分工体系的细化和深化。关于产业分工的重要影响因素,很多学者做了大量细致的研究。梁琦(2005)认为,产业分工的格局从根本上取决于区域经济的发展水平,是区域的生产力决定了本区域承担的生产环节。经济发展程度越相似的地区,其产业分工程度越弱,而不同区域之间的经济发展程度差距越大,其产业分工程度就会越强。陈永国(2007)基于技术转移的视角,认为来自科技领先区域的高新技术会转移至科技较落后的地区,与当地的制造业相结合,从而形成产业互补格局,提升经济效益。毛艳华(2005)认为在自然条件、资本充裕程度和人力资源等方面存在巨大差异的区域产业具有很强的互补性。基于各区域之间生产要素的互补性,产业分工有利于发挥各区域的比较优势,突破瓶颈要素,实现资源的优化配置,开发新产品,开拓新市场,使参与产业分工的各区域经济得到发展。

综上所述,无论是产业集聚还是区域间的产业分工,它们都可能是通过市场、政府或跨国企业等途径实现的。无论通过何种途径实现了产业集聚或区域间的产业分工,最终都是为了实现资源配置效率的最大化,发挥区域相较于其他地区的比较优势和资源禀赋,促进企业与个人间的知识和技术传播,打破"信息孤岛",减少组织间信息的隔阂,有效地促进生产力水平的提升。同时,区域生产力水平的不断提升,又会进一步促使区域间或区域内产业分工的不断细化和深化。这种生产力发展和产业分工深化与促进的过程往往表现为各区域选择自己相较于其他地区的优势产业作为主导产业并进行专业化生产,通过区域之间的产品交换行为实现并增加产品价值,满足本区域的生产以及生活需要。因此,无论是区域内还是区域外的产业分工,它们都是各个区域内或区域间产业结构调整及相互协调的过程。

第三节　产业合作与效益的方法论体系

本书采用的方法考虑了历史和逻辑的统一,既从历史视角探讨国际区域产业合作的实践,又从定量分析角度,采用模型和数据实证分析产业合作的机制、因果关系和合作效益等。

一、博弈论

博弈论的理论思想发展历史非常悠久。在两千多年前的中国战国时期，"田忌赛马"这一典故就是博弈论的体现，反映了古代人们对具有策略依存特点问题的决策智慧；在当代，"囚徒困境"又将博弈论这一历经千年的智慧带进了科学范式研究中。1950 年，纳什引入"纳什均衡"（Nash Equilibrium）概念，演化并推导出纳什定理。这一创举奠定了博弈论中非合作博弈的理论基础，将古老的博弈论转变为现代经济学研究的工具与范式。随后，博弈论被广泛应用到经济研究当中，成为经济学的基本研究方法。

考虑到中国与东盟国家之间的产业合作关系受到双方博弈机制的影响，因此建立博弈模型来探讨这一合作机制是十分有意义的。当前，美国在经济、政治、军事、科技和创新等领域的影响力较强，自 2018 年以来，中美之间的对抗不断升级。美国围绕"重返亚太战略"在亚太地区持续布局，尤其在南海和台湾问题上频繁对中国施压，并通过经济和政治手段对东盟国家发力。这表明，美国对亚太地区的战略意图十分明确，并在不断深化其影响力。因此，将中国、美国和东盟国家纳入三方博弈模型中进行分析，可能更贴近中国、东盟国家的产业合作机制现实。

二、因果分析

计量经济学（Econometrics）最早由 1969 年诺贝尔经济学奖获得者、挪威经济学家拉格纳·弗里希（Ragnar Frisch）于 1926 年提出。从 20 世纪 40 年代起，计量经济学逐渐发展并成为经济分析的重要工具，它不仅为经济学研究提供了强有力的支持，也是现代经济学中不可或缺的关键研究范式。正如诺贝尔经济学奖得主劳伦斯·克莱因（Lawrence R. Klein）所言："计量经济学在经济管理学科中占据着至关重要的地位。"

计量经济学实验模型的一个主要用途是揭示变量之间的因果关系。在探讨中国与东盟国家贸易关系时,首先需要分析相关变量之间的相互作用。然而,由于经济学中的变量之间常常存在复杂的相互关系,有时这些关系是双向的。如果未能准确厘清这些关系,可能会受到内生性问题的影响,进而得出反向因果的结论。例如,国民收入总值的增加通常对国民消费产生正向影响,但与此同时,国民消费也可能反过来影响国民收入总值。因此,明确时间维度对于厘清变量之间的因果关系至关重要,它有助于分析这些关系是单向的还是双向的。格兰杰(Granger)提出了一种经典的检测方法,称为"格兰杰因果关系检验"(Granger test of causality)。该方法通过引入时间序列数据,帮助研究者识别变量之间的因果关系方向,进一步区分变量之间的单向因果影响和双向反馈效应。

三、投入产出

从理论上来看,最初在 1874 年,法国经济学家瓦尔拉斯(Léon Walras)通过数学模型推导出了"瓦尔拉斯均衡定理"。该定理假设市场中存在 m 种消费类产品和 n 种基本生产要素(如劳务),每种产品和要素都有市场交易数量及其相应的市场价格。此外,还涉及 mn 种专业技术参数。根据该假设,系统中的未知变化量共有 $2m+2n+mn$ 个。在这种情况下,假设选择其中一种产品作为参考标准产品,且该产品的市场价格被定为 1,那么其他产品的市场价格则会相对地由参考产品的价格来表示。此时,未知变化量的数量将减少为 $2m+2n+mn-1$,即在参考标准产品价格为 1 的约束下,未知变化量的数量减少了一个。在这一情境下,瓦尔拉斯发现,系统中的独立方程式数量恰好与未知变化量的数量相等,从而实现了市场的均衡状态。这一理论为经济学中的一般均衡理论奠定了基础,并为市场交易和价格形成提供了数学化的描述。

在此基础上,列昂惕夫提出了投入产出分析的经济原理。列昂惕夫通过提出投入产出模型并编制了美国 1919—1929 年度的投入产出表①②,为经济分析提供了新的框架。第二次世界大战爆发后,美国政府采购了五万架军用飞机。在生产过程中,军工部门仅关注了铝材的消耗,而忽视了制造飞机所需的铜材,导致铜材严重短缺。铜材广泛应用于电线等输电设备的生产,缺乏铜材引发了一系列连锁反应,最终迫使政府寻找替代材料来弥补这一缺口。此后,军工部门汲取了这一经验教训,认识到仅仅满足新武器装备的生产需求并不足够,还需科学的综合管理模式来规划生产、调配资源和协调各部门之间的配合。1944 年,在列昂惕夫的指导下,美国劳动统计分析局编制了美国1939 年经济投入产出表,该表包含了 96 个生产部门,并受到了美国军事职能部门和其他政府机构的高度重视。此外,美国劳动统计分析局还利用这一投入产出表估算了如果二战于 1945 年 6 月 30 日结束,美国到年底的就业情况。③

从实践角度看,俄国十月革命后,苏联在实施生产资料公有制的基础上实行计划经济,这要求政府部门有系统地引导国民经济的发展。在这一历史背景下,1924 年,苏联中央统计局根据政府的指导方针,编制了 1923—1924年度的国民经济平衡表。该平衡表包含多种类型的价值平衡表,例如社会市场产品的生产与分配平衡表、国民经济收入平衡表、各职能部门间的产品生产与分配平衡表等,同时也包括实物平衡表。上述表格里指出了以平衡表的方式,分析研究国民经济每一个职能部门与多种主要产品生产加工和损耗之间的平衡问题。④

投入产出分析所具有的突出特征,可以表现国民经济中各个职能部门间错综复杂的关系,并通过直接与完全消耗系数来衡量国民经济中部门间所存在的生产要素使用与分配的情况。

---

① Leontief W. The Balance of the Economic Balance of USSR[A]. In Foundations of the Soviet Strategy for Economic Growth: Selected Soviet Essays[C]. Bloomington: Indiana University Press, 1964: 88-94.

② Leontief W. The Structure of American Economy[M]. New York: Oxford University Press, 1919—1929.

③ Princeton University. Appendix B—Conservation in World War II: 1933-45[M]. Princeton, 1979.

④ Popov P. I. The Balance of the National Economy of the USSR, 1923-24[M]. Moscow: Central Statistical Administration of the USSR, 1926.

第二章
国际区域的产业合作与经验借鉴

欧洲联盟和北美自贸区是全球发展程度较高的两大区域经济产业合作组织,二者形式、特点各异,但都有力地促进了区域经济发展及共同利益的增加,为中国—东盟的区域产业合作提供了经验和启示。

第一节　欧洲联盟的产业合作与发展

欧洲联盟的产业合作大致可以分为四个阶段:起点是以《巴黎条约》为标志形成煤钢共同体;1948—1957 年,《罗马条约》《布鲁塞尔条约》先后被批准,标志着欧洲共同体的形成;1992 年,《马斯特里赫特条约》签署后,欧盟正式成立,产业合作进入深化阶段;目前,欧洲各国正处于产业合作的高级阶段,以《欧盟宪法条约》《里斯本条约》的签署为重要标志。如今,欧盟成员国数量已增至 27 个,其经济总量和经济一体化水平均位居全球前列。在政治与经济利益的双重驱动下,欧盟逐步建立了关税同盟和货币联盟,商品市场逐步开放,宪政逐渐走向统一。其发展历程和历史沿革存在诸多鲜明的特点,也为当今中国在改革开放道路上继续加强国际区域产业合作提供了宝贵的经验。本章将从欧盟产业合作发展道路上的国际背景、制度演变、具体产业政策与内在影响等方面展开介绍。

一、煤钢共同体——欧洲产业合作的开端

欧洲经济一体化的进程始于 1951 年,大致持续至 1966 年。这一过程是多重内外因素相互作用的结果。在外部,欧洲各国在经历两次世界大战后普遍国力衰退,政治、军事和经济面临来自美、苏两国的严峻压力。其中,美国在欧洲经济一体化进程中扮演了重要角色,既是推动者,又是制衡者,同时也是调停者。在冷战背景下,欧洲,尤其是德、法两国,成为东西方冷战对峙的主战场。一道铁幕横亘于欧洲大地,不仅打破了欧洲传统的政治格局,也使劫后余生的欧洲各国倍感不安。在内部,战后欧洲的经济秩序尚未完全恢复,经济活动仍处于低迷状态,资源匮乏,人力、物力和财力几近枯竭,经济持续下滑。在此背景下,欧洲各国迫切需要重建正常的经济秩序,尤其是实现独立、安全和稳定的经济发展目标。为此,西欧资本主义阵营的国家率先尝试从分散走向联合,开启了漫长而艰难的欧洲经济一体化进程。

首先,探讨欧洲经济一体化的外部动因。美国作为第二次世界大战最大的受益国,在战争即将结束之际即开始筹划建立新的世界秩序。为与苏联为首的社会主义国家争夺欧洲这块地缘政治的战略要地,美国在西欧着手实施"欧洲复兴计划"。该计划有双重意图:一方面,希望凭借第二次世界大战中积累的压倒性军事优势和经济优势,实行"马歇尔计划",以扶持西欧国家战后重建为手段,深层次意图是强迫欧洲受援国家开放国内市场,加速美国商品在欧洲市场中的倾销,从经济上使欧洲沦为美国的附属国;另一方面,美国希望将西欧作为对抗社会主义阵营的重要据点,并通过成立"北大西洋公约组织"奠定西欧安全防御的基础。其深层次意图在于借助军事联盟将自身的军事力量深入渗透到欧洲各国,从而重塑传统上由德国、法国和英国主导的

欧洲军事格局。与此同时，来自苏联的军事与经济压力也在持续增加。在1947年至1949年的短短两年间，苏联先后与南斯拉夫、波兰、罗马尼亚、保加利亚等东欧国家，以及部分西欧国家，建立了"欧洲共产党和工人党情报局"（Information Bureau of the Communist and Workers' Parties）和"经济互助委员会"（The Council for Mutual Economic Assistance）等政治、经济及军事合作组织。1955年，苏联进一步主导成立了华沙条约组织，标志着以苏联为中心的经济与军事对抗格局的全面形成。苏联势力的迅速壮大对西欧国家构成了巨大的威胁，单个西欧国家无力应对这一强大的经济与军事联盟。因此，西欧国家产生了更加强烈的合作需求，以联合应对外部的强大压力。

总而言之，来自美、苏的压力和侵略迫使西欧各国团结一致，形成可以周旋于两股巨大势力中间的第三方势力，才有可能避免沦为下一次世界大战和经济绞杀战的马前卒。由此，合作成为彼时西欧各国的最优选择。

其次，欧洲一体化的内部动因同样强大。其中，最强大的是经济上的内在压力。两次世界大战导致了灾难性的破坏，各国数百年间积累的财富毁于一旦，人口锐减，失业率暴增，社会秩序动荡不安。即便是损失相对较小的英国，其在战火中也毁掉了第二次世界大战前四分之一的财富，人口损失40万，经济增长陷入停滞，国际地位也跌下神坛，短短几年内就丧失了对所有殖民地的控制权。其虽名为"战胜国"，但综合损失并不亚于"战败国"。国内产业饱受冲击，社会各阶层摇摇欲坠。对于德国而言，第二次世界大战最严重的后果之一是人口的巨大损失。战争导致德国损失约800万人口，其中包括大量科技人才。[1] 同时，战后60多年间累计支付约640亿欧元的赔款，这对濒临经济崩溃的德国来说更是雪上加霜。[2] 法国则在第一次世界大战中已损失惨重，第二次世界大战又造成约50万人的伤亡。战争的毁灭性打击使西欧国家深刻认识到，若想重现战前的欧洲辉煌，走向联合是唯一出路。此外，自然气候的异常也加速了欧洲经济一体化的进程。1946年的反常天气——夏季连

---

① Overy R. The Bombing War：Europe 1939-1945[M]. London：Allen Lane，2013.

② Tooze A. The Wages of Destruction：The Making and Breaking of the Nazi Economy[M]. New York：Viking，2006.

绵阴雨和冬季极寒,严重影响了西欧各国的农业、运输和主要能源供应,经济形势进一步恶化。到了 1947 年初,大范围的洪水灾害更是加重了各国的经济负担。[①]

最后,欧洲也经历了科技、政治和思想上的一系列重大变化。由于国际分工日益加深,国际贸易愈来愈普遍,任何欧洲国家都已经很难在竞争激烈的国际市场中独自生存。打通各国之间的贸易,加强各国之间的经济联系和国际分工,成为经济发展的内在趋势。政治上,欧洲涌现出了一批能以长远和国际视角规划民族发展的政治家。他们乐于让渡部分经济权利乃至国家主权,形成统一的集体,这极大程度上推动了一体化进程。思想上,欧洲人民也普遍厌烦了国家之间对立造成的战乱,对一体化持相对开明的态度。以上因素一起,共同促成了欧洲国家开始走上一体化的道路。[②]

在制度层面,德国、法国、意大利、比利时、荷兰和卢森堡六国于 1951 年 4 月签署《巴黎条约》,成立了欧洲煤钢共同体。条约的核心内容包括:第一,明确以建立共同市场为目标;第二,设立具有国际性特征且成员拥有较高自治权的共同体机构,包括高级权力机构(执行机构)、共同议会(立法机构)、部长特别理事会(决策机构)和欧洲法院(司法机构);第三,将煤炭和钢铁领域的主权移交至共同体,并制定统一的内部贸易政策,重点解决产品流通数量限制、进出口关税、产品质量监督、企业合并、定价规范及反垄断等问题。通过煤钢共同体,各成员国达成了多重目标:建立了欧洲内部的国际竞争秩序,确保了煤炭和钢铁的有序生产,并迈出了欧洲经济一体化的第一步。同时,该共同体也成为战后欧洲各国实现和解的开端,加强了彼此间的联系。

从产业合作收益的角度来看,欧洲在这一阶段进行的煤钢合作模式收益非常明显,为欧洲经济提供了迅猛发展的动力。1952—1955 年,成员国之间煤炭贸易增长了 40%,钢铁贸易增长率为 150%。煤炭和冶金的国际化推动了成员国的经济稳定发展,就业率大幅提升,人民生活质量稳步提高。

---

① Milward A. S. The Reconstruction of Western Europe,1945-51［M］. Berkeley：University of California Press,1984.

② 张海冰. 欧洲一体化历程对东亚经济一体化的启示[J]. 世界经济研究,2003(4)：75-80.

二、欧洲共同体与欧洲共同市场——欧洲产业合作的发展

(一)欧洲共同市场的主要内容

随着共同体经济的高速发展,各国对于能源的需求日益上升。但煤炭已达到生产瓶颈,亟须找到新的能源突破口,而西欧各国的石油、天然气等能源主要依赖进口。1957年3月,由西德牵头,欧洲六国在超主权合作基础上进一步签订了《罗马条约》。

《罗马条约》包括《欧洲经济共同体条约》和《欧洲原子能共同体条约》。该条约极为详尽地对西欧各国经济发展中的重大命题进行了商议,包括发展的基本原则、远景目标与各领域秩序。在条约的具体规定中,极为重要的一点是成员国之间将建立关税同盟,彻底打破国家间的贸易壁垒,实现商品流通零国别歧视。同时,政府积极推进运输、社会福利等方面的政策协同。产业政策中影响最大的是农业政策,它规定了欧洲应该作为共同市场推进农业布局,扩大农业生产和农产品贸易,促进技术进步并提高相关从业人员的收入水平,建立长期稳定的欧洲农业共同市场。1960年6月,该政策进一步得到加强。各成员国在建立农产品统一市场之外,还开始相互提供财政支援,维护农产品价格稳定。之后,设立了农业指导和保证基金,逐渐统一农产品价格。欧洲产业一体化开始从单一产业的一体化向整个经济领域的一体化过渡。

1967年7月,欧洲经济共同体六国进一步签署了《布鲁塞尔条约》。其重要意义在于赋予欧共体实质权力。通过合并煤钢、经济、原子能等共同体,成员们希望打造一个更加紧密的欧洲联盟。此后直至1991年间,欧共体又开始了一系列经济和政治上加强联结的举措。

首先是货币联盟的形成。1968年,欧共体建立了关税同盟,各国内部贸易成本大幅降低,经济活力被激发。由于处于经济稳定长期增长阶段,以及美国主导的布雷顿森林体系运作良好,欧共体渐进式职能主义的汇率政策见效,各成员国把一体化的重心主要放在贸易领域而非货币政策上。但在美元

危机爆发,欧洲市场受到波及之后,人们对统一货币政策的呼声日渐高涨。单一国家已经无法抵御频繁的汇率波动造成的经济不稳定,于是欧共体各国于1970年开始商讨建立经济货币联盟。最初,它们提出的是"蛇形浮动制",在其成效不佳的情况下,又于1978年进一步推出了欧洲货币体系计划。

其次是市场一体化的深化。尽管关税已经降低,但实际的欧共体贸易还面临着成员国之间大量非关税壁垒、商品流通政策性成本依然高企的问题。加之石油危机对欧洲的发展产生了巨大的冲击,各国对深化市场一体化产生了进一步的需求。1985年,欧共体通过《单一欧洲法令》,将市场一体化从贸易一体化向各个深层次领域进行推进。在货币合作、经济与社会融合、社会治理、环境保护、技术发展等领域,欧共体达成了一致行动的共识。这标志着欧共体的发展已经进入相当深入的阶段。

再次是人口流动的一体化。在第三次产业革命的浪潮中,人才的重要性日益凸显,人口流动障碍成为阻碍各国吸引人才的一大原因。于是,1985年6月,德国、法国、荷兰、比利时、卢森堡五国共同签署了《申根协定》。协定内容包括签字国取消公民边检、外国人在"申根国"之间自由流动等。这极大程度上方便了签字国间的人口迁移,提高了对外来人口的吸引力。

最后是改革了农业一体化进程。1992年,欧共体针对之前出现的农业预算成本急剧上升的形势进行了及时调整,分别降低了欧共体内最重要的农业产品——牛肉和谷物的价格,并且较大幅度地下调了允许进行粮食耕作的土地面积。同时,开始考虑更多元化和长期的产业扶持政策,包括补贴被冻结土地耕种的农业生产者、成立环境保护基金、开发偏远地区农业生产、实行高龄农民提前退休制度、安置青年就业等。

在经济逐渐腾飞的过程中,欧洲一体化展现出了经济发展的动力和韧性,使其对尚未加入共同体的各国产生了强大的吸引力。[①] 自1973年至1986年,英国、爱尔兰、丹麦、希腊、西班牙和葡萄牙等国家先后加入欧共体。至此,欧共体已经包含12个国家,西欧已经完全在欧共体的控制之下。

---

① 李一鸣.中欧产业合作研究[D].长春:吉林大学,2018.

这一阶段的合作收益体现在卓越的贸易创造效应上。[①]《罗马条约》签订后,各成员国对内、对外贸易增长逐渐提速。1958—1966 年,欧洲共同市场内部各国贸易额年平均增速达 16.5%,达到了历史峰值。这样的贸易增速也使得欧洲成为投资者青睐的对象。1960—1966 年,欧洲经济共同体吸引的外商直接投资由 320 亿美元飙升至接近 700 亿美元,增速超过 100%,极大地刺激了就业和经济活力。产业发展方面,农业取得了显著的进步。1961—1966年,欧洲经济共同体的农业生产率超越工业生产率,农业生产成为经济发展中的主导力量。农产品的自给自足和市场繁荣推动了成员国内农民阶层收入的增加,在经济领域为构建共同体和实现可持续发展提供了有力的保障。欧共体正式成立后,其内部成员也都保持了高速、稳定的经济发展态势。1970—1978 年,欧共体年均经济增长 3.61%,超过同期美国增速近 1%。1982—1991 年也保持着 3.2% 的高增速。同期欧共体成为世界上最大的贸易集团,超越了日本和美国。1985—1989 年,欧共体工业生产年均增长率甚至达到了 20%。

(二)欧洲共同市场的影响

经历了数十年的发展,欧共体经济取得了长足进步。各国之间更加开放,产业合作更加紧密,产业分工更加协调,人口流动、货物贸易更加便利,资本、商品、劳动、技术等要素得到更充分利用,市场一体化程度大幅提高。作为一体化组织,欧共体在国际上的经济和政治地位都得到了显著提升,也为最终走向欧洲联盟铺平了道路。

三、欧洲联盟——欧洲产业合作的深入

20 世纪后半叶,由于区域内外的国际汇率波动较大,欧洲共同体的国际贸易受挫较严重。20 世纪 70 年代的石油危机也使得石油价格飙升,欧洲建

---

① 阎国来.欧洲经济一体化与经济增长关系研究[D].长春:吉林大学,2015.

立货币联盟的规划受到阻碍。在经济一体化进程中德国受益良多,成为欧洲经济第一强国,并提出了建立欧洲货币联盟的倡议。同时,在成员国内部的一些国家恰希望借由欧洲整体制衡德国的快速发展,以避免可能的威胁。在这样的博弈下,欧洲货币体系计划随之产生。但对于欧共体的各个成员国来说,建立经济与货币的稳定联盟确实是打破困境、实现繁荣的必由之路,于是一个联合更加紧密的欧盟呼之欲出。

1993 年,《马斯特里赫特条约》正式生效,标志着欧洲联盟正式形成,其合作范围从单纯的经济方面扩展到成员国内部政治、经济等方面的全方位纵深协作。这也标志着欧洲产业合作进入深入阶段。其最重要的方面是确立了欧盟的共同原则和奋斗目标,并推进重大政治议题形成共识。其后,1997 年,各国进一步签订了《阿姆斯特丹条约》,对投票权进行改革,并加强了欧盟超主权的领导地位。2001 年签订的《尼斯条约》及 2007 年的《里斯本条约》又继续推进了欧盟政治改革和司法一体化的进程。

随着一系列条约的签订,一些重要的产业政策和经济举措被确立下来,主要包括共同市场、共同政策及行动与欧洲货币体系三方面。共同市场方面,建立关税同盟;联盟区域内取消国家边界,生产要素完全自由流动;禁止资本管制。共同政策及行动方面,制定就业协调战略与共同的贸易政策、农业政策。欧洲货币体系方面,统一货币,维持价格稳定;控制赤字规模;通过欧洲中央银行来确立汇率机制。最终,以上政策和举措要实现欧盟整体经济发展目标:实现经济活动的和谐、持续、均衡发展;增强经济竞争力;保持通胀规模处于合理区间;加速提高国民生活水平与质量;创造足够的就业机会,加强社会保护;加强经济与社会聚合;提高环保质量,实现可持续发展;等等。

在这一产业合作的深入阶段,非常明显的特征是各项经济举措日渐制度化、系统化。与产业合作密切相关的是欧盟的对外经贸法律制度,它是指欧盟作为一个整体与世界其他国家开展经贸交流时所适用的法律法规。覆盖范围涵盖了共同关税、共同出口、共同海关、贸易壁垒、产品责任、普惠制度、商标专利、反补贴反倾销、技术标准统一、原产地规则、法律保障措施等各方面。

具体而言,欧盟的关税法律制度分为两大板块:一是取消内部关税,二是建立统一的对外税率。尤其是 1986 年后逐渐一体化的欧盟海关税则,具体规定了基本商品分类目录、补充目录、欧共体自主确定的优惠关税措施、统一税率、减税及关税中止措施等。非关税法律制度上,主要形成了贸易领域普遍规则的共识,但也有重大突破。比如欧盟商标法,使得商标注册权人一经注册,其权利在所有欧盟成员国内都将被承认和保护,对促进欧洲商贸起到了重要作用。反倾销反补贴措施的统一,也使得欧盟整体的贸易话语权不断加强,得以一致性地对威胁欧盟贸易秩序的产品实行惩罚。

与产业合作紧密相关的还有欧盟的货币制度改革。1999 年后,统一货币——欧元——的尝试在部分欧盟国家内展开。随着欧元流通的愈发广泛,最终在 2002 年,它成为欧元区的唯一合法货币。这使得货币政策的统一成为可能,也为产业政策和财政政策的协同创造了机会。

欧盟的成立显著降低了各成员国之间的交易成本,促使欧洲形成了真正意义上的统一市场。各成员国间贸易额持续攀升,经济活力显著增强,合作效益日益凸显。1993 年至 2000 年,欧盟原 15 个成员国的人均 GDP 年均增幅保持在 5.5% 以上。[①] 此外,欧盟的对外贸易总额从 1995 年的 5600 亿美元增长至 2000 年的 1 万亿美元,成为国际市场中不可忽视的重要力量。[②] 整个 20 世纪 90 年代,欧盟吸引的外商直接投资几乎翻番,进一步确立了其作为资本青睐市场的地位。

在这一期间,各国之间的相对经济增长速度也发生了质变,呈现出趋同现象。[③] 德、法等较为发达国家的增速渐趋平缓,经济增长较慢的国家则出现了迅猛发展。由此可见,欧盟的形成对欧洲内部经济格局的重塑具有巨大的作用。

---

① European Commission. The Single Market: 20 years of the Single Market[R]. Brussels: European Commission,2013.

② World Bank. World Development Indicators[DB/OL]. Washington DC: World Bank,2001.

③ 肖灿夫,舒元,李江涛,等. 欧洲经济一体化、区域差距与经济趋同[J]. 国际贸易问题,2008(11): 43-49.

四、当代欧盟——产业合作的高级化阶段

进入 20 世纪,欧盟的产业合作进一步深化,主要存在三方面的趋势。

首先是矿产资源和能源供应端日趋稳定与成熟。资源方面,以英、法、德为首的欧洲经济发达国家通过扩大储量、节约资源,扶持国内资源深加工、回收,调整产品工艺,提供丰富储备资金,以及扶持民间参与等方式,努力加强资源利用能力,扩充资源储备基础,极大程度上增强了本国应对类似石油危机、大宗商品价格波动等外生冲击的风险抵御能力。欧盟在其中也发挥了重要作用。[①] 由于欧盟各国对外部能源依存度普遍较高,因此,多数采取了内外兼修的能源措施。[②] 欧盟各国开始合作开发可替代性新能源并开采可再生性能源,以集体宣传形式推动人们节能意识的树立以及新能源的普及。对外,由于欧盟的集体议价,形成了较为强劲的买方势力,因此,在能源开采、运输和交易上形成了一定的控制能力。通过"稳定中东、保障俄罗斯、拓展亚非"的能源战略,欧盟运用经济、外交乃至军事手段保证了石油和天然气的供给稳定与来源途径的多样化。近十年来,欧盟在矿物资源储备上也一直不断发展。各国在欧盟框架下有针对性地加大了资源勘探及储备力度,并制定了矿物资源深加工及回收机制。对于基本工业生产的原材料,欧盟从贸易、工艺等多方面尝试予以保护。

其次是人力资源利用效率的提升。经历信息技术革命之后,人力资源成为现代国家提高生产率、寻找新的经济增长突破点的重要力量。吸引人才、留住人才、保护人才,成为欧洲各国与世界竞争时重要的基础因素。欧盟在人力资源利用效率的提升方面主要有两大举措。一是保障人力资源的自由流通。在申根政策的推动下,人才在各国之间的流动、工作、定居变得容易且普遍,这对于人力资源的合理配置、扩大跨国公司规模,具有显而易见的好处。二是改善人力资源进入实际劳动生产的比例。从 20 世纪末至今,欧盟的

① 姜永铭.跨国区域经济合作与发展研究[D].长春:吉林大学,2009.
② 邱霞.欧盟区域合作稳定性研究[D].长春:长春工业大学,2016.

经济几经波折,其国际经济影响力已无跻身霸主地位的可能性,经济死板与
呆滞的缺陷日渐明显。原本令欧盟引以为傲的社会福利制度和退休保障制
度使得财政赤字居高不下,国库资金捉襟见肘。人口老龄化的压力更是雪上
加霜,甚至影响到了欧盟产业合作的稳定。[①] 为此,欧盟内部各国领导人共同
推动了"里斯本议程"的制定,推动各年龄阶层就业率的提升,平衡男女就业
情况差距,尤其是要提升科研投入比例。欧盟以这一议程为抓手,大力推进
相关劳动战略政策出台,如推广终身教育、完善人力资源长期持续积累,在维
持就业稳定高效的情况下努力增加劳动市场的多样性,同时确保政府收支平
衡。通过以上办法,欧盟希望能为产业合作奠定一个坚实有力的劳动力供给
基础。

最后是贸易秩序进一步升级。随着经济全球化的继续扩大,欧洲市场一
体化的好处日渐凸显,欧盟也吸纳了越来越多的新成员。时至今日,已有 27
个成员国。不可避免地,欧盟很多较高的贸易制度标准和严苛门槛也要因此
而降低。如今,欧盟是世界上采用技术性贸易保护较频繁和手段较严厉的区
域之一。欧盟掌握着巨大的超主权贸易裁判权,并熟练运用着各类政策工
具。而且,这一系列手段在被制度化和规范化。目前,欧盟已出台制定了数
百项具有法律效果的规范条款,广泛涉及工业产品的安全、加工、包装,以及
农产品的制作、深加工、运输及存储等阶段。

在合作效益方面,随着世界格局在新时期的快速变化和欧盟产业战略合
作走向深入,其更高层次的产业合作也更难以直接地反映在某些具体的经济
宏观指标上。这一阶段,欧洲一体化进程的效益更多地体现在保证其长期经
济发展的战略安全议题上。事实上,由于区域内部占据主导地位的部分国家
出现政治重塑进程,先前由大国主导推动欧洲一体化走向深入的模式遭到巨
大阻力。此外,在"低垂的果实"已经快要被摘完、凝聚力和共识逐渐减弱的
当下,欧洲需要从何处、达成何种合作水平以获得更高的合作附加值,也是其

---

① Dermot Hodson, Uwe Puetter. The European Union in Disequilibrium: New Intergovernmentalism, Post-functionalism and Integration Theory in the Post-Maastricht Period[J]. Journal of European Public Policy, 2019, 26(8).

一体化进程深入发展必须回答的问题。

五、欧盟产业合作的发展特点

回顾欧盟产业合作的历史发展和制度沿革,可以归纳其产业合作主要呈现以下两大特点。

(一) 欧盟产业合作的周期性

产业合作呈现很强的周期性递进发展态势,学术上称之为符合"国际区域合作体的生命周期理论"。[①] 大体而言,欧盟的产业合作以贸易合作为开端,先后历经要素合作与货币合作阶段,以政策协同化为最终的成熟阶段。

贸易合作阶段对应欧盟的煤钢共同体时期,呈现的特点包括以资源互补为基础、合作不确定性较高、合作程度较低等。这一阶段,各国主要通过经济领域的资源交换和贸易行为实现资源差异互补、比较优势互补、贸易互利共赢等经济目的。各国之间依赖性相对较弱,随时都可能出现关系破裂、合作终止的情形,因此依赖于较强的外部压力和内部契机。此阶段的维持也主要依赖于约定、合同等机制,制度化程度相对较低,缺乏政府间贸易和投资合作框架作为引领,对经济体内合作的个体而言存在着较大的风险和自由探索空间。

要素合作阶段对应欧盟的欧洲共同体时期。其呈现特点包括资源交换向资源共享转换、合作收益增加、深度合作机制开始出现等特征。产业合作中,在这个阶段,资源和商品贸易深入更为广泛的要素贸易阶段。人力、技术、资本都开始在愈发自由的一体化市场内流动,分享公共品的收益,加深合作维度。各类更深层次的合作机制开始广泛出现,但约束能力更多的还是依赖主权机构,仍缺乏跨国贸易规范形成中所必需的由实体呈现的跨国影响力。

货币合作阶段对应于欧盟形成早期。这一阶段呈现的特点包括以市场

---

① 赵颖超.国际区域合作体的生命周期研究[D].长春:长春工业大学,2017.

一体化为基础、深层次合作机制的形成、合作意愿趋同等。其实,生产要素的合作不可避免地要涉及深度的货币合作。贸易一体化推动市场一体化,市场一体化推动货币一体化,几乎是必然的结果。欧盟各成员国秉持"平等、自愿、互利"的合作意愿,经由不断协商、妥协和建设,形成了一套超越主权的货币体系,标志着各国产业合作进入了极为深层次的阶段。

政策协同化阶段对应如今的欧洲联盟。经历欧债危机等波动考验,加之不断加强制度建设,欧盟目前已经建立了相对完整的政策体系、流畅的运转流程和统一的发展目标。在这一层次上,国家之间的合作已经超越了单纯的产业合作,实现了超主权的经济、政治、防务等全方位合作。欧盟各国已可以在执行同一种货币政策的基础上充分沟通协调,保持财政政策相对统一的状态,其余合作的生命周期演化到了最高阶段。[①]

(二)欧盟产业合作背景下的贸易关系

产业合作深化伴随着制度性保障的深化和完善。按贸易关系,可以将欧洲各国的贸易分为国内贸易、成员国间的内部贸易及对外贸易。[②]

国内贸易和内部贸易方面,欧洲各国从煤钢一体化开始,历经共同农业政策同盟、关税同盟、货币与经济联盟的建立,签署了从《罗马条约》《完成内部市场白皮书》到《单一欧洲法令》和《欧洲联盟条约》等一系列国际条约、法律制度、备忘录。其中重点维护了商品贸易、服务贸易、劳动力和人才,以及资本这四大要素的自由流动,同时确立了非歧视、相互认可、欧共体立法三项基本原则。欧洲共同体尤其重视在公司法、劳动法、产品责任、银行监管、股票交易、电信事业、知识产权保护、公共事务委托等领域的制度建设,尤其是在基本条约框架之下的具体化规范。

具体而言,金融服务方面,欧洲金融市场重点保证了各国公民、货币与资

---

① Maher Richard. International Relations Theory and the Future of European Integration[J]. International Studies Review,2021,23(1).

② 魏红.区域贸易安排理论与实践研究[D].上海:华东政法大学,2008.

本的流动不受阻碍。公司法方面,通过欧洲议会和理事会指令的形式,欧洲各国逐渐达成了对公司权利和义务的细致规范。如第一指令规范了有限责任公司披露义务,第二指令规范了有限公司建立的标准和程序。还有大量其他指令规范公司的合并分拆、金融信息公开与审计、公开收购等方面。知识产权方面,各国间产业存在较大的利益冲突,且欧共体缺乏较为统一的知识产权法律体系,因此其中的规范主要依赖于欧洲法院的判例。尽管并未形成统一法律,但判例极大程度上影响了欧共体各国国内法的制定,使得各成员国对于知识产权保护的法律和政策趋于一致,也基本保持着与欧共体一致的基本目标。公共采购方面,各国普遍存在有限采买本国商品的动机和传统。为此,欧共体通过《政府采购协议》等一系列合作文件和有关公共服务、公共产品、公共工程、公共救济、公共事业、公用事业合同授予指令。

对外贸易方面,欧共体的贸易政策经历数十年的发展已经形成了四个层次,包括国际协定、基础性条约、共同体自主性立法以及共同体采取的行政性措施。其中比较重要的是以下系列条约和法令中的规定,从中我们可以看到其鲜明的发展趋势和深化特点。

《罗马条约》作为欧洲经济共同体的开端,详细规定了共同商业政策的基本原则和框架,因此,共同商业政策是欧洲一体化进程中最先发展的领域之一。其后,《单一欧洲法令》对其有所延伸,加强了欧洲议会在国际协定方面的权力。《欧洲联盟条约》在共同商业政策方面进行的调整有限,主要是规范了签订国际协定的程序条款,并对共同体和国际组织之间的关系进行了界定和阐述,整体上仍在欧洲一体化进程中具有标志性作用。《尼斯条约》则进一步加强了欧委会在国际谈判中的地位。标志着共同商业政策最终取得实质性突破的里程碑是《欧盟宪法条约》,它将外国直接投资和知识产权纳入了共同商业政策法案,并确定其具有共同体的排他性权力,极大拓展了成员国共同商业政策的广度和深度。该条约规定,当商业政策涉及多个欧盟成员国时,欧洲议会具有相关政策的共同决策权,因此,大多数国际协定需要得到欧洲议会的批准。

　　具体而言,欧盟的对外贸易制度主要包括共同关税税则、共同贸易保护措施、欧盟反倾销法等。以共同关税税则为例,这一准则明确了单方面关税额,并规定此后共同体成员国间将面对统一的关税额度;还规定了配额限制和征收反倾销税,制定了一系列征税商品名单。共同贸易保护政策则包括规定自由进口货单、对进口进行监视、统一配额和数量限制、强化反倾销程序和反歧视措施等。

第二节　北美自由贸易区的产业合作与发展

一、北美自由贸易区的发展

(一)北美自由贸易区的成立背景

　　第二次世界大战后,以美国为核心的世界经济贸易秩序被弱化。20世纪60年代,美国被越战的阴影笼罩,国际收支不平衡加重,世界各国对于美元汇兑黄金的稳定性和持续性信心有所动摇。经济学界于1960年提出的"特里芬难题"开始显示出其在现实中的威胁[1]:美国若想阻止货币储备继续恶化,则必须消除国际收支赤字,因此其他国家赖以维持国际清偿能力的美元储备必将减少;美国若要实现稳健的国内经济增长,则必然需要流失大量的短期资金和黄金。1971年,美国首次产生了贸易逆差,并在此后不断扩大,使得其赖以称霸世界经济的黄金储备加速外流,直到布雷顿森林体系在当年8月轰然崩塌。美国再也无法仅仅依赖持续发行货币进行经济掠夺,霸主地位遭到削弱。

---

　　① Pierre-Olivier G,Hélène R,Maxime S. The International Monetary and Financial System[J]. Annual Review of Economics,2019(11):859-893.

与此同时,区域经济一体化趋势与经济全球化方兴未艾,欧洲一体化进程是其中的主要代表,具体举措包括产品取消关税、税率基本统一、投资无所阻碍、人员流动畅通等。欧洲一体化虽具有独特而不可复制的历史背景,如成员国之间相似的文化背景、一体化的目标,以及第二次世界大战后帮扶重建的经验,但该过程反映了一个重要趋势,即在一定的区位内形成更高水平的经济开放互通,是在经济全球化不断发展、全球产业竞争不断升级的背景下,经济增长的重要动力。历经欧洲煤钢共同体、欧洲共同市场、欧洲联盟的建立,加之苏联解体带来的欧共体东扩,欧共体国家的黄金储备、世界经济比重等经济指标在这一过程中超过了美国。亚洲东盟以及 20 世纪 80 年代末亚太经合组织成立,进一步加剧了世界经济多极化趋势,美国的霸主地位逐渐为东、西两大经济体所逼近。

多极化趋势下,美国期望凭借关税与贸易总协定(GATT)的多边贸易谈判实现其全球战略,但美国世界经济地位的下降直接意味着其在谈判中话语权的削弱。乌拉圭回合为 GATT 的第八轮谈判。该谈判始于 1986 年,进程缓慢,推进艰难,持续时间长达七年半,各成员国在诸多议题上无法达成实质性的意见统一。这让美国意识到:关贸总协定以成员国自愿遵守规章、协商讨论为前提,不足以有力维持其生效。国际性多边贸易协定成员国之间的复杂利益关系与多样文化背景,意味着各方达到利益一致的条件苛刻,远远不如区域性多边贸易协定来得容易,其更易于协调与高效。

自 20 世纪 90 年代起,经济全球化进程不断加速。苏联解体、东欧剧变后,苏联牵头的经济互助委员会的解散,以及中国深入推进改革开放,成为新千年经济全球化的有力引擎。罗马尼亚、波兰、捷克斯洛伐克等第三世界国家在这一时期纷纷走上了市场化经济的道路,打开了相对封闭的国门,对于国际贸易和国际资本的态度更为开放。作为全球仅剩的超级大国,美国对其他国家,尤其是可能威胁其政治、经济、文化霸主地位的发展中国家,所采取的外交策略从意识形态之争与拉拢"站队"转变为争夺新兴市场与劳动力、进行海外产业链布局,意图通过优化产业分工促进国内资本向新兴、高端产业转移。美国原先倡导的世界自由贸易体系在此时显露弊端,该体系仅致力于对商品贸易进行去关税壁垒,对于国际投资、国际劳务市场乃至金融服务等日益发展的国际贸易形式的覆盖则有所不足。此外,自 20 世纪 70 年代初期主要资本主义发达国家遭遇滞胀后,地方贸易保护主义抬头,各国在进口限额与禁令、进口歧视及知识产权保护等非关税壁垒方面采取了相应的倾向性政策。以上种种因素使得美国不得不在保持世界性的多边贸易协定稳定时寻求区域性的且合作更加深入的区域性贸易协定。美国还有在经济层面控制整个美洲以保持其世界经济优势地位的需求。因此,成立北美范围内的自由贸易区对美国来说具有重要意义。

(二)从美加自由贸易协定到北美自由贸易区

作为工业水平较高的国家,美国早有在北美成立自由贸易区的意图。加拿大与美国北部接壤,其绝大部分工业与人口分布在美加边境,是美国理想的合作对象。两国之间的合作历史源远流长,在 19 世纪便开始了农产品以及一些较为初级的工业制成品的自由贸易。最早的贸易协定可以追溯到 1854年由美方推动签署的互惠贸易协定。第二次世界大战期间,美国与加拿大进一步在国防军事工业上深入开展生产分享与合作,并且在战后保持了较为良好的贸易关系,互相给予对方汽车工业(包括整车进口及零部件进口)较为优惠的关税政策。

与美国的贸易往来一直是加拿大对外贸易的重要组成部分。2019 年上半年,加拿大对美国的出口商品总额高达 1677.46 亿美元,超过对外出口总商品金额的四分之三,对美贸易顺差近 503 亿美元[①]。由于美、加之间贸易关系密切,20 世纪 70 年代,加拿大抵制美国贸易优惠的民族主义政策对加拿大的经济造成了严重打击,直到 80 年代中期马尔罗尼上台才得以扭转。1989 年,美加自由贸易协定的签署和立即生效,成为双方关系缓和的标志性事件。

美加自由贸易协定涉及的范围较广,其综合性的"一揽子"协定在取消贸易壁垒与非贸易壁垒上皆有涉及。该协定规定,所有农产品分阶段取消所有

---

① Hart J. F. The North American Free Trade Agreement and the Canadian Economy [M]. Toronto: University of Toronto Press,1992.

的双边关税,解除部分进口数量限制,并加深两国农产品技术合作;协议扩大了 1965 年签署的自由贸易协定的权限,在整车及零部件进口方面完全撤销所有整车进口关税,加方撤销汽车行业对于美方的出口税收并取消其他国家的出口税收豁免;在劳务贸易、投资、金融业等方面,均确定了国民待遇原则。

作为当时世界上最大的双边贸易关系,上述优惠政策极大促进了双方贸易合作关系,使得两国的生产与市场更加紧密地结合在一起,充分发挥了双方在国际贸易中的比较优势。尤其是对于加拿大而言,考虑到加拿大的经济总量在当时只有美国的十分之一,美国市场对加拿大的生产者而言,其重要性甚至超过国内市场。由于协定的许多条款包含了排他性的贸易优惠政策或者最惠国待遇,加拿大的生产者相比于其他国家更易于进入美国市场。巨大的需求更加有利于加拿大的生产者扩大生产规模,加快产业集聚,获得规模效应,降低成本。美方也同样从开放市场中获益颇丰。市场的扩大带来了更加活跃的竞争与商业创新,增强了两国的经济活力。然而,巨大的市场需求也给加拿大的部分产业带来了结构性风险:美国市场的占比权重过大。因此,联合墨西哥这一具有广阔前景的新兴市场签订三方的自由贸易协定,符合加拿大在新时期的利益诉求。

(三) 北美自由贸易区的主要内容

美加双边贸易协定已经在农业领域开展了深入、广泛的合作,因此三国贸易协定中的农业部分主要是墨西哥与加拿大、美国的两组双边协定。

与美加贸易协定类似,该协定主要在关税壁垒和非关税壁垒上发力,且在非关税壁垒上较为激进。除部分核心农产品如奶、蛋、糖及部分禽类外,加拿大在协议生效后需立即撤销对于墨西哥几乎所有农产品的进口规制。与美国的农产品往来方面,双方则是取消了糖类的贸易禁令。除了禁令撤销外,三边在出口补贴与相应的反制权上也达成了一致,尽可能地减少与限制出口国在农牧产品上的出口补贴。[①]

---

① Shida R H,Joao E. Agricultural Trade Among NAFTA Countries:A Case Study of U. S. Meat Exports[J]. Review of Agricultural Economics,2009,31(3).

关税壁垒上,主要采取了一段时间内循序渐进下降的政策。具体来说,双方在一些农产品上会实行一个按一定比率逐年复合上升的免税配额。根据产品的具体情况,一般在完全免税前有一个 10 年左右的窗口期,且墨方部分农产品获得了额外的 5 年的免税窗口期。这有利于促进墨西哥这部分产业的发展。此外,部分农产品获得了立即的关税削减。例如,墨西哥出口至美国的水果与蔬菜的关税平均下降了约 30%。

除了在破除贸易壁垒方面的努力外,一个三边的农牧产品贸易委员会建立起来,主要负责对三边农产品贸易进行监督以及解决贸易争端。

关于第二产业的政策,主要分为三大部分:纺织品与服装、汽车工业、能源工业。在纺织品与服装方面,贸易壁垒的撤除措施与农业类似,但是更加广泛。三国皆有 10 年的窗口期来完全免除所有纺织品与服装的关税。值得一提的是,在纺织品与服装方面,由于部分纺织品原料的产能有限,原产地规则的限制有所放松。同时,该协定给予不符合原产地规则的某一水平进口量的纺织品以相同的优惠关税待遇。

在汽车工业方面,在协商了相应的原产地规则的前提下(由先前美、加之间汽车的"国内部件"比例由 50% 统一在三方协定中上调到了 62.5%),三国之间依然采取即时关税下降与 10 年内逐步取消所有汽车关税相结合的方式。由于墨西哥的汽车工业发展水平相对较低,该协定给予了墨西哥更低的关税降低水平以及在一定时期内逐渐下调国内汽车产业扶持政策的相应宽限。不难看出,这些条款总体传达出美、加双方产品产业进入墨西哥市场的强烈愿望,包括对墨西哥汽车进口限制政策的撬动、汽车法令的勒令废除,以及对汽车产业进出口结构的要求等。

在能源工业方面,墨西哥在该协定中较为特殊,不受一些能源保护主义条款的限制。该协定还为墨方政府保留了能源与基本化工产品的垄断控制权。但该条约依然显示出美、加双方试图撬动当地能源工业大门,使国际私人资本进入墨西哥能源市场的意图。

在金融业方面,由于产业发展水平的差异,该协定主要涉及墨西哥及加拿大政府对于美国金融机构的开放准入,尤其是墨西哥方面。墨西哥政府将释放一定水平的市场份额,允许其他两国金融公司以各种形式进入,包括银行、证券公司、保险公司以及金融公司在境内开设分公司、子公司等。这些限制同样有一个逐步撤销的窗口期,最后期限大多被设定为 2000 年。加拿大方面,则是在美加自由贸易协定的基础上,将原先仅给予美国的一部分最惠国待遇也向墨西哥开放。此外,各成员国在保证准入与国民待遇的前提下保有部分的调整权,以维护国内金融市场的稳定性。

在服务业方面,该协定将美加自由贸易协定中所开放的服务行业进一步拓宽,并将墨西哥纳入协定内。三方在服务贸易中的合作范围日益广泛,以至于除了海运、汽车运输等敏感部门,几乎所有服务行业都被纳入该协定中。[①]

(四) 北美自由贸易区的重要原则、措施与实践

投资自由化实践:北美自由贸易协定在国际投资壁垒降低、促进成员国之间资本要素自由流动上所做出的尝试在国际上可以说是示范性的。在投资领域,除了部分战略性产业(如墨西哥的金融行业与加拿大的自然资源开发行业[②]),仍然有外资进入比例或是资格的负面清单等,三国在许多投资领域内较为广泛地适用了如国民待遇、非歧视原则及在此之上的最惠国待遇。这些措施将有力促进北美不断优化投资环境和政策。协定中构建的一套较为完整的投资规范与争端解决机制为人们带来了一个完整、可信、开放而具有法治基础的投资架构,有力提振了投资者的信心。值得称道的是,该协定对于发展中国家部分低发展水平行业设置了一定限度的保护措施。但也必须指出,这些在投资上的市场化与自由化政策对于不同国家产生的影响不同,更多的是为自贸区中发达国家的资本扩张服务,满足其发展需求。

原产地问题:原产地规则在第二产业中被反复强调。适用某些优惠政策的产品必须严格符合三国协定的原产地规则,否则将不能够享受该优惠条

---

① 宫占奎,陈建国,佟家栋.区域经济组织研究:欧盟、北美自由贸易区、亚太经合组织[M].北京:经济科学出版社,2000:131.

② 樊莹.国际区域一体化的经济效应:国际经济领域的前沿问题研究经合组织[M].北京:中国经济出版社,2005:205.

件。原产地规则对于不同种类的工业制成品有不同的规定,规则自身也有繁复的分类。因此,在贸易实践中,许多摩擦往往在原产地规则的认证中发生。在该协定中,强烈的排他性给构建一个巨大的自由贸易区所产生的经济正外部性带来了一些限制作用。

知识产权保护:直到今天,一些国家在知识产权保护方面立法尚不完善,行政与司法的不作为依然是非贸易壁垒高企的重要原因。早在 20 世纪 50 年代,美国便开始重视经济运行中的知识产权保护,将其视为新世纪保持经济领先地位的重要筹码。进入 20 世纪 80 年代,美国正式实施"知识产权发展战略",并在 1994 年推动签订《与贸易有关的知识产权协定》(TRIPs 协定)。事实上,在 1989 年签署的《美加自由贸易协定》中,美、加双方已经就知识产权问题进行了协商。而在《北美自由贸易协定》中,美国更进一步推动知识产权保护水平的提高,强化强制执行力度,并提出了相应的知识产权争端解决机制。

美国在这些协议中的侧重点是通过强化知识产权保护,确保其在对外贸易中利用自身优势获取高额利润。协定明确规定了对计算机软件、原创文化形象与产品(如商标权、著作权)、部分先进工业技术与发明,以及加密卫星通信等领域的知识产权保护[1],并采取高于 WTO 标准的强制性保护措施。此外,协议还允许美方在墨西哥获得发明专利权[2]。从知识产权的视角来看,这些措施展现了在南北合作型区域自贸区中,发达国家如何通过占据主导地位来确保自身利益最大化的策略。特别需要注意的是,美、加对墨西哥的外国直接投资(FDI)产品市场并非主要面向当地,而是返销本国,即所谓"成本削减型"FDI 模式。朱东平(2004)的研究表明,在发达国家向发展中国家输出创新性技术时,如果 FDI 产品并非面向当地市场,那么加强知识产权保护以改善投资环境、鼓励外资进入并非总是发展中国家的最佳选择。过度强化知识产权保护可能会削弱当地的研发能力和技术溢出效应,进而对发展中国家的

---

① Mohamed Faisal Ali,Chaufan Claudia. A Critical Discourse Analysis of Intellectual Property Rights Within NAFTA 1.0:Implications for NAFTA 2.0 and for Democratic (Health) Governance in Canada[J]. International Journal of Health Services:Planning,Administration,Evaluation,2020,50(3).

② 宫占奎,陈建国,佟家栋. 区域经济组织研究:欧盟、北美自由贸易区、亚太经合组织[M]. 北京:经济科学出版社,2000:132.

长远发展造成不利影响。

二、北美自由贸易区的影响和意义

（一）北美自由贸易区的总体效益分析

北美自由贸易区是世界首个南北合作的自贸区，为国际产业合作模式及贸易壁垒的破除、国际贸易争端解决机制的建设，以及发展中国家如何更好地参与到国际贸易当中实现产业升级提供了成功范例。正是由于北美自由贸易协定中鲜明的发达国家主导特征与成员国之间的巨大经济差异及经济依赖，该协定也曾受到过诸多的反对和质疑。从各个宏观经济指标来看，北美自由贸易区的效益分析可以从如下几个方面进行。

首先是给三国内部贸易额带来巨大的增长。北美自贸区建立后，地区贸易显著扩大。在该协定生效后5年内，美、加、墨三方的贸易额从最初的不到2900亿美元增加到了1998年的5070亿美元，到2002年则再度增长到了6210亿美元。

其次是FDI的大幅增长。得益于三方之间的投资优惠政策、确定性与可信度较高的投资规则和框架，墨西哥的投资环境得到了较大程度的总体改善。其在1994年到1998年接收的国际直接投资额累计达到636亿美元。与之相对，此前5年的总投资额仅为185亿美元，国际直接投资的增长达到了惊人的243.78％。产业转移、国际分工与市场扩大所带来的基础设施建设改善、劳动力素质提高、产业规模效应扩大等一系列正外部性，同样有力促进了北美范围内国际投资的增长。在协定生效的第十年，协定内部的FDI。

在就业方面，墨西哥就业人口增加比例最为显著，5年累计增长22％，即220万人；加拿大、美国的就业则分别获得了10.1％与7％的增长（绝对就业人口分别增长了约130万与1280万）。[①]

---

① 塞西利奥·利蒙.北美自由贸易协定的总评价及其当前形势与前景：西半球区域经济合作论文集[C].北京：世界知识出版社，2001：250-253.

在产业方面,贸易创造效应在该地区的产业合作中体现得尤为明显。从比较优势理论的视角来看,墨西哥能够向美、加两国以较低的人工成本提供初级工业制成品、劳动密集型产品与气候优势带来的出口作物如果蔬等。美、加两国则能够向墨西哥提供较高水平的金融服务、资本注入、高附加值工业制成品,以及较为先进的生产方式和管理模式。从合作实践来看,美国与加拿大的工厂在自贸区建立后,纷纷通过迁址或在墨设厂的方式,增加了国际贸易货物的种类,扩大了自贸区国家之间的贸易往来总额。

考虑在加拿大和墨西哥的国内总贸易额中,与美国的进出口贸易所占比重高达 60%~70%,可以推断,北美自由贸易区的建立为这两个国家的经济发展做出了重要贡献,推动了区域经济的快速增长。与此同时,美国则通过与这两个强有力的贸易伙伴建立联系,进一步提升了资本的国际化水平,扩大了市场规模。加拿大和墨西哥在保障美国这一庞大经济体维持 3% 的平均年增长率方面,发挥了至关重要的作用。

(二)北美自由贸易区给美、加、墨三国带来的合作效益

对美国而言,北美自由贸易区的建立是冷战结束后新一轮全球经济扩张的战略举措。其主要目的是应对新一轮经济全球化带来的国际经济形势变化,遏制欧洲和东亚地区的快速崛起,巩固美国在全球经济中的领导地位,并确保其持续的经济利益。

从经济效益来看,美国在该协定中获得了两种核心利益:市场与产业。这两者很大程度上受益于墨西哥的加入。从市场方面出发,美国获得了一个有 1 亿人口规模的、广阔的发展中国家市场。这意味着它要满足墨西哥从第一到第三产业的巨大产品与服务需求。具体而言,墨西哥的畜牧业与农业相较于美国,集约化、机械化与规模化水平较低,成本较高。加之亚欧国家对农产品的进口采取较高的关税,美国的大豆、小麦、土豆等农作物及肉类在关税撤销后的墨西哥具有较高的价格优势。作为发展中国家,墨西哥不仅在高技术、高附加值的工业产品上无法自足,国家基础设施建设的匮乏与经济发展之间的巨大供需缺口十分突出。美国的能源、通信、钢铁、房屋与道路建设既

具备技术优势,地理上也比加拿大更靠近墨西哥,美国企业因此轻易获得了大量的墨西哥基建订单。在第三产业方面,美国通过协定逐步打开墨西哥金融行业的大门,获取了一个行业发展水平较低、竞争小、潜力巨大的金融市场。从产业方面出发,美国通过区域内的产业分工降低成本,促进资源优化配置。墨西哥的市场与劳动力能够承接美国大量的劳动密集型产业,提供廉价的劳动力资源,配合规模效应进一步降低工业制成品的成本,以更低的价格与零关税回销。与此同时,美国的国内生产要素也逐渐地转移到高端产业上,配合在世界范围内推行知识产权与专利法案,掌握国际产业与价值链的制高点。当然,快速的产业转移与升级进程会导致一段时间内国内失业率的上升。美国劳工联合会对该协定对国内工作岗位产生的影响做出过抨击,认为这使得美国本土减少了约 40 万个就业岗位。[①]

从经济扩张战略上看,北美市场是美国经济向整个美洲进行扩张的基点。墨西哥在这一个协定中的重要意义除上述的市场与产业外,还在地理上成为美国向南美洲进行经济扩张的门户与跳板,使其能够更好地控制南美洲经济与政治局势,维护自身国家安全。美国在 20 世纪 90 年代初便向南美洲抛出了"美洲倡议"的橄榄枝,希望构建一个一体化的、由美国主导的泛美洲自由贸易区,以此制衡欧盟与东亚不断发展的经济一体化组织。在北美自由贸易区建立后不久,美国便在 1994 年在芝加哥举办的西半球首脑会议上提出了"美洲自由贸易区"的概念,将最后期限定在 2005 年,并获得了一些具有经济与局势危机感的拉美国家的响应和支持。现如今,由于美国与巴西等南美国家无法就某些核心的自贸政策达成一致,此计划一直被搁置,但美国始终没有放弃对拉美的政治企图。2019 年 12 月,美国发出"美洲增长"倡议,意在延续其拉美战略,反制中国的"一带一路"倡议,削弱中国在美国"后院"的影响力。[②]

肖炼在《美国经济研究》一书中指出,美国建立区域性经贸合作组织的深层原因是它无法像第二次世界大战结束后那样在全球性多边贸易协定中发

---

① 蔡武.区域经济一体化与协调发展的理论及其发展[J].中共成都市委党校学报,2012(5):30-35.
② 杨建民.试论美国对拉美的新战略:美洲增长倡议[J].学术探索,2020(9).

挥决定性作用,因此转向区域经济合作,利用自身在区域经济中仍具有的巨大影响力逐渐获得"体制性利益",并通过区域经济关系的变化向较为困难的多边经济关系调整过渡,不断打开贸易自由化的边界,满足自身的扩张需求,即"区域经济一体化是全球经济一体化的过渡"①。

对加拿大而言,墨西哥的加入并没有给加拿大带来经济效益方面质的飞跃与经济战略上的思路转变。整个北美自由贸易协定对于加拿大而言更像是先前美加自由贸易协定的延续与拓展。加拿大在北美三国贸易体系中一方面与美国之间开展平级工业产品的双边贸易,另一方面向墨西哥进行产业转移与投资,并从墨西哥购买初级工业制成品。虽然加拿大在三边关系中作用较为有限,但仍从墨西哥市场的国际贸易和产业分工中获得了一定的经济利益。

对墨西哥而言,北美自由贸易区的建立将其纳入三国贸易体系,为国际社会展现了一种区别于欧洲一体化的经济合作模式。这种模式表明,在经济发展水平参差不齐的国家间,通过适当的自由贸易规则,弱势方不仅能够取得显著进步,还能实现与主导方的互利共赢。这标志着一种全新的南北经济关系范式的出现。

从具体合作效益来看,墨西哥无疑是北美自由贸易区中最大的受益者。墨西哥不仅在贸易领域实现了令人瞩目的增长(如就业增加、大量外资涌入和贸易顺差等),还通过接受产业转移实现了产业结构的快速转型升级。此外,由于身处自由贸易区,墨西哥与美国形成了密切的经济依存关系,在1994年的比索危机中获得了美国牵头的近500亿美元坚定而迅速的巨额援助,大量的外汇储备帮助墨西哥迅速度过了金融危机,实现了连续三年的经济增长。②

然而,权利与义务总是一体两面,发展中国家在发达国家牵头的贸易协定里必然要付出一些代价。这些代价所产生的负面效应有时会直接体现在经济数字上,有时则隐藏在一些不平等条款与结构性的失调里。

---

① 肖炼.美国经济研究[C].北京:中国友谊出版公司,2007,250-253.
② 李欣广等.区域经济一体化之下的经济互动与产业对接[M].成都:四川大学出版社,2008.

首先,大量的产业转移导致国内生产结构产生了一些畸变。这一畸变与美国的产业结构短板可以很好地耦合,但是对一个发展中国家的长期发展来说则是不健康的。具体表现在,墨西哥的出口导向产业远远发达于内需导向产业。例如,受到美国进口农产品的冲击,墨西哥国内的农业从业人员大量失业,并被迫向城市流动。这部分人口是美墨边境偷渡客的重要组成部分,也是墨西哥政府在产业过快转型时由于不作为形成的社会代价。① 产业的畸形导致墨西哥在部分产业上十分依赖美国与加拿大。其次,外资涌入与资本集聚也导致墨西哥本土的企业(尤其是中小型企业)受到了巨大的冲击,破产流离的中小规模经营者也会给本就混乱的城市带来更大的治安与社会秩序隐患。② 让外资或者外国掌握国家的关键行业乃至关键技术无疑是危险的,核心技术在当今世界的战略意义不言而喻。

推而广之,墨西哥对美、加的产业依赖必然带来其整体经济运行对美国和加拿大的依赖,包括宏观经济运行的依附性。2001—2003 年,墨西哥的整体经济增长率受到美国衰退的影响,三年内的增长率仅仅平均为 0.6%。③ 当整体经济运行也依赖美国时,政治依赖也就相应变得越来越严重,其国际话语权也就因依附美国而逐渐下降。此外,政府易于丧失独立自主的国际事务的判断与选择权利,在国际事务上的决策也会因通常需要维护美国的决定而成为美国国际事务中的一颗棋子与政治筹码。

(三)北美自由贸易区对全球贸易合作的启示

北美自由贸易区的示范作用主要体现在打破传统"南北有别"思想的桎梏,促使各国探索新的贸易可能性。如果说欧盟为世界展示了一个文相近、血同源且经济发展水平相近的区域之间的经济一体化范式(包括关税同盟、

---

① Ruth Jamieson, Nigel South, Ian Taylor. Economic Liberalization and Cross-Border Crime: The North American Free Trade Area and Canada's Border with the U. S. A. Part I[J]. International Journal of the Sociology of Law,1998,26(2).

② Mihai Nica, Ziad Swaidan, Michael M, Grayson. The Impact of NAFTA on the Mexican-American Trade[J]. International Journal of Commerce and Management,2006,16(3/4).

③ 王丽荣,齐彬,胡玫. 国际经贸组织研究[M]. 北京:中国商业出版社,2006:308-310.

共同市场、全要素自由流动等实践),那么北美自由贸易协定就向世界展示了一个足够差异化且由大国占据绝对主导地位的区域之间的贸易自由化范式,即发展中国家并不一定是发达国家控制的傀儡与压迫的对象,也并非一定对临近的发达国家怀有民族主义情绪与经济利益上的排斥和对立。

在经济全球化和"一超多强"世界政治经济格局的浪潮下,发达国家的进一步发展已不能够完全离开与发展中国家的平等经济往来和合作。北美自贸区也向全球贸易体系展示了区域贸易自由化在具体情形下是如何紧密联系发展中国家与发达国家的。事实证明,市场和技术在一个较为渐进的环境中能够结合得更好,并且这样的结合兼顾发展中国家的合理发展要求与调整空间,在合作中给予其一定的结构调整与产业升级窗口期。通过政策磋商,更多背景与经济发展水平迥异的国家也能够进行深度的产业合作与贸易往来,推动区域经济差异的缩小与总体福利水平的提高,甚至通过环保条款、劳工权益、气候变化、国际卫生合作等非经济议题的交流促进全球治理体系建设。这是北美自贸区的重要示范意义之一。

北美自由贸易区经过了 30 年的发展历程,由于种种政治经济原因,美国将其扩大为美洲自由贸易区的目标也一再被唤起与搁置。在如今的国际环境中,拉丁美洲是大国博弈的战略要地,但该区域本身的经济状况又较为复杂,如果要形成从加拿大到智利的大陆级别的自贸区与经济一体化,其合作模式可能远远不止经济层面,还很可能涉及法治建设、国家治理等方面深层次的交流与研究。

对于中国与东盟的区域经济产业合作而言,北美自贸区最重要的意义在于提供了一个发达国家—发展中国家、经济发展水平高国家—经济发展水平低国家建立区域贸易与产业合作的范本。经济差异巨大的国家如何建立紧密的经贸、产业联系,共同推进区域经济一体化建设和实现共同利益,尤其是通过灵活的条款措施对低发展水平国家进行保护,值得中国与东盟国家借鉴。然而,北美自贸区和中国—东盟产业合作又有极大不同。首先,北美自贸区成员较少,只有美国、加拿大、墨西哥三个成员国,而东盟有十个成员国,中国—东盟合作体系之外还有日本、韩国、澳大利亚、新西兰等国家,建立规范性的区域产业合作的难度、深度、广度都要显著高于北美自贸区。其次,在北美自贸区体系内,美国是绝对的政治经济领导者,但在东亚范围内,东盟整体经济发展速度快,又有中国、日本、韩国等高水平经济体,各方很难形成绝对的领导者。总而言之,北美自贸区与中国—东盟体系虽然有极大不同,但也有相似之处,它仍然能为中国—东盟区域产业合作提供经验借鉴。

第三节　其他区域经济组织的产业合作与发展

中国与全球很多国家缔结了良好的产业合作关系。在亚洲范围内,除了与东盟国家之外,中国还与东北亚的日本与韩国形成了中日韩三国的合作联盟,并与邻近的中亚的大部分国家开展了区域性的产业合作。

一、亚洲其他国家和地区的产业合作

(一)中日韩三国的产业合作

除了北美与欧洲之外,东亚为全球最大的三个经济区域之一。其中,欧洲以欧盟为主要载体,将各个国家连通形成产业合作联盟;北美地区的美国、加拿大、墨西哥,甚至蔓延至美洲其他地区,众多国家建立了美洲自贸区;东亚地区包含了世界第二大经济体中国与亚洲经济领先的发达国家日本和韩国,却始终未能形成自由贸易联盟。作为亚洲主要的三个经济大国,中日韩三国的产业合作将为亚洲的整体崛起做出表率。同时,作为欧美贸易的主要对象,东亚的产业合作将进一步提升其在国际贸易与产业合作中的地位与影响力。

1. 中日韩三国合作的历史背景

回顾中日韩三国的产业合作历程,最早可以追溯到20世纪90年代末,于东盟的合作框架内进行。1999年,在"10+3"会议上,三国领导人开启了在东盟框架下的中日韩合作。2002年,中国加入WTO之后,在"10+3"领导人会议上,充分借鉴了中国与东盟的自贸区合作模式,三国领导人肯定了中、日、韩自贸区的设想。次年的领导人会议上,中日韩三国表达了在多个领域进一步合作的强烈意愿,并成立了三方委员会,以促进合作的深入进行。2004年底的领导人会议上,官方发布《中日韩三国合作行动战略》,为后续的三国合作方针制定奠定了基础。后期,由于日本领导人对历史的错误态度,三方领导人会议被迫中止,中日韩三国的合作也暂时告一段落。2019年12月领导人会议的召开,代表对早期中日韩三国历史合作的肯定,并为未来十年的中日韩三国的合作开启了崭新的篇章。2020年RCEP协议的签订,再次加深了东亚地区中国与韩国、日本的产业合作,并充分展望了自由贸易区(FTA)建立的前景。中日韩三国经过20多年来的合作与努力,召开了20多个部长级会议,建立了70多个对话机制,三国的GDP占全亚洲的70%以上,达到全球总量的20%以上,经济总量已超过欧美并追及美洲自贸区。由此可见,中日韩三国的产业合作,对各自国家的经济、亚洲的经济乃至全球的经济都具有重要的影响。

2. 产业合作对中日韩三国的重要作用

产业合作对中日韩三国的经济发展有着极为重要的作用,不仅因为三国地理位置邻近、历史文化影响,还因为各个国家产业之间的互补性。

中日韩三国隔海相望,作为东亚乃至亚洲的经济支柱,有着大量并极为重要的贸易往来与产业合作,并以海路运输为主。同时,三个国家的文化受到中原文化及儒家思想的影响,虽产生了各自国家、民族的独特风俗,但一衣带水的关系,让它们在产业与贸易合作中平添了许多文化亲和。

自中华人民共和国成立以来,中日韩三国的产业合作便逐渐加强并日益密切。在新中国成立初期,中日韩三国的产业合作停留在国际间垂直型的合作形态上,中国、韩国以原材料和初级产品为主,日本以加工生产制成品为主。随着改革开放的推进,中韩两国的经济和工业逐渐兴起,使得中日韩三国的产业合作摆脱了落后的、以强带弱的桎梏,逐渐转为各自分工的国际产业合作形式。直到20世纪80年代后期,中国与韩国作为东亚经济的后起之秀,实现了工业与经济的腾飞与急速发展,与日本的产业合作结构逐渐成型与固化:国家产业分工更加明晰、合作与联系愈加密切、整体发展速度与水平一致提高,等等。

中日韩三国的产业合作建立在一定的互补性前提之上。首先,在自然资源领域,三个国家存在着互补性。中国土地广阔、资源丰富,无论是农业还是矿产资源都极其充足,而日本与韩国在此方面却截然相反,国民的日常所需和工业所需资源无法自给自足,所以这种自然资源的互补促进了三个国家的产业合作。其次,是三个国家劳动力资源方面的互补性。中国是人口大国,在全球排名第二,有着丰富的人口红利与劳动力资源,而韩国和日本虽然人口密集,但老龄化严重、出生率下降,极度缺乏劳动力,劳动力成本极高,恰好可以与中国形成互补,促进了产业之间的合作。最后,三个国家在产业结构上具备互补性。日本和韩国作为发达国家,具有较先进的技术与经济水平,属于知识、技术、资本密集型产业,而中国作为发展中国家,具有典型的发展中国家的特点,属于劳动、生产制造密集型产业。三个国家因此具有很强的互补性和依赖性。

自21世纪开始,中日韩三国的产业合作迅速升温,不仅因为企业和产业的国际化趋势已成必然,还因为区域经济对各国全球地位的重要性日益凸显。首先,企业面临扩张选择时,除了产品多元化及整合供应链外,主要的扩张手段就是地域扩张,而企业的全球化、国际化,在21世纪开始成为东亚头部企业的首要战略选择。企业在国外如何进行本土化运营,深受国家产业合作的影响。例如中日两国家电产业的合作,中国的角色逐渐从进口、组装转变为技术合作,三洋和海尔就是最好的例子。其次,东亚作为亚洲经济的领头羊,加强产业合作能够实现共同繁荣,加快经济一体化进程。日、韩虽然是经济领先的发达国家,但在国际中的政治地位仍需加强,中国也需要发达国家的经济带动。三个国家的产业合作能够形成有力的亚洲力量,加强各自国家在国际中的地位优势。

3. 中日韩三国相关产业的合作

中日韩三国在诸多领域进行产业合作,从垂直型的产业合作转变为雁行模式产业合作,从单一的制造业合作加深至多行业与高端领域的产业合作。

中日韩三国在能源领域存在产业合作。例如在石油行业,日本、韩国具备较强的资金与技术优势,不仅拥有先进的技术与丰富的经验,还在新能源与节能环保方面拥有领先优势。中国虽然具有一定的资源,开采勘测能力优异,但仍需向日、韩两国借鉴学习,并在新能源和节能环保方面开展深度合作,解决巨大的需求问题。三个国家在能源行业的合作,有利于形成高效的能源市场合作,加强能源通道的安全保障,推动节能环保战略的实施,具有重大的能源战略意义。

中日韩三国在钢铁行业存在产业合作。日、韩两国在钢铁行业具有较强的竞争力,日本是全球钢铁出口率最高的国家,同时日本、韩国具有较为先进的技术水平与产业结构,日本的 JFE、新日铁和韩国的浦项钢铁都具备成熟的钢铁设备与产品。通过其高级钢材与汽车行业配备就可见一斑。中国虽然拥有巨大的资源和市场,但在产业结构方面,还停留在较早的时期,并不具备新的技术与先进的管理方式。所以目前,中日韩三国加强钢铁行业的合作与联结,能够保证产业梯队的加速发展。

中日韩三国在造船行业存在产业合作。中日韩三国在地理位置上邻近海洋,形成诸多国际港口,并且存在许多沉淀多年的成熟海路贸易路线,造船行业对海洋运输有着无与伦比的奠基优势。由于劳动力资源和制造资源的优势,中国最先在国际造船市场上具备较高的吸引力,但随着日、韩两国技术与管理服务的提升,造船资源的天平逐渐向日、韩两国倾斜。三个国家在造船产业上的合作,不仅能够重塑东亚造船的产业布局,还能够带动提高我国造船技术与管理服务水平。

中日韩三国在农业方面存在产业合作。中国在农业资源与劳动力资源上具备较大优势,日本与韩国相对匮乏,但在成品、技术、市场上有着理论与实践的丰富经验。如此形成农业产业的合作,有利于产业链各个环节实现共同升级。同时,三个国家也有着较多的农业贸易往来。中国农业的进出口数额巨大,日韩两国的制成品则拥有独特的市场价值,东亚三国的农业产业合作,有利于丰富国际农业贸易形式,形成互惠互利的农业产业联盟。

中日韩三国在海洋方面存在产业合作。中日韩三国渔业产量均位列世界前茅,但因为地域、海域的划分与产品需求的不同,其存在着较大的产业差别。中国渔业的生产力为世界第一,但形式大多为养殖,而日本与韩国多为捕捞;中国的产量和出口量巨大,而日本、韩国的进口需求很强,所以中国在海洋产业中存在一定优势。三个国家的产业合作有利于海洋产业的供应链共享。

中日韩三国在信息通信行业(ICT)存在产业合作。信息通信引领了新的工业时代的到来。无论国家还是个人,如今都离不开信息技术的发展。信息通信行业迅速、领先发展的特性,容易以点带面促进其他行业形成合作。同时,信息通信行业的重要性不言而喻。各个国家都存在着广泛合作、大力发展的需要。此外,中日韩三国在信息通信领域发展差距不大,各自具有相关的优势,产业合作有利于共同进步。最后,信息通信行业也是实现亚洲繁荣、经济一体化的必经之路。亚洲其他国家具有巨大的发展前景,中日韩的产业合作能够产生更多的发展空间。

中日韩三国在服务行业存在产业合作。服务行业不仅包括物流行业,还包含旅游业等多种服务类领域。首先,中日韩三国的海域相同,海运物流作为主要的贸易保障,产业合作能够扩大贸易优势,增强物流稳定性。其次,海运物流的发展与合作,能够加速打破贸易壁垒,提升电子商务的运作效率。最后,旅游产业的合作能够形成规模效应,提升三个国家在亚洲乃至世界上的产业竞争力。

4. 中日韩三国产业合作效益分析

中日韩三国之间的产业合作已显现出明显的经济效益。这种合作不仅在多个方面实现了资源互补,还直接促进了各国经济水平的提升。在未来产业合作的展望中,有两个关键点需要关注:一是加强新兴产业的开发与现有产业的深化合作;二是尽快推动自由贸易区的建立。预计,随着自由贸易区和产业合作的深入推进,三国的 GDP 将显著增长:中国将提高约 2 个百分点,日本和韩国将提高约 0.5 个百分点。此外,产业合作带来的经济效益可能对东亚的政治格局产生影响,推动经济效益向政治效益转化,助力东亚早日实现一体化并提升国际地位。

(二)中国与中亚国家的产业合作

中亚国家通常是指包括哈萨克斯坦在内的中亚五国。除与东盟以及日、韩开展区域性产业合作外,中国还与中亚五国建立了广泛的合作关系。这种合作主要在上海合作组织和"一带一路"倡议的框架下展开,涵盖多个领域的产业合作。

1. 中国与中亚国家产业合作的历史背景

作为毗邻中国西部的亚洲国家,直至苏联解体、五国宣布独立之后,它们才逐渐开始与中国开展交流与合作。中国与中亚最早的合作可以追溯至 20 世纪 90 年代,五国陆续与中国建交,并且双方的国家领导人互访,确立了稳定发展的政治意愿,为日后中国与中亚的合作奠定了坚实的基础。

随着中国与中亚国家(除中立国家土库曼斯坦)在边界、安全与经贸领域的交流与合作不断深入,21 世纪初成立了"上海合作组织"。这一组织的成立具有里程碑式的意义,标志着中国与中亚国家的外交关系从单纯的会晤迈向实质性合作。上海合作组织专注于区域内国家间的协作,旨在为地区经济发展与安全稳定提供支持与保障。

中亚作为连接欧亚大陆的重要桥梁,也是"一带一路"通道的重要走廊。中亚作为"一带一路"连接的纽带,由于历史与文化,严重阻碍了其经济的发展。"一带一路"国际合作倡议的提出,为中国与中亚的产业合作打开了很好的通路。中亚国家虽然资源丰富,但技术、经济仍未有起色,产品也多为工业初级品。中国处于迅速发展的阶段,对于资源的需求不断扩大,国内供给尚无法满足。"一带一路"的合作框架,能够使得双方优势互补,互惠互利,共同建设"一带一路"走廊,打造绿色、共赢、可持续发展的产业合作前景。

2. 中国与中亚产业合作的重要意义

中亚作为连接欧亚大陆的桥梁,具有很强的政治和经济意义。中亚不仅是中西方文化的交汇点,也是能源运输的必经之路。以美、俄为首的大国对中亚的争夺十分激烈。中国与中亚进行产业合作,不仅能够进一步获取中亚地区的资源优势,还能打开与西亚、欧洲国家的合作通道。

中亚是中国重要的贸易合作对象。中亚各国独立之后,存在着巨大的国内需求,而中国出口的产品具有极高的性价比,由此产生了很大的贸易顺差。由于中亚国家的经济水平与结构落后,贸易产品范围有限,双方仍存在巨大的贸易空间。进一步的产业合作,能够深化双方的贸易交流,促进产业的共同进步。

中亚是中国重要的投资对象。中亚独立后,经济发展较落后,急需大量的资金,加之西方国家的早期崛起,所以目前美国、俄罗斯、欧盟是中亚最大的投资来源。早期投资的主要领域为能源,也逐渐向制造业与金融业拓展。中国由于仍处于发展中阶段,后期才逐渐进入中亚的投资领域。中亚地区的战略地位相当重要,进一步加强产业合作与投资,才能巩固中国与中亚稳定的合作关系。

中亚是中国重要的金融合作对象。中亚金融与资本市场的发展具有规模小、不平衡的特点,但借助上海合作组织的框架,中国能够与中亚国家进行深入的金融合作。中国与中亚的金融合作通过政府、金融机构、企业开展,不仅能够为双方贸易和投资提供更加便利的产业合作条件,还能为国际和平、反洗钱、反恐融资做出巨大的贡献。

3. "一带一路"促进与中亚的产业合作

"一带一路"是我国近年来极为重要的发展倡议之一。面对国际新兴工业化浪潮的兴起,产业链条必将重构。中国作为经济大国,如何在全新的国际化分工和产业分工中占据有利优势,是我们亟待解决的问题。"一带一路"的沿线国家,不仅包含众多中亚国家在内的亚洲国家,还囊括了非洲与欧洲的许多区域。它以我国为主要发起者,提倡采取产业合作在内的多样化合作方式,充分利用不同国家的优势,调动其积极性,实现国与国之间的产业互动,促进"新丝绸之路"的繁荣发展。

"一带一路"不仅仅是经济上的国家和地区合作,还是政治与文化的国际交流。国家和地区之间,政治交流为前提,政策为主要抓手,产业合作为具体执行,通过对发展中国家基础设施的支持,加强贸易流通,进而推行各个领域的产业合作,发挥区域合作、区域经济的优势,最后以实业带动资本流通,加快金融体系的建设和完善。与此同时,通过服务业,各个国家和地区可将文化带到其他国家和地区,进行深入的沟通与交流,促进"一带一路"的深层合作。在这样的倡议之下,产业合作作为主要的行动方式,大大加强了上海合作组织奠基之下的与中亚的合作关系。

"一带一路"沿线国家和地区的对外投资、国内人均生产总值、贸易量等均占全球总量的三四成。中国作为发起国,几项指标更是起到了引领的作用,产业合作的必要性和有效性即刻凸显。中国在"一带一路"倡议中,与中亚的产业合作主要以产业园区和产业项目的形式进行。

产业园区以中国与哈萨克斯坦共同建立的中哈霍尔果斯国际边境合作中心为例,示范了中国如何与中亚国家进行"一带一路"框架下的产业合作。中哈霍尔果斯产业园区涉及贸易、商业、服务、金融等领域的业务,不仅能够实现跨境的自由贸易,还提供了诸多如税收减免的优惠政策,同时便利的地理条件,为中国与中亚的沟通提供了很好的交通运输条件。这样的产业园区合作形式将逐渐推广,带动中亚其他国家乃至"一带一路"上诸多国家和地区的产业合作。

产业项目以中国与哈萨克斯坦的合作项目为例,为中国如何与中亚国家进行"一带一路"框架下的产业合作进行了良好的示范。哈萨克斯坦与中国毗邻,一直有着良好的合作关系。哈萨克斯坦作为发展中国家,以农业和能源业为主,工业和许多产业缺少技术与经验。中国作为制造业大国,国内具有超额的产能,中哈的产能合作,能够将中国的先进技术与经验带到哈萨克斯坦,在当地建设、办厂、取材,实现产能上的互惠互利,当为产业合作项目的典范。

"一带一路"框架下,中国与中亚国家的产业合作,是与其他所有沿线国家和地区合作的典范,在此之下,带动诸多产业的协同发展。

4. 中国与中亚相关产业的合作

中国与中亚的产业合作不仅局限于能源产业,在农业、电信业、交通运输业也均有所涉及。这些产业合作在早期以贸易形式、能源领域为主,缺乏深入的交流合作,有待进一步地开发与拓展。

中国与中亚在能源领域存在产业合作。中国虽然存在一定的能源资源,但仍有着巨大的内部需求,而中亚拥有较为丰富的能源资源,双方的合作是必然的。目前产业合作大多停留在能源开采上,这种贸易性的产业合作不利于双方的可持续发展,还需进一步将价值链条拓展到中亚国家,进行上下游的产业合作,带动双方的共同发展。

中国与中亚在农业领域存在产业合作。中国的农业发展较快,而中亚虽然拥有一定的农业优越条件,但由于技术、产品、管理匮乏,亟须与中国进行产业合作。双方的产业合作主要通过共同种植、农产品产出、技术合作等方式进行,中国发挥技术、资金等优势,中亚调动农业资源与挖掘国内需求,进行农业领域的产业合作,使双方的产业合作互惠共赢。

中国与中亚在电信领域存在产业合作。电信产业是信息时代的发展基础,它不仅具备高覆盖、高渗透、高回报的特点,而且对信息技术的发展具有促进作用。中亚各国在电信领域基本处于落后与空白的状态,急需相关的产业合作,而中国在电信行业的建树有目共睹,是中亚各国最佳的合作伙伴。中国与中亚的电信产业合作,加速了地区间的电信共通,实现了区域性的服务覆盖。

中国与中亚在交通运输领域存在产业合作。中亚处于大陆腹地,皆为内陆国家,同时又连接了欧洲与亚洲,交通运输的地理优势极佳。中国的铁路建设水平在全球首屈一指,双方在打造"一带一路"经济走廊上具有共识。所以,中国与中亚国家在交通运输领域的产业合作自然水到渠成。交通运输领域的产业合作,虽然存在合作标的种类单一的问题,但能够与当地产生更多的联系,带动更多关联产业的进入。

5. 中国与中亚国家产业合作效益分析

中国与中亚产业合作的效益是与二者的产业现状密不可分的。中亚地区是亚洲重要的经济和政治地域,毋庸置疑地拥有丰富的能源资源,也是亚洲地区繁荣、安全的重要保障。能源是极为重要的战略资源,中国与中亚国家的合作,不仅能够获取能源优势,还能够将国内多余的产能向外输出,实现资源上的互惠互利。同时,在"一带一路"的框架下,中国与中亚国家的合作也凸显了桥梁的重要性。作为"一带一路"的纽带,中国与中亚国家的合作为沿路国家和地区的共同发展做出了极大的贡献。

(三)中国与西亚国家的产业合作

除上文所述的,中国与东盟、日本、韩国等国家存在区域性的产业合作之外,中国与西亚国家也通过多种形式缔结了长久、稳定的产业合作关系。主要合作国家包括以色列、伊朗、土耳其、沙特阿拉伯、阿联酋等。

西亚与非洲、欧洲比邻,以能源行业、第三产业为主。之前中国与西亚的合作主要以博览会、丝绸之路等主题进行,或多以贸易为主,在"一带一路"倡议的指导下,中国与西亚之间逐步构建了经济走廊。这一经济走廊以中亚为纽带,进一步促进了国家间及地区间的交流与合作,以产业合作为核心抓手,开辟了连接新经济的线路。

西亚地区以其丰富的能源和矿藏资源闻名于世。该地区不仅拥有大量的石油和天然气资源,还储藏了丰富的金属及稀有金属资源,因此在能源和采矿行业具备显著的资源优势,出口产品多以初级形态为主。同时,土耳其、以色列等国家凭借发达的制造业和高科技产业水平在全球享有盛誉。这些资源与产业对中国而言具有重要的合作潜力和战略价值。通过经济走廊的建设,中国可以借助产业合作,打通亚洲与西亚之间的经济通道,为实现亚洲经济一体化奠定基础。

然而,中国与西亚的产业合作历史相对较短,再加上国际政治、经济以及文化背景等多重因素的影响,合作的深入性和广度仍需进一步探索和规划。但不可否认,中国与西亚的产业合作具有重要意义,是推动"一带一路"建设和实现区域经济融合的重要途径之一。

二、其他国家和地区与东盟的产业合作

(一)日本与东盟的产业合作

中国、美国和日本是东盟经贸关系中联系最为紧密的三大国家(殷瑞瑞、赵炳新、于振磊,2016)。作为全球第三大经济体,日本在 2020 年的 GDP 总量达到 5.05 万亿美元,稳居全球第三。从人均 GDP、家庭可支配收入、工业生产值以及技术实力等多维指标评估,日本无疑是亚洲最发达的国家之一。正因如此,无论从政府间合作还是产业合作的角度来看,日本对亚洲各国的重要性都不可动摇,也难以轻易取代。尤其在东盟区域经济的发展中,日本始终扮演着重要的支撑角色(殷瑞瑞、赵炳新、于振磊,2016)。从经济利益的角度分析,与日本建立自由贸易区、区域经济互助协议等高层次的经贸合作,理应为亚洲各国和地区的经济快速发展提供积极助力。但现状是,日本所展现的经济实力与其在亚洲主导的经贸合作地位并不完全相符,许多亚洲国家并没有积极地参与由日本倡议或主导的经贸合作组织。

其核心原因一方面是,日本长期在外交、经济策略上奉行"脱亚联欧"的战略。林彩梅和庄耿铭(2007)在他们的研究中就提到过,日本在当年跨国公司全世界子公司的贸易总额和母国对全球的贸易总额合计超过 3 兆亿美元。其中,对美国和欧盟合计的国家贸易总额已经占到整体的约 60%。相较之下,日本对其他亚洲国家的双边贸易在过去是不够重视的。另一方面,在世

界二次大战时期,日本在亚洲各个地区倒行逆施,发动侵略与实施殖民统治。以致时至今日,日本与亚洲各个国家和地区的人民之间依然存在着心理隔阂,有着一个微妙的关系。当地的人民看待与日本企业的合作和日本产品的到来时,拥有相对较为复杂的情绪。这个因素是日本在亚洲做出有关经济扩张的决策时,所要面临的关键因素之一。同时,日本的经济实力、地位和国民社会发展水平,远高于除新加坡以外的亚洲各个国家的平均水平。这使得许多亚洲国家尤其是东盟组织内的国家,会担心一旦与日本建立区域经济合作协议或是一同加入经济合作组织,会失去对自身国家经济发展的把控力,有沦于日本经济附庸国之潜在风险。还有,日本的经济已经达到发达国家的标准,处于高水平状态,而相比之下,大部分亚洲国家还处在发展中阶段,甚至有些处在最不发达国家的标准之中。当这些国家无法快速地评估、衡量自身在与日本建立紧密的经济合作后所获得的利益时,它们就显得既保守又小心谨慎。因此,我们看到虽然日本在进入 21 世纪以来多次呼吁,甚至提出具体的方案和倡议,东盟及亚洲各个国家的响应较欧美国家来说都不那么热烈。日本与东盟建立自由贸易区的设想是在 2004 年正式提出的,这个想法相比中国与东盟各个国家所签订的《中国与东盟国家的经济合作协议》,还要晚了将近两年的时间。尽管日本的政界、产业界、学界都希望政府牵头,积极地推进日本与东盟之间签订自由贸易协定,但是由于上述提到的原因,包含日本在第二次世界大战时期的所作所为,当地国民对日本的好感度偏低,东盟各国政治人物即使想要就经济利益与日本达成进一步的合作,也要顾及自己人民的政治观感和整体感受,因而在面对这些决策时显得较为保守与谨慎。

日本与"老东盟"国家(如菲律宾、印度尼西亚和泰国)之间的产业合作较为紧密。这些国家的经济发展水平相较于"新东盟"国家更为领先,日本充分抓住这一契机,实施水平型贸易扩张策略,将制造业和汽车工业等重点产业积极转移至这些国家。这种策略一方面有效降低了生产成本,另一方面也利用了这些国家经济快速发展所带来的消费升级和产业升级的商机。日本对东盟的投资以制造业为核心,推动了当地企业技术水平的提升。从 2010 年至 2013 年,日本逐步增加对东盟的投资规模,并在 2013 年成为东盟最大的境外投资国。

（二）韩国与东盟的产业合作

韩国与东盟的全面经济合作始于中国之后。2005年，在第九次东盟国家领导人与韩国首脑会议上，双方签订了关于全面落实韩国与东盟国家的经济合作协议。从政治层面看，韩国与东盟之间的合作未受重大历史遗留问题或政治障碍的影响。然而，从经济层面来看，由于韩国仅有5000万人口，相当于日本人口的约40%、中国人口的约4%，与东盟约6亿人口的总量相比显得悬殊。这种人口规模差距使韩国市场对东盟国家的吸引力有限，反之，东盟市场对韩国而言却具有重要意义。韩国的经济合作诉求更为强烈，尤其在电子产品、能源、机械零部件及制造业等领域，海外出口贸易占企业营收比重较高。1995年至2003年，韩国对东盟的贸易顺差增长为37%。尽管随着东盟国家经济的快速发展，这一顺差逐渐缩小，但在此期间韩国始终受益于与东盟的经贸关系（蓝昕，2004）。

当前，韩国的目标是到2025年实现与东盟总贸易额突破2000亿美元。这一宏伟目标体现了韩国对东盟市场的重视，也是推动其产业发展的重要选择。在过去20年中，韩国在中国廉价劳动力、庞大内需市场和快速扩张的经济规模的支持下，外贸出口和海外投资均获得了蓬勃发展。但经济与政治的高度关联性使得韩国在当前亚洲地缘政治环境发生实质性变化的背景下，面临新的挑战。尤其是在中、美两大国家之间，韩国获得可持续的生存空间和稳定的经济增长变得更加困难。因此，对韩国企业来说，积极开拓新兴东盟市场至关重要。随着中国经济发展进入"十四五"规划阶段，供给侧结构性改革逐步推进，中国对外商投资的政策和导向也发生调整，更加符合国家发展的战略需求。特别是对高污染、不利于生态可持续发展的产业管控日益严格，这对韩国传统制造业、重工业和化工业而言是挑战，继而也推动韩国企业将目光投向东盟市场，寻求新的发展机遇。同时，伴随中国劳动人口减少、用工成本上升以及固定资产投资成本的增加，韩国企业逐渐将部分投资从中国转移至东盟国家。这不仅有助于分散风险，也为提前布局下一个区域经济腾飞的契机创造了条件。

（三）美国与东盟的产业合作

现代美国与东盟的合作始于 20 世纪 70 年代。当时，主要的合作伙伴集中在菲律宾、新加坡、泰国和印度尼西亚，合作的核心问题聚焦在商品贸易、资本准入、技术转移、能源开发以及产业援助方面。自 20 世纪 80 年代开始，随着亚洲区域经济整体蓬勃发展，美国给予东盟的援助金额有所减少，这一变化一方面体现了东南亚地区的经济发展成果，逐渐摆脱了对外援助的依赖；另一方面，东南亚各国也在逐步解决安全问题与经济问题。在冷战结束后的 20 世纪 90 年代，美国将"重返亚洲"及深入亚太地区事务作为国家核心战略之一。例如，美国在 1997 年加入了亚太经济合作组织（APEC），积极参与该区域的经济合作与发展，同时推动建立区域经济伙伴关系。然而，亚洲金融危机的爆发成为美国与东盟关系的重要转折点。由于金融危机的影响，来自外部的投资贸易额大幅下滑，东盟内部开始出现一种反思的声音，质疑对外部国家的过度依赖是否会增加区域经济的脆弱性。尤其是在系统性经济危机发生时，外部发达国家往往优先考虑自身利益。这不仅体现在国际货币基金组织（IMF）等国际组织所推动的方案中，也体现在其他区域合作组织的策略执行上。它们依然会优先顾忌自身的利益，并将其作为出发点，而不会从整体及合作伙伴的利益出发。这一点直接促使东盟加速内部一体化的进程。尽管东盟国家在过去就这些问题也有许多歧义、纷争和历史包袱，但是当区域金融危机爆发的时候，它们意识到加速区域内部一体化进程，才能有效地实现经济的可持续、快速发展，并且规避部分不可控的外部因素。东盟国家认为，这种以内部区域快速整合为主导的策略，来取代与美国建立多个双边关系可能会更加务实。因应这一系列的举措，美国显得有些猝不及防。在当时，它不断强化及呼吁以亚太经济合作组织为基础的主张，也没有获得东盟的积极响应（卢光盛，2007）。东盟在这个过程中不仅加快了自己的一体化进程，还以一种更加开放包容的态度去探索"东盟＋中国""东盟＋日韩"的多种区域自由贸易合作机制。

这几年,美国与东盟的产业合作立场一直不是非常一致,地缘政治因素是一个非常重要的原因。因为大部分东盟国家与中国相邻,经济可持续发展和地区和平稳定需要依赖中国给予的支持。在自身政府治理水平不高的情况下,对外寻求周边的强国进行合作就成为一个必然选项。但是在美国高调地宣布实施重返亚太战略的时候,其本质上还是想以政治、权力为盾挂帅,与经济机会进行绑定,互相平等、互惠、互利的原则不在一个优先的位置,更遑论产业的深度合作,以及协助东盟国家实现经济上的快速成长。美国更多的是从政府治理模式改变、相关法规政策优化、军事协作、国际议题"选边站"等角度来进行裹挟式的谈判。同时,面对中国的持续发展,美国也意识到,在东盟地区推动连横策略,来掣肘中国在许多地区议题上的话语权,可能是一个有效降低中国影响力的手段。所以,在美国与东盟谈判过程中的产业合作议题上,美方经常采取一国一策的战略,这恰好和东盟想要深度一体化并作为单一市场谈判的策略大相径庭。不管是美国与越南的合作,还是与印度尼西亚的合作,我们都可以看到以上的情况。美国的产业合作思路目前不适用大部分的区域经济合作模式。这是因为世界上大部分的国家无法拥有与美国相对抗的军事武器力量,也和美方想要维持世界军事与经济霸权主义的思想不完全一致。

美国对东盟的境外投资占比在 1993 年曾达到 20%,但是随着美国亚太战略的反复调整,以及中国经济的崛起,这个比例到 2013 年已经下降,低于10%。但随着 2009 年美国战略调整,投资总额有了显著提升,从 2009 年到2010 年几乎增长了一倍。近几年,美国对东盟的投资额度已经是对中国的 3倍,且还在持续增加。东盟与美国的合作虽然有不少的摩擦,但是从这些国家的经济发展、就业、技术升级等方面来看,都有很明显的效益。

(四)欧盟与东盟的产业合作

在 2007 年德国纽伦堡举行的欧盟国家与东盟国家第 16 届部长层级的会议之后,大家共同发表的《纽伦堡宣言》是两个大区域协作体关系进一步深化的重要见证。因为在此之前,东盟内部主要的国家还面临自身经济转型的问题,也在持续推动自身一体化进程的阶段。这次会议将欧盟与东盟的关系从安全互助的合作层面深度延展到经贸合作的范畴。尤其是欧盟大力支持东盟国家加入世界贸易组织,并且积极地推动部分国家先建立双边贸易合作。这次宣言确定了未来欧盟与东盟合作的主轴和框架。在接下来的十几年间,欧盟与东盟的合作迅速发展。由于地缘关系上欧盟与东盟距离较为遥远,在许多政治议题上采取关注而不干涉的态度,双方的经贸合作得以加速发展。2019 年,在第 22 届东盟—欧盟外长会议上,东盟高度评价欧盟为其重要的区域合作伙伴,双方的经贸往来达到 2600 多亿美元,同时保持每年约 10% 的增长。一年之内,欧盟对东盟的投资额度达到 250 多亿美元,占东盟区域外资总投资额的 18% 左右。

在推动东盟与欧盟建立产业合作关系上,双方都采取务实的态度。因为东盟内部多个国家的政治治理方式和经济发展阶段存在较大的差异,这是东盟与欧盟作为一体化区域经济体的显著差异。所以,欧盟和东盟不仅作为两个整体在更高层次的问题上推动合作与达成共识,同时双方也认可推动试点合作、双边协议合作等。例如,欧盟和越南在 2020 年 6 月签署了自由贸易协定,双方即刻起 65%~70% 的货物将在原有基础上免去关税,并且在未来的 7~10 年时间逐步扩大双方货品免税范围,达到接近百分之百。① 这个双边协议是区域经贸合作的标志性案例,因为双方开放彼此的优势产业,包含欧盟的机械工业设备、农业,它也反向免去越南优势产业如大米、纺织加工品等一系列的关税。这不仅实现了全球化区域分工整体协同经济优势的有效发挥,也使得双方的产业合作更加紧密。越南的产业也将因为欧盟更加严格的要求,而获得加速升级的机会。另外,双方的合作,从传统的货物贸易,进一步延伸到服务贸易,包含航空运输以及当下热门的电子商务领域。这是自 2011 年欧盟与韩国、2012 年欧盟与新加坡签署自由贸易协定后,又一个与亚洲经济体签署的大型自由贸易协定。相比韩国和新加坡,越南仍然是一个发展中国家,使得这个协定签署别具意义,也给了东盟其他国家更多的动力进一步

---

① Nguyen H. V., Tran Q. M. "The Impact of the EU-Vietnam Free Trade Agreement on Bilateral Trade: An Empirical Assessment"[J]. Journal of Asian Economics, 2021, 74: 101291.

推动与发达国家的双边合作。

三、南亚的产业合作

南亚区域合作联盟,普遍简称为"南盟",主要由印度、不丹、孟加拉、巴基斯坦等 7 个国家,加上阿富汗共 8 个国家组成。在这个联盟的成员国构成中,大部分的国家曾饱受战乱、贫穷、自然灾害等多重因素影响,在联合国世界国家发展水平评估中,属于低于发展平均线的低收入发展中国家。这个联盟的建立起源于孟加拉时任总统拉赫曼,他在 20 世纪 80 年代提出南亚国家区域合作倡议,当时参与的国家主要有 7 个。这个组织的基本目的是希望通过区域合作平台,整合南亚国家的资源,发挥自身的产业、地缘竞争优势,做到资源互补,加速国家发展速度,快速地提升人民的生活质量。虽然在 90 年代,各个国家完成签订《南亚特惠贸易安排协定》后,希望加速推动区域内的经济合作,但由于地缘政治问题,印度和巴基斯坦这两个总人口接近 15 亿的国家,因为历史遗留问题,常年就领土、宗教不断有争执,许多合作无法有效推动,连带整个联盟无法发挥设立时所预想的一些作用,许多经济贸易协议在最后都沦为纸上谈兵,无法有效落实到政策和实际经贸往来上。2004 年、2005 年的南盟会议分别发布了《伊斯兰堡宣言》《达卡宣言》后,南盟的经济贸易产业合作算是正式取得了实质性的进展,签订了自由贸易协定的框架协议,并且就避免双重征税等几项议题达成初步的共识。由于南盟的人口红利条件,加上许多基础建设需求依然非常庞大,这个区域蕴藏了非常可观的机会。所以,中国、韩国、美国、日本、欧盟等多个国家和地区列席为南盟的发展会员国,希望进一步参与这个区域的经贸活动,获得更多实质性的经济利益。

综上,南亚合作联盟的经济效益一直无法达到理想状态。因为印度作为单一国家的实力远在其他联盟成员国之上,大部分的天然资源又集中在自己手中,其周边的复杂政治因素导致许多一体化的政策无法有效推行,所以要推行有效的联盟合作,需要具有一定的政治互信基础、解决争议的有效机制,以及大国作为典范发挥引领作用。

四、拉美国家的产业合作

在 20 世纪四五十年代,由于第二次世界大战爆发,世界经济出现了大萧条,全球市场对初级产品的需求量开始下降。然而位于中美洲、南美洲地区国家的人民,依然对绝大部分的初级产品有非常强烈的依赖,这进一步导致整个地区面临强大的经济打击,老百姓民不聊生。在经济出现萧条的情况下,整个生产和需求无法通过政府干预和市场调节进行有效的匹配。自此,许多国家对自身的经济发展模式进行了深刻反思,寻求有效的良方,来改变自身的经济发展模式,谋求更好的国家经济发展出路。

在当时拉丁美洲形成的区域经济理论,即普雷维什主义主张,整个国民产业经济出现了萧条的情况,是因为整个地区出现了非常不平等的经济关系。这进一步促进了拉美区域对经济转型的全方位探索,以全新的进口替代内向型经济发展模式。根据欧洲和北美经济一体化的强烈影响,拉美各国的联合经济贸易委员会提出在拉美地区深化经贸融合,充分发挥各国产业之间的融合与上下游整合优势。该主张一经提出,便获得了拉美各国的广泛认同,成为拉美区域产业一体化经济贸易活动实践的起点。然而,由于拉美地区各国普遍存在民族主义情绪,政治立场差异较大且政治体制复杂,在推动经济一体化之前,拉美已在多个小范围区域内形成了各自独立的一体化发展模式。

20 世纪 50 年代前后,拉美地区建立了多个区域性一体化组织。这些小型区域性经济合作组织由于各国政治立场的差异、政治文化和社会认知的不同,在初期大多为松散的合作机制,缺乏强有力的组织协议约束力。尽管实现经济一体化是其主要目标,并且制定了相应的产业与经贸规则及约定,并不断强调国家间的团结与合作,但由于面临国际关系的不断变化、政治动荡以及外部干预,拉美地区的统一经济贸易活动未能有效落实与执行。此外,部分地区的经济合作由于政治立场的不同和国际关系的复杂性,许多合作机制形同虚设,远未达到设立初期的目标。

迈入 20 世纪 80 年代,整个地区出现了经济危机,拉美国家对国内的工业发展模式也进行了大规模的调整,强化了对内的经济体制改革,走向了积极对外的发展道路。该策略的改变有力地推动了拉美经济的复苏,从谷底反弹。然而,以出口为导向的经济发展模式过度依赖国际贸易,导致拉美国家逐渐意识到区域经济一体化的重要性,认为其势在必行。经济一体化不仅能推动区域贸易发展,还能够提升地区内国家的国际竞争力和经济地位。此后,拉美各国对区域合作和产业合作表现出浓厚兴趣,各国通过不同形式和组织,积极参与产业合作与经济一体化进程。在共同的经济利益目标驱动下,拉美国家充分激发了各类组织和人民的积极性,从而推动了产业合作与经济一体化的逐步实现。

进入 21 世纪,经济全球化逐渐成为全球发展的主导趋势。然而,南美地区,尤其是委内瑞拉、哥伦比亚和厄瓜多尔等国家,对由美国主导的全球经济和贸易体系表现出明显的抵制态度。在此背景下,随着拉美地区左翼力量的全面崛起,区域内发展模式逐步向优先关注政治和社会事务转变,并形成了一种新的区域经济发展模式。在整个拉美地区,政治立场和思想观念的交织演进,加之全球经济和政治格局的变化,促使一批区域性组织应运而生。这些组织在不断发展壮大的过程中,注入了新的活力。然而,一种较为悲观的观点认为,拉美区域一体化的进程似乎已逐渐成为"过去式"。尽管在 20 世纪后半叶,全球经济一体化历经多个地区的洗礼,各国之间建立了更紧密的历史与文化联系,并在一定程度上提升了自身的经济地位,但拉美区域一体化的整体进展却停滞不前,仿佛再次回到了起点。

尽管企业在某种程度上依赖政府支持,政府的作用在新兴国家尤为突出,尤其是在拉丁美洲,因其在国际舞台上占据了较为显著的地位。在西方经济学者看来,拉丁美洲经济具有其独特性:尽管长期受到强大的中央计划与控制,其市场经济依然展现出强大的活力,且在应对系统性冲击方面表现出一定的韧性。

在经济发展中,正式制度在制定"游戏规则"方面至关重要。例如,政府政策作为政治环境的重要体现,对企业发展产生深远影响,因其通过政策和监管决策不断改变跨国公司运营、生存与创新的外部环境。同时,非正式制度作为正式制度的补充,也是制度体系中不可或缺的一部分,对企业发展同样具有重要作用。

关于拉丁美洲国家政府对企业的作用,这是产业合作中常被讨论的问题,但在某种程度上却是拉丁美洲国家较少深思的问题。因为这种影响普遍而深入,几乎无处不在。然而,拉丁美洲的政治体制长期以来缺乏稳定性,政府对企业的深远影响也伴随着一定的不确定性。因此,在拉丁美洲,建立稳定的政治关系对于实现价值创造和商业成功尤为关键。

在开放拉丁美洲经济并推动改革以鼓励私营企业设立之前,国家几乎无所不包,渗透于社会和经济生活的方方面面。在这一时期,"公司"几乎完全由国家所有,其主要功能是维持社会秩序并强化国家控制。政府在企业中的角色不仅是所有者,还充当经营者、雇员和客户的多重身份。

随着时代发展,拉丁美洲在全球贸易秩序中逐步找到自己的定位。全球资本大量涌入该地区,投资于基础设施、制造业和城市化等领域,催生了一批服务提供商公司,包括技术供应商。吸引这些资本的主要因素是拉美地区庞大的人口基数和巨大的市场潜力,使其一度成为"世界工厂"。然而,在快速增长的同时,政府的"帮助之手"有时演变为"掠夺之手",导致腐败问题频发,制约了经济的可持续发展。

2014年,拉美地区率先成立南美洲国家联盟,并提出了建立南美自由贸易区的构想。以欧美为效仿对象,该自由贸易区通过在政治、政策、经济、金融和服务等领域的深度合作,构建了以贸易为纽带的经济一体化框架和体制。此外,诸如美洲玻利瓦尔联盟这样的组织,进一步推动了货币统一。这种共同货币体系不仅提升了区域内的贸易水平,也被视为有望削弱美元的垄断地位。这些联盟和合作举措极大地促进了拉美地区的经济发展,实现了具有里程碑意义的突破,被称为"新地区主义"。自此,拉美地区的产业合作与北美自贸区形成联动效应,共同推动了美洲乃至全球经济与贸易的发展。

五、非洲国家的产业合作

非洲国家主要借鉴泛非主义的理念,倡导通过区域性经济共同体推动非洲一体化发展。其目标是促进交通运输、信息基础设施建设、卫生条件改善等领域的发展,建立工业化意识,推动社会经济转型,特别是满足提升国民生活品质和脱贫的基本需求。1991 年,在非洲几大主流国家的支持下,泛非主义得以正式实施。同年 6 月,非洲 32 个国家共同签署了《建立非洲经济共同体条约》,标志着非洲区域合作迈出了关键性一步。这一协议为非洲大陆的联合发展和一体化进程奠定了基础,为改善人民生活和实现经济转型提供了重要保障。

非洲借鉴欧盟模式,成立了非洲联盟(简称"非盟"),通过明确经济贸易规范推动区域一体化发展。从 1994 年 5 月起,条约正式生效,在肯尼亚、苏丹、赞比亚等 9 个发展中国家设立自由贸易区,实行零关税,促进货物和服务的区域全面流通。2004 年,非洲成功完成过渡,形成关税联盟。2013 年,非洲提出了"2060 愿景",即将非洲建设成一个和平、自由、一体化且具有国际影响力的区域。2018 年,由 44 个非洲国家代表在卢旺达签订了《非洲大陆自由贸易协定》,旨在建立非洲大陆自由贸易区。该协定经过两年发展,签署国已增长为 54 个,并于 2021 年正式启动。预计到 2028 年,该自由贸易区将实现统一货币,覆盖知识产权、电子商务等多个领域。非洲自由贸易区将会成为世界第 11 大经济体,总体量达到 3.4 万亿美元,消费人口约 13.5 亿(数据来源于联合国非洲经济贸易委员会)。若取消关税,未来三年区域内贸易额预计提升 52%。目前,非洲自由贸易区包括 16 个内陆国家,当前在非洲的企业,对比对外出口其他洲而言,出口至非洲内部其他国家的关税相对较高,区域内贸易仍处于碎片化状态。非洲大陆要克服经济规模小、市场分散等问题,仍需加强各国间的经济贸易往来,推动区域一体化,以应对全球化挑战。现阶段,非洲国家间的自由贸易协定交易有限,仅有摩洛哥与美国、毛里求斯与中国签署了双边贸易协定。此外,非洲国家与发达国家(如美国、日本)以及欧盟间尚未建立自贸协定,区域间贸易发展仍显落后。不过,非洲大陆已形成多个区域性共同体(如东部、东南部和西非共同体),通过建立统一组织开展对外经济贸易合作,这为实现区域经济一体化奠定了基础。

他们通过制定制度,推动经济发展与区域一体化。例如,科特迪瓦与欧盟达成贸易协定,与南非共同体等自由贸易区签订了自贸协定。在非洲市场,政府深度参与经济发展,对企业的影响既深刻又持久。然而,政府在企业发展中的作用具有多面性。政府既可能保护和支持企业,为其创造有利的发展环境;也可能干预甚至征用企业,影响企业自主运营。政府角色的具体表现取决于多种因素,包括政府层级(中央或地方)、企业性质(国有或私营、国内或国外)、政府的激励机制以及企业在行业中的地位。

正式制度在经济活动中扮演着关键角色,包含成文的规章制度,如中央和地方政府制定的法律法规,以及企业层面的规章制度。这些制度为市场秩序提供了明确的规则保障,并通过正式和严格的执行机制来确保其效力。相比之下,非正式制度尽管不具备法律约束力,但在生产生活中起着重要的补充作用,例如文化习俗、社会信任等,它们能促进社会稳定与发展,弥补正式制度的局限性。正式制度在执行效率方面通常优于非正式制度,但两者各有利弊,必须结合具体背景进行分析。

在某些情况下,非洲政府在经济活动中扮演了保护者和赞助者的角色。特别是在全球经济受到"黑天鹅"事件冲击时,中央和地方政府通常会出台一系列政策,帮助企业渡过难关,包括提供低息贷款以支持企业生产、刺激消费以扩大国内市场等。因为政府的目标是拯救经济,地方政府与中央政府在这一点上达成共识。在支持国有企业方面,地方政府往往更加主动。这是因为国有企业的大部分股权由政府机构持有,地方政府出于保护地方经济和利益的目的,可能采取更倾向于地方保护主义的政策。从全球角度来看,非洲企业在国际市场中更多地扮演跟随者的角色。由于缺乏核心技术和创新能力,非洲企业面临来自发达国家企业的竞争压力。在这种背景下,政府采取措施保护和扶持国内企业尤为重要。

然而,非洲政府并不是单方面的保护或纵容。它的另一个作用是干预,甚至没收这些公司。由于非洲处于市场经济转型时期,非洲政府比完全市场经济国家的政府更多地参与监督和规范企业行为。当企业的经济利益与政府在这个新兴市场上的政治利益不一致时,政府就会干预或没收这些企业,不管这些企业的性质如何。但是,如果这些公司分布广泛,销量大,或者规模极小,又被困在本地,那么被地方政府征收的可能性就会低一些。因为前者具有很强的议价能力,后者则受益于地方保护主义。

根据非洲大陆自由贸易协定,非洲各国在未来的 5～10 年将会降低 90％的商品关税,同时取消区域经济贸易关税壁垒,实现货物自由贸易。贸易争端的解决,知识产权协定的签署,有效地促进了非洲大陆区域经济贸易活动等的健康、有序发展,从而建立一个涵盖整个非洲大陆的经济贸易市场,进一步促进非洲大陆国家的经济贸易往来。

六、小结

国家与区域共同体的经贸合作是一个复杂的问题,因为区域内部的一体化进程往往会因为各种因素的羁绊而貌合神离,或是没有具体共识。不管是欧盟、南盟、东盟,我们都能看到它们在推进一体化的进程中所面临的不同问题,但是它们的发展路径却大相径庭。综合来看,一个区域对外的经贸合作很大程度上依赖自身的决策机制,尤其是所谓的综合实力大国要放下成见,确定联盟的共识和目标,明确比较敏感的争议,划定红线,持有暂时搁置的态度。如果自身无法形成一体化雏形,那么与外界的产业合作将无法有效推动。此外,历史的羁绊、文化之间的差异、政治立场的迥异、经济发展的比较优势,肯定是有所存在的。能否持有平等的态度,去务实地面对过去、现在和未来的问题,避免好高骛远、施舍和获取,秉持互惠互利的原则,是一个很重要的因素。最后,双方要有效地推动经贸产业合作,避免沦为只是政治口号的宣传,而应该在双方共识的基础上求同存异。如果无法一下子建立全面的合作,应该从试点、双边关系探索等方面进行突破,建立可行的机制和样板,制定明确的推进蓝图,分阶段、分规模、分批次、分产业地逐步实施。这样做的好处是,一方面发达国家可以扩大自身优质商品、服务的市场规模,同时能享受发展中国家所提供的较为便宜的必需品;另一方面,发展中国家通过与发达国家的密切结合,可以提高自身产业化工艺水平、服务质量,满足发达国家的需求。从技术创新的角度,也能加快自身研发追赶速度,同时借助发达国家的高尖端科技与设备,快速升级自身的落后产业。这样的双边合作能保持双方都可持续获利,也为一开始无法突破的僵局在产业合作的基础上找到未来可以探讨的突破口。

第四节　地区间产业合作的经验借鉴与评价

产业合作对于中国来说是一种对社会、经济发展有规律性的探索,其中政策扶持、体制与机制改革、良好营商环境营造至关重要。社会组织也在积极参与、推动国家与地区产业合作。在此背景下,组织成员如何更顺畅、高效地借力政府资源发展产业合作组织,便成为组织成员制定和执行自身发展战略的一项重要课题。

一、组织成员发展地区产业合作的经验借鉴

首先,要与国家发展战略相适应。由于地区产业合作以重大技术突破和重大发展需求为基础,所以相关行业在世界范围内往往也是"从无到有、从零到一"的发展状态,组织成员进入这些行业必须得到国家层面的支持与协调。这就要求组织成员自身的发展战略必须与国家的发展战略相适应。同时,由于地区产业合作持续高投入的特点,国家层面资源有限,组织成员能否被纳入国家战略很大程度上决定了其能否长久立足于地区产业合作。最直接的方式就是判断其是否符合产业合作组织重要文件的精神,这也是产业组织在引进成员时常用的判断方法。

其次,要与组织成员政府发展战略相适应。由于地区产业合作前期建设阶段具有复杂程度高、涉及面广、特殊需求多的特点,为了顺利推进项目建设,组织成员必须得到政府强有力的支持。这就要求组织成员自身的发展战

略必须与其政府发展战略相适应。一般而言,组织成员政府相关产业聚集度越高,则相关配套越完善,组织成员政府的居民支持度越高,需上级部门协助解决的问题越少,项目推进也越快。与此同时,组织成员要积极争取使自身项目成为组织成员政府一定时期内的发展战略,常见的方式是在组织成员政府的协助下,将自身项目明确为产业组织重点项目。

二、地区间产业合作组织的发展策略评价

组织成员的项目符合国家和组织成员政府的发展战略是组织成员发展产业的前提。在此前提下,采取何种策略可实现项目实施过程中顺畅、高效地利用政府资源,便成为组织成员接下来必须思考的问题。

第一,全面加快产业合作进程。一个成熟的地区产业合作项目必然会受到所有组织成员政府的青睐。成熟项目的商务谈判负责人往往喜欢同时利用各地的政策和不同的组织成员政府博弈,以期最大化地得到项目落地组织成员政府的资源。但与此同时,有几个因素往往容易被忽略:一个行业的发展窗口期并不受局部产业布局的影响,它是由需求决定的,而需求往往都是爆发性的;任何地区产业合作的行业圈子都很小,人才、技术、设备都是极其有限的,且替代性不强。组织成员负责人若能以全局的、发展的、国际的眼光去审视这些因素,必然会认识到速度对于发展地区产业合作的重要性。

地区产业合作项目投资动辄百亿、千亿,占地规模动辄两千亩、三千亩,无论组织成员的地方政府还是中央政府,在一定时期内能够支持的项目都十分有限,一定时期内产业上下游的资源也十分有限,争夺政府资源便是争夺对手资源。从一定意义上讲,抢先一步与政府达成合作,便是对竞争对手最大的威胁。

第二,对政府负责。从发展的角度来看,今后一定时期产业合作的思路是限制、削弱组织成员政府财政、税收、审批等政策工具的使用权,强调发挥市场在资源配置中的决定性作用。这就要求组织成员间合作时转变思路,本着发展、共赢、负责的态度去发展关系,使项目能够经得起时间的检验。

第三，做大产业蛋糕。产业合作的品牌是组织成员经营的核心价值，其实品牌对于组织成员政府同样重要。政府追求的品牌往往就是这个地区某个或某几个产业的集聚程度。地区产业合作发展离不开产业链上卜游的支持，所以增加产业集聚度、完善全产业链布局，是政府和组织成员的共同战略。一般来讲，国际化程度越高的组织成员，越注重全产业链协同发展；着手产业链招商越早，越能熟练地利用产业链招商政策撬动政府资源。

第四，抓住核心人物和团队。地区产业合作项目谈判时间往往持续一年以上，若是组织成员有心，完全可以将谈判对象的情况梳理清楚，及时调整谈判策略，掌握谈判主动权。

第五，发掘项目潜力，调动各方资源。近些年，各国为应对城市出现的"大城市病"，出台了一系列引导"产城融合"的政策，在未来一定时期内必然会影响各国的产业布局和城镇化进程。在未来政府的内部决策过程中，环境保护、人口转移、产业布局等因素必然是有机结合的，并且越来越公开化、透明化、专业化。如果在发展产业的同时，能够统筹考虑产业和城镇的关系、工业和服务业的关系、经济发展和文化传承的关系，必然会更加受到组织成员政府和当地居民的认可，给组织成员带来更大财富。这需要企业提前统筹，在前期与政府谈判和拟定协议过程中早日布局，围绕工业项目深度参与组织成员政府的城镇化进程。

三、容易被组织成员忽略的重要因素

一方面是人才因素。人才是发展地区产业合作的重中之重。此现象正如前文所述，某一个产业合作的圈子都很小，人才具有不可替代性，绝大多数行业人才很知名，也服务过不止一家企业。如果组织成员前期在谈产业合作的同时，能要求政府将现行的人才政策向行业、组织成员定向倾斜，政府显然不会拒绝，企业也必将在若干年后项目建成时收获巨大的人力资源财富。

另一方面是项目构成因素。一个地区产业合作项目的科学构成，不仅决定了产业中的企业能更有效地抓住行业发展的窗口期，而且更重要的是，当窗口期消失之后,能帮助组织成员度过行业寒冬。

因地制宜、因时制宜、因事制宜是组织成员借力政府资源发展地区产业合作的必由之路。最近一个时期,世界经济正处于爬坡过坎、攻坚克难的关键阶段,整体经济下行让许多组织成员陷入产能过剩的泥潭。但是必须认识到,任何行业、任何国家都会遇到趋势性、阶段性、周期性"三期叠加"的矛盾,遇到困难没什么了不起,关键在于如何更早识别风险,"随时、因资、用万物之能"思考出"万全之策"。随着社会生产力的提高,未来全球高价值行业很难再出现单纯的周期性产能过剩,落后产能频繁过剩、先进产能永恒不足将成为新常态。在这种现实下,组织成员必将认识到发展地区产业合作的重要性,而广大组织成员在尝试进行产业合作的过程中,必须用更专业的团队,更快、更好地利用政府资源,在国际交往中树立良好的组织成员形象。这对于组织成员提高自身竞争力,进而参与前沿科技、抓住经济先机,具有不可替代的作用。

第三章
中国与东盟国家产业合作模式

第一节　中国和东盟产业合作的发展历程

自 20 世纪 90 年代以来，中国与东盟国家的政治与经济合作逐步升温。在亚太经济合作组织（APEC）、东盟与中日韩领导人合作机制、中国—东盟自由贸易区以及《区域全面经济伙伴关系协定》（RCEP）等多边框架和机制的推动下，中东合作关系不断改善，并在产业领域实现了逐步深化，最终形成了独具特色的中国—东盟产业合作模式。

一、亚太经济合作组织

亚太经济合作组织（APEC）于 1989 年 11 月正式成立，至今已有 30 多年的发展历程。作为亚太地区具有较高权威性的政府间经济合作机制，亚太经济合作组织在推动区域内贸易与投资自由化方面发挥了重要作用，有效促进了经济与技术合作,提升了产业合作效益,为亚太地区的经济与产业发展作出了重要贡献。

(一)亚太经济合作组织的发展历程

美苏冷战期间,苏联与亚太多国关系不佳。亚太各国或多或少受中苏关系及美苏关系影响,在与中国经济及产业合作上不愿意站队,害怕参与区域经济技术合作会招致苏联不满,某种程度上阻碍了亚太地区的经济技术交流及产业合作。20 世纪 80 年代后期,美苏关系改善,双方首脑多次就中程导弹、削减核武器等问题进行交涉。苏联更是主动从东欧撤军,恢复与中国的正常关系。一系列的和平行为释放了积极信号,为亚太区域经济合作营造出良好、宽松的国际环境。

与此同时,经济全球化浪潮席卷而来,世界经济飞速增长,各国之间的经济依赖程度也逐渐增强。从全球角度来看,欧洲、日本的经济崛起威胁了美国的世界经济霸主地位,商品及资本的流动性增强,世界经济对美国的依赖程度在下降。从区域角度来看,亚洲"四小龙"、日本、东盟,以及正在实行改革开放的中国等经济体飞速发展,经济增速普遍高于世界平均水平,对亚太区域产业结构的互补性合作提出了新的要求。经济全球化、区域一体化、亚太区域经济高速增长,成为推动亚太各国开展更广泛经济合作的重要力量。

区域经济一体化理论指出,区域经济合作将产生贸易创造效应,区域经济合作体系的成员国可以基于自身的比较优势,为区域内部提供成本较为低廉的商品,促进区域内部的资源合理配置,提升成员国的总体福利水平。建立自贸区后,欧洲、北美经济一体化取得了斐然成绩,也刺激着亚太各国开展更广泛的经济、产业合作,亚太经济合作组织应运而生。

1989 年 11 月,12 个国家在堪培拉举行首届部长会议,亚太经济合作组织从此步入发展正轨。1991 年,《汉城宣言》在韩国部长级别会议上得到通过,确定了亚太经济合作组织的宗旨目标、运行方式等各项事宜。亚太经济合作组织的目标是促进亚太区域经济增长和发展,刺激亚太地区资金、技术、服务等生产要素流动,提高亚太国家经济的对内依赖,促进区域及全球经济发展;

建立并加强多边贸易体系,服务亚太区域国家及世界各国;降低亚太经济合作组织成员国之间的商品、服务、贸易、投资壁垒,提高产业合作收益,维护各国经济利益。

1989 年以来,亚太经济合作组织不断完善组织架构。1992 年泰国部长级国际会议上,做出决定设置新加坡秘书处,协调亚太经济合作组织活动并提供后勤、技术、财务等服务。1993 年的领导人非正式会议,首次将会议层次提高到领导人级别。如今,亚太经济合作组织共有 21 个成员国。

(二)中国对亚太经济合作组织的支持和推动

1991 年中国加入亚太经济合作组织后,一直积极参与相关活动,中国政府对历次亚太经济合作组织会议高度重视。1994 年,在茂物第二次经济领导人会议中,时任国家主席江泽民在会上提出了五项原则,旨在促进亚太地区经济合作有序进行,包括相互尊重、循序发展、包容开放、互利共赢等,公开表达了对亚太经济合作组织的支持。2001 年,亚太经济合作组织领导人非正式会议在中国上海成功召开。这也是该会议首次在中国举办。2014 年,亚太经济合作组织领导人非正式会议重返中国,首次在北京举行。中国再次向世界表明对亚太经济合作组织及亚太区域经济发展和产业合作的支持。

中国也在积极推动亚太经济合作组织贸易与投资自由化、便利化。1995 年大阪会议中,中国决定降低 5000 余种商品的关税,平均降低 30％,以极大的诚意推动了大阪行动议程。2009 年,中国取消了大部分进口商品数量限制,取消了 170 余项商品的进口许可,进一步打开国门,降低关税,许多外资也能享受国民待遇。① 中国在用实际行动推动亚太区域投资自由化、便利化。

亚太经济合作组织成员向来注重经济技术合作,中国更是亚太经济合作组织经济技术合作的积极倡导者。在 1998 年的吉隆坡会议上,江泽民提出《走向 21 世纪的科技产业合作议程》,承诺出资 1000 万美元创建相关产学研

---

① Asia-Pacific Economic Cooperation. APEC Leaders' Declarations and Meeting Reports,1991—2014[R]. Singapore:APEC Secretariat,2015.

中华人民共和国外交部. 中国与亚太经合组织的关系[R].北京:外交部,2025.

基金,更选定并向成员国全面开放北京、西安、苏州、合肥、烟台 5 个高新技术开发区。1999 年,各国首脑在奥克兰会议上表示,将继续推进经济合作及技术分享,努力缩小差距,实现共同利益最大化。2001 年,《北京倡议》问世,致力于促进政府、企业、学术界三方的深入合作,有力推动了亚太经济合作组织内部的人力资源建设。中国政府承诺出资开展亚太金融发展项目,加强培养金融人才。2009 年,中国政府出资 1000 万美元,建立亚太经济合作组织合作基金,激发国内企业创新动力,引导中国企业参与亚太经济合作组织区域内部经济技术合作。2014 年的北京亚太经济合作组织会议上,中国政府再次出资 2000 万美元,旨在进一步提高区域内部的合作水平。

随着时代进步,亚太经济合作组织的合作事务越来越多,引入了包括气候环境、国际反恐合作等国际治理方面的议题。2005 年釜山会议上,时任国家主席胡锦涛对安全议题展开论述,提到反恐斗争是长期性的,中国将与亚太经济合作组织国家团结协作,共同维护地区稳定及安全。[①] 2008 年,中国领导人提出《亚太经合组织灾害应对与合作基本原则》,促进成员国在灾害防救方面的合作。

(三) 亚太经济合作组织中——中国与东盟国家的产业合作

在加入亚太经济合作组织、推动亚太经济合作组织不断发展的过程中,中国与东盟国家的产业合作也在不断升级。从支持贸易投资自由化、便利化,直接或间接推动亚太区域国家经济技术合作,到积极参与对话磋商、分享信息和资源,反复强调经济技术合作的共同立场,中国政府始终支持亚太经济合作组织的宗旨目标,为营造亚太区域自由便利的贸易投资环境做出贡献,也为中国与东盟国家开展更加广泛的产业合作奠定基础。

中国通过亚太经济合作组织平台加深与东盟各国的经济关系,为进一步产业合作指明方向。2002 年 11 月,《中国—东盟全面经济合作框架协议》正式签署,中国与东盟之间自由贸易区的建立由此走上快车道,为中国和东盟

---

① Asia-Pacific Economic Cooperation. APEC Leaders' Declaration, 2005 Busan [R]. Busan: APEC Secretariat, 2005.

国家贸易发展、产业合作提供了不竭动力。发展中国家的区域经济产业合作往往需要一个过程,彼时的中国还处于发展阶段,工业化程度不高,经济发展也不平衡,如果贸然全面开放与东盟等国家的产业合作,势必会遭遇不可预料的状况。因此,中国以亚太经济合作组织为起点,加深与亚太区域国家的经济联系,逐渐加强与东盟国家的产业合作。这既享受到了区域贸易自由化、便利化的红利,也预防了贸然开放可能导致的意外。结合当时的时代背景,这无疑是明智的选择。对于中国和东盟来说,亚太经济合作组织是一个连接双方的伟大平台。中国与东盟通过亚太经济合作组织开展了一系列合作,合作的深度、广度、规模与日俱增,为之后进一步产业合作奠定了基础。

从收益的角度来看,亚太经济合作组织框架下的产业合作为区域内各国带来了显著的贸易创造效应。以中国为例,从1991年到2009年,中国在亚太经济合作组织地区的进出口贸易总额从最初的1084亿美元,以16%的年均增长率迅猛增长,贸易增速甚至超过了中国本身的GDP增速。① 然而,亚太经济合作组织框架的意义不仅是为地区间的产业合作带来巨大的收益,更是为中国未来参与各类产业合作提供经验和指导。

二、东盟与中日韩"10＋3"领导人合作机制

东盟与中日韩领导人会议,又称"10＋3"合作机制,涵盖多个层次的合作机制,包括中日韩领导人会晤机制、东盟与中日韩"10＋3"领导人非正式合作机制、东盟与中日韩领导人之间的三个"10＋1"合作机制等。

(一)东盟与中日韩"10＋3"领导人合作机制建立的动因

1997年的亚洲金融危机对亚洲各国产生了深远的影响。东盟与中日韩领导人在吉隆坡召开会议,对共同应对金融危机、加强区域经济合作、提高产业合作收益、东亚21世纪发展前景等一系列议题进行探讨,逐渐建立起

① Asia-Pacific Economic Cooperation. APEC Economic Overview 2010[R]. Singapore: APEC Secretariat,2010.

－94－

"10＋3"合作机制。

1997 年爆发的亚洲金融危机是东盟与中日韩领导人会议合作机制建立的直接原因。亚洲金融危机爆发以来,东盟以及日本、韩国等国家受到了不同程度的冲击,政治、经济稳定性和民众的生活质量都受到了极大影响。金融危机爆发后,作为世界经济霸主的美国并没有回应亚洲金融危机,世界货币基金组织、亚太经济合作组织也未能提供有效帮助,而东亚国家间尚未建立起完善的金融货币合作机制,因此危机不断蔓延,愈演愈烈。基于新自由主义理论的视角,国家利益可以用来解释国家行为。在国际机制的建立和维护中,利益权衡是决定性因素,国际机制的建立与维持受国家对利益的判断和选择。① 在金融危机的冲击下,东亚各国降低了对国际组织和美国的依赖,认识到东亚各国之间存在高度依赖的经济、相似的产业结构,并对新的区域合作机制提出要求,共同利益不断增长,最终达成共识:东亚各国需建立更加有效的区域合作机制,深化经济和产业合作,建立稳定的金融环境。

东亚各国共同经济利益的不断增长客观上要求区域内建立更加便捷、高效的经济合作机制。东亚国家贸易总额、区域投资在日益增长,经济依赖与融合程度不断加深,然而,却尚未建立有效的区域经济合作机制,自由市场仍然主导着区域内的各种经济行为。因此,东亚各国有必要通过建立自贸区、形成机制性的区域合作等,将东亚经贸关系从"市场导向"转向"制度调控",形成对区域经贸的宏观控制。这既可以减少区域内的贸易成本,也能在危机来临时更加高效地应对,维护东亚各国的共同经济利益。

此外,全球范围内的区域经济一体化,尤其是北美和欧洲取得的斐然成绩,也刺激了东亚区域内经济合作机制的建立。1992 年,美、加、墨三国签署《北美自由贸易协定》,逐渐解除关税壁垒,实现区域内部商品的自由流动与资源的优化配置,并建立机制有效应对潜在的贸易争端。欧洲则经历了从关税同盟到经济货币联盟的过程,加之共同的文化积淀和空间联系,如今保持着极高的区域经济一体化程度,也建立了相当完善的区域经济合作制度。

---

① 舒建中.解读国际关系的规范模式:国际机制诸理论及其整合[J].国际论坛,2006(3).

20 世纪末,东亚各国产业结构相似,大多以出口型加工贸易为主,主要市场在美国和欧洲。随着北美和欧洲区域经济一体化的发展,区域内国家享有贸易优惠,对东亚国家的贸易造成不小的冲击,打破了全球贸易平衡。尚未建立有效区域经济合作机制的东亚各国面临着巨大挑战。

1997 年的亚洲金融危机直接推动了东亚各国区域经济合作机制的建立,东亚内部不断增长的经济共同利益则是形成机制化区域经济合作的根本原因。加之北美、欧洲区域经济一体化取得的斐然成绩及对全球贸易平衡的冲击,特别是对东亚国家贸易产生的巨大压力,东盟与中日韩"10＋3"领导人合作机制逐渐成形。

(二) 东盟与中日韩"10＋3"领导人合作机制的发展历程

20 世纪末,马来西亚领导人提出了"东亚经济集团"的理念。1995 年,东盟在泰国曼谷召开峰会,提出了设立东盟与中日韩领导人之间高层次会议的构想。1997 年底,东盟与中日韩首脑在吉隆坡举行会晤。会议就金融危机之下各国的产业、经济合作等问题充分沟通,并展望了东亚地区的未来发展方向。会上,中国领导人江泽民对东亚合作的未来持积极态度,发表了《携手合作共创未来》的讲话,表达了对东亚区域经济合作的支持,并做出了乐观的前瞻。"10＋3"会议的第二天,江泽民在吉隆坡与东盟领导人会晤,确立了中国和东盟建立面向 21 世纪的睦邻互信伙伴关系的目标,表达了对中国—东盟合作伙伴关系的高度肯定。中国—东盟双方同时也发布了联合声明:将建立新世纪伙伴关系作为指导中国与东盟国家关系的基本原则。

东盟与中日韩"10＋3"领导人合作机制的发展是一个动态过程,各种合作机制在一次次会晤中不断建立并完善起来。内容包括如今的"10＋3"领导人合作机制、三个"10＋1"领导人合作机制、中日韩领导人合作机制、部长会议、高官会、东盟常驻代表委员会、中日韩驻东盟大使会议、次区域合作等。作为具有战略意义的重要机制,"10＋3"领导人会议、三个"10＋1"领导人会议、中日韩领导人会议从宏观层面确定了东亚区域合作的原则、方向和发展重点等议题。在议题明确后,部长级会议具体讨论领导人会议确立的合作原则与重点,并推动相关决议的落实。目前,双方已在财政、外交、旅游、农业和扶贫等多个领域开展了广泛合作。此外,次区域合作机制(如湄公河流域开发项目)也得到了湄公河流域国家的大力支持,并被纳入"10＋3"合作机制框架中。

从 1997 年 11 月到 2020 年 11 月,东盟与中日韩"10＋3"领导人会议共举行了 23 次,发表了一系列重要文件,极大促进了东亚区域经济一体化,促进区域贸易投资自由化、便利化,并对诸多热点议题进行讨论,达成共识。1999年,会议发布《东亚合作联合声明》。东盟和中日韩领导人表示,面对新千年存在的挑战和机遇,东亚区域互相依存程度日渐提高,东亚各国将继续推动对话合作机制的建立,包括促进贸易、投资和技术转让,推动工农业合作,加强金融自救和自主机制,积极参与东亚增长区如湄公河流域发展,等等。2009 年,会议发表《10＋3 合作应对全球经济和金融危机联合新闻声明》,增加对解决应对金融危机的拨款,同时加强地区监测机构建设,有效监督地区和全球经济形势,以加强区域合作,共同应对全球经济和金融危机。[①] 2016 年第 19 次"10＋3"会议上,中国发布《10＋3 关于促进可持续发展合作声明》,以推动东亚及东盟国家积极落实联合国的"2030 年可持续发展议程"。中日韩三国将发挥各自在可持续发展领域的比较优势,与东盟国家进行更广泛、更深入的合作。2020 年 11 月,东盟与中日韩"10＋3"领导人会议通过了《10＋3领导人关于加强经济金融韧性合作、应对新挑战的声明》,时任国务院总理李克强指出,东亚区域应加强抗疫合作,推动公共卫生能力建设,同时在数字技术及数字经济高速发展的背景下,打造东亚创新高地,面对全球疫情的冲击,推动"线上经济"和"线下经济"融合发展。[②]

东盟和中日韩"10＋3"合作机制是较早促进中国与东盟国家深入合作、提高产业合作收益的官方合作机制。通过这一机制,中国不断与东盟国家交换意见,加大合作力度,提高合作收益,在构建区域经济共识、逐步深化产业合作的过程中,一步步发展出贸易范围更广、程度更深、自由度更高的中国——

---

① 新华网.东盟和中日韩(10＋3)合作应对全球经济和金融危机联合新闻声明[EB/OL].(2016-06-29).http://www.xinhuanet.com/world/2016-06/29/c_129101002.html.

② 白阳.李克强出席第 23 次东盟与中日韩领导人会议[N].人民日报,2020-11-15.

东盟自由贸易区。

三、中国—东盟自由贸易区

（一）中国—东盟自由贸易区的发展历程

1999年，在菲律宾举行的领导人会议上，中国领导人提出加强双方联系，作为中国—东盟自由贸易区（CAFTA）的第一步，东盟各国表示高度赞同。2000年，在新加坡召开第四次领导人会议。当时中国正值加入世界贸易组织的关键阶段，东盟国家提出，需要研究中国加入世界贸易组织后对东盟国家及东亚地区的影响。出席此次会议的时任国务院总理朱镕基表示，中国与东盟应该着眼于长期合作，进一步探讨建立中国—东盟自贸区的可能性，成立专家小组，融合学界、企业、产业的各方力量，讨论加强中国与东盟国家的经济联系，促进贸易自由化、投资便利化，为中国—东盟自由贸易区的建设奠定基础。

2001年，中国—东盟经济合作专家组正式成立。专家组致力于为中国及东盟提供经济合作及自贸区建设研究成果，并将报告反馈给中国—东盟经济部长会议。专家组提出，中国与东盟之间存在很强的贸易互补性，虽然中国与东盟之间贸易额占比不大，平均为7%，但建立自贸区将能大大提高双方贸易额，发展潜力巨大。[①] 同年11月，在第五次中国—东盟领导人会议上，中国和东盟国家终于就自贸区问题达成重要共识：逐渐降低贸易货物关税，逐渐取消配额，降低市场准入门槛，促进贸易投资自由化、便利化，消除贸易和投资壁垒，并于未来十年内建成中国—东盟自由贸易区。由于东盟各国经济发展水平不同，中国还同意给予部分东盟成员特别关税优惠。东盟新成员可根据不同基准，逐步放开贸易限制。这一决定极大促进了自贸协定的达成。

确定中国—东盟自由贸易区成立时间表后，中国与东盟迅速开展自贸区筹建工作。2002年5月，中国与东盟成员国在北京举行了经济高官会和首次

---

① 陆建人.2001年东亚区域合作新进展[J].世界经济,2001(3):20.

中国—东盟贸易谈判委员会,针对未来中国—东盟自贸区框架协议的基本结构、货物及服务贸易、投资自由等内容进行谈判。2002 年底,中国与东盟国家正式签署了《中国—东盟全面经济合作框架协议》,中国—东盟自贸区的建设由此正式启动。框架协议还提出了"早收计划"(Early Harvest Program),对600 多种产品削减或取消关税,同时对实施减税的时间、产品原产地、贸易补偿等做出明确规定。① 2004 年,中国—东盟自贸区的"早收计划"正式实施,中国与东盟各国按期削减或取消相关产品的关税,当年仅"早收计划"产品的贸易额就增长 39% 左右,远高于同期的平均增长值。2005 年,中国与东盟各国进一步加大贸易自由化力度,根据货物贸易协定对 7000 个税目的贸易产品降税或免税。针对服务产业,中国与东盟双方签署了自贸区服务贸易协议,在60 多个部门开放服务市场。

2010 年 1 月,中国—东盟自由贸易区如期建成。自贸区各国 GDP 共计达 6 万亿美元,覆盖超过 19 亿人口,成为仅次于欧盟、北美自贸区的世界第三大自贸区。如图 3.1 所示,中国与东盟的贸易额从框架协议签订当年的 547.7 亿美元升至 2018 年的 5879 亿美元,年均增长达到 16%。2016 年 7 月,CAFTA

中国与东盟贸易额

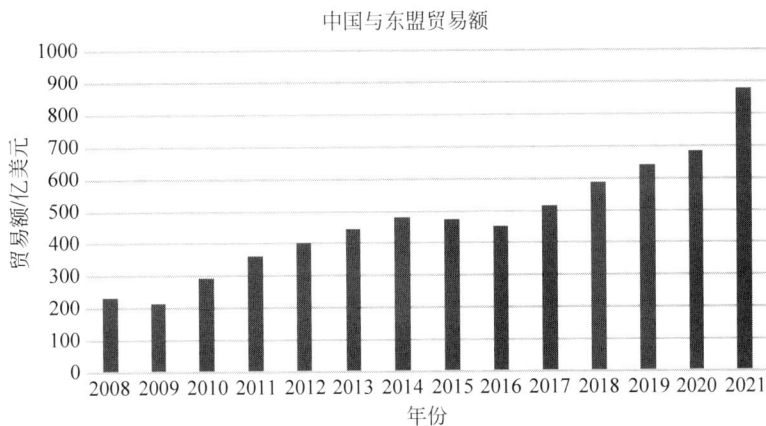

图 3.1 2008—2021 年中国与东盟贸易额

数据来源:《2021 中国—东盟数据手册》,中国—东盟中心。

---

① 详见《中国—东盟全面经济合作框架协议》第 6 条:早期收获计划中的文本。

升级版相关议定书正式生效,进一步推动东亚区域经济一体化、贸易投资一体化。2020 年,东盟超过欧盟跃升为中国最大货物贸易伙伴,中国则连续 12 年保持东盟最大贸易伙伴地位。双方依托中国—东盟自贸区等一系列合作协调机制,未来仍拥有巨大的发展潜力。

(二)中国—东盟自由贸易区框架下的中国—东盟产业合作

中国和东盟各国三大产业内的合作一直在有条不紊地展开。根据大卫·李嘉图提出的比较优势理论,生产力水平不同的国家能根据各自优势贸易结构,参与到国际贸易和分工中,提升共同利益。中国和东盟国家之间就存在不同的比较优势。在农业方面,东盟大多数国家的经济支柱是农业,与中国的农业发展既有差异也存在互补性,发展空间巨大。2002 年的中国与东盟领导人会议上,中国与东盟国家就曾经签署过农业合作谅解备忘录,通过制定农业合作政策,加强农业技术交流,特别是在杂交水稻、农村能源与生态等关键技术上形成合力,促进双方农业整体发展。框架协议中减税或免税的商品就是以农产品为主。此后,中国与东盟农业合作上升到新的高度。2004 年"早收计划"正式实施后,中国与东盟的农产品贸易额迅速上升。尤其是享受税收优惠政策的农产品,全年贸易总额同比增长近 40%。2003 年之后,东盟在与中国的农产品贸易中一直处于顺差,贸易额稳步增长,说明双方农产品贸易有相当大的潜力。在投资方面,中国在化肥、机械、农药等技术方面优势明显,东盟国家由于地理位置和自然条件,在热带经济植物及产品加工等方面得天独厚,中国与东盟企业互相投资,如菲律宾在华投资上好佳食品有限公司,广东农垦集团在海外投资广垦橡胶有限公司等。

在工业方面,工业发展不仅是发展中国家增强综合国力、提升经济实力的重要推力,也是中国—东盟自由贸易区框架的核心内容。在国际市场上,中国部分产品与东盟产品定位相似,竞争激烈,损害了双方的利益。通过中国—东盟自由贸易区及相关协调机制,中国与东盟各国可以就各自产业结构进行调整,建立起高效的区域内产业分工体系,弥补产业竞争力的不足,增加产品差异性,减少恶性竞争。此外,双向投资也日益增长。东盟国家对中国的投资主要集中在制造业，新加坡、马来西亚等新兴经济体就依托中国成本相对低廉的劳动力、土地成本进行边际产业转移，建立起各类产业园区，表现亮眼。如中马钦州产业园区，是马来西亚在中国设立的第一个产业园区，重点发展生物工程、信息技术、高端装备、新能源等高端产业，是中国—东盟自贸区工业合作的典范。

在服务业方面，中国与东盟国家的合作也在自贸区建立后进一步深化，在金融服务业、旅游及文化产业等方面取得丰硕成果。2012年，中国与东盟在北京签署《中国—东盟银行联合体合作协议的补充协议》，为东盟国家基建、农业、能源等领域提供融资支持，为之后深化区域经济合作奠定基础。在旅游产业，中国和东盟都拥有多处世界级文化遗产，旅游资源丰富，潜力无穷。中国政府同泰国、新加坡、菲律宾等国签署了旅游合作协议或谅解备忘录，加速中国与东盟人员流动，促进双方技术、资金的交流，加快自贸区的建设进度。

中国与东盟自由贸易区建立后，中国与东盟国家的产业合作上升到新的高度，农业、工业、服务业三大产业的合作都取得了丰硕成果，合作收益日益提高。仅以旅游业为例，中国与东盟国家在达成旅游产业合作的一系列共识后，双方旅游服务贸易额迅速增长。2018年，东盟国家有超过1.3亿人次游客入境，创收超过1380亿美元，其中中国游客占比四分之一。旅游业上的合作为中国与东盟创造了巨大的价值。此外，中国与东盟国家的产业合作还带来了显著的贸易收益、投资收益、规模经济收益等，形成了与欧盟、北美自贸区不同的独特产业合作模式。

四、《区域全面经济伙伴关系协定》

（一）《区域全面经济伙伴关系协定》的发展历程

2020年11月中旬，中国与东盟的10个国家以及日、韩、澳、新等国的贸易部长共同签署《区域全面经济伙伴关系协定》(RCEP)。作为目前全球体量最大的自由贸易区,2019 年,RCEP 的 15 个成员国占全球三分之一的人口,GDP 超过 26 万亿美元,出口总额占全球总量的三分之一左右。

2011 年,第十八次东盟经贸部长会议上,东盟国家部长讨论构建一个全新的综合性自贸协定。会议产生了组建区域全面经济伙伴关系的草案,即 RCEP 的前身。2012 年,中、日、韩、印、澳、新以及东盟国家在经济部长会议上同意建立区域全面经济伙伴关系。2017 年,马尼拉举行了 RCEP 启动以来的首次领导人会议,释放出东亚区域国家将进一步加强合作、推动东亚区域一体化进程的积极信号。2019 年,印度以 RCEP 未能照顾到印度农民、工人、商人、消费者等各行业利益为由退出该协议,最终仅作为观察员参与 RCEP 的各项活动。2020 年,虽然受到疫情冲击,RCEP 各成员还是克服巨大困难,全面完成市场准入谈判。历时 8 年、经历 31 轮正式谈判的 RCEP 终于正式签署。

(二) RCEP 与《跨太平洋伙伴关系协定》

冷战结束后,亚太地区的秩序、规则一向由美国和日本主导,《跨太平洋伙伴关系协定》(Trans-Pacific Partnership Agreement,TPP)就由美国主导,曾是亚太地区基本合作框架。TPP 号称开放、透明、共赢,是当今世界标准最高的区域自由贸易协定,为货物和服务贸易提供边境前后全流程规则,中国则难以达到加入 TPP 的标准。然而,TPP 将中国排除在外,实质上体现了美国战略重心向亚太地区转移的意图,旨在遏制中国经济崛起的势头,同时反映出两国在意识形态和地缘政治方面的深层次对抗。

然而,美国总统特朗普竞选期间对 TPP 口诛笔伐,认为 TPP 的发展会导致美国制造业"空心化",减少本土就业机会,因此上任伊始便宣布退出 TPP。此后,日本牵头推动剩余成员国谈判,删除了大量美国主张的关于知识产权、解决争端等方面的内容,最终于 2018 年底达成一致,并将协定改名为《全面与进步跨太平洋伙伴关系协定》(CPTPP)。参与国家包括日本、加拿大、澳大利亚、智利、越南等 11 个,覆盖近 5 亿人口,成员国 GDP 之和超过全球经济总量的比例超过 10%。

和美国主导却最终放弃的 CPTPP 不同，RCEP 是第一个由亚太地区国家自行推动、非美国主导的自由贸易协定。RCEP 整合了东盟与中、日、韩、澳、新等多个"10＋1"自由贸易协定，以及东盟外 5 国之间已有的自由贸易伙伴关系，构建起新的贸易关系，对亚太地区经贸规则进行了整合与优化。RCEP 签署国之间降低关税，打破贸易壁垒，加强产业合作，形成优势互补、高效协调的区域产业链。

（三）RCEP 框架下的中国—东盟产业合作

作为对以往庞杂、繁复的自由贸易协定的整合，RCEP 可以视为中国—东盟自由贸易区的扩大和升级。它通过削减或降低关税、取消进口配额限制、撤销技术性贸易壁垒等手段推进贸易自由化，给中国与东盟国家的产业合作带来了新的机遇。

农业在 RCEP 各国中具有重要地位，是不少东盟国家的支柱产业。从贸易角度来看，RCEP 中的日本、东盟、韩国是中国主要农产品出口市场，澳大利亚、新西兰等是中国主要农产品进口市场。在农业上，中国对东盟保持着较大贸易逆差，贸易关系紧密，存在较强的互补性。RCEP 正式签署后，由于一系列贸易优惠政策，中国与东盟各国可以在化肥、农药、农机等方面进一步开展产业合作，充分发挥各自的比较优势。

在工业方面，RCEP 进一步扩大了中国与东盟双方投资的便利性，边际产业转移也更加高效、便捷。中国正处于把创新驱动发展作为国家战略的产业结构转型的关键阶段。而且，随着人口红利的衰退，一些低端制造业、劳动密集型产业也会慢慢转移至东盟等劳动力成本、土地成本更加低廉的国家。实际上，许多知名服装、鞋帽厂商已经将中国加工厂迁移至东盟国家如越南、菲律宾、马来西亚等。由于 RCEP 带来的关税降低，这些在东盟国家制成的产品返销国内，势必会对本土部分产业造成冲击。但总体来说，由东盟国家逐渐承接来自中国的边际产业仍然是中国—东盟产业互补的一环，长期来看是利大于弊的。

在服务业方面，金融服务、旅游合作、人文交流等仍然是 RCEP 合作框架下中国与东盟产业合作的重点。RCEP进一步扩大了区域内投资便利化程度,对于金融服务的需求也在稳步上升。澳大利亚、新西兰的加入也为中国—东盟旅游合作及人文交流提供了更大的客源市场,拥有多处"世界遗产"的中国与东盟国家有着较强的比较优势。RCEP签署后,中国与东盟国家可以把握机会,进一步加大第三产业合作,增加共同利益。

总体而言,通过RCEP,东盟在东亚及亚太合作中的主体地位得到确立,为诸多亚洲经济体提供了更加现实的合作平台。与TPP相比,RCEP对降低贸易壁垒的限制更少,有意避开敏感话题,强调对不同发展水平国家区别对待,显然对发展中国家更友好。作为全球最大的发展中国家,中国一直积极参与RCEP的推进过程。RCEP正式签署的2020年,东盟也正式超越欧盟,成为中国最大的贸易伙伴,中国与东盟国家的产业合作仍然有着巨大潜力。

虽然RCEP签署不久,但RCEP框架下的产业合作势必给各个缔约国带来巨大经济利益。RCEP缔约国承诺对90%以上的汽车产业、电子信息产业、工业机械及相关制造业产品降税,逐渐下调关税直至完全免除,惠及RCEP框架内的上、中、下游产业,极大提高了缔约国各个企业开展跨国产业合作的积极性,长期来看必然创造巨大的产业合作收益。

从亚太经济合作组织、东盟与中日韩"10+3"领导人合作机制,到中国—东盟自由贸易区的建立,以及RCEP的正式签署,中国在自身经济高速发展、产业迅速升级的过程中逐渐探索与其他国家,尤其是东盟国家的合作道路,取得了良好的效果。中国与东盟国家的产业合作为全球产业合作提供经验,即发展中国家之间如何进一步建立产业、经济、贸易合作,区域经济贸易产业合作机制如何从市场引导区域合作发展到政策支持区域合作,政府如何起到宏观调控的作用,如何在产业结构、贸易结构相似的情况下规避风险、化解冲突,实现双方共同利益最大化。总而言之,中国—东盟的产业合作是区域产业合作的经典范本。随着双方贸易产业关系的不断深化,未来中国—东盟势必建立更加紧密的产业合作关系,为推动双方经济贸易增长、社会水平不断提高发挥重要作用。

第二节　中国和东盟产业合作的基本模式

在亚太经济合作组织、东盟与中日韩"10＋3"领导人合作机制、中国—东盟自由贸易区以及 RCEP 等区域经济合作框架下,中国与东盟国家根据各自的经济实力、贸易结构、产业发展状况,逐步形成了国家和经济集团之间独特的产业合作模式。我们可以将其概括为由政府推动,三大产业并驾齐驱的综合性、开放性的产业合作模式。

一、政府推动为主

欧盟及北美有着相对成熟的区域经济合作体系,自由贸易协定完善,市场机制健全,成员多属于发达经济体,因此采取的是以市场为导向、民营企业为主体的产业合作模式,取得了丰硕的经济成果。此外,欧洲、北美地区意识形态相同、政治制度相似,有着共同的文化传承和历史记忆。不同国家的私人企业在区域经济合作体系正式确立之前就建立了长期而紧密的合作关系。与欧洲和北美不同,中国和东盟国家在意识形态、政治制度等方面有较大差异,都属于发展中国家且发展状况各不相同,仅凭市场导向和民营企业自发推动很难取得理想效果。

20 世纪 90 年代,冷战的结束为区域经济合作提供了宽松的国际环境。中国开始更加积极地与东盟国家接触,寻求区域经济及产业合作。在东盟国家政府的积极响应下,中国先后参与亚太经济合作组织、东盟与中日韩"10＋3"领导人合作机制、中国—东盟自由贸易区、RCEP 等区域经济合作机制建设。在此过程中,政府不仅是产业合作的主要推力,也长期占据着主导地位。从宏观上看,中国政府与东盟各国政府不断沟通、协调、合作,在产业、投资、融资、贸易等方面颁布了一系列重要文件及政策,鼓励推动区域产业合作。从微观上看,企业是经济活动的基本单元,而以农业、工业、服务业为代表的三大产业的各个企业在政策的引导、推动下,参与到区域产业发展中,形成了产业竞争与产业合作并存的新局面。

从 1990 年到 2020 年,中国政府与东盟国家政府积极推进合作,建立了一系列合作框架与工作机制,从制度和规范上推动了中国—东盟产业合作。战略层面,中国与东盟政府先后确立了中国—东盟领导人"10＋1"合作机制,对中国与东盟国家的经济发展及产业合作设定目标。战略落地层面,中国与东盟政府形成了中国对外经贸部长和东盟经济部门会议、外长会议制度等,具体讨论领导人会议上确立的各项合作重点,推动战略目标落实。项目执行层面,中国与东盟形成了如中国—东盟高官磋商、经济联委会、科技联委会、贸易谈判联委会等一系列工作制度,负责执行中国—东盟领导人"10＋1"会议、部长会议、外长会议中达成共识的战略目标,推进包括贸易谈判、投资谈判、自贸区建设谈判、深化产业合作等一系列议题。

(一)政府推动产业合作的优点

由政府主导并推动中国与东盟国家之间的产业合作适合中国与东盟双方的国情,也取得了非常好的效果,原因如下。

第一,有利于推进产业合作的长期运行。跨国经济合作往往工程浩大、流程烦琐,像中国与东盟之间国家和经济联合体的区域经济合作更是罕见。因此,中国与东盟的经济合作必然是长期性、战略性的。中国与东盟双方不仅要着眼当下,更要放眼未来,不能仅仅将格局限定在简单的投资、贸易合作上,也不是简单地通过政策工具为双方企业合作"开绿灯",而是要深入交换意见,扩大交流议题,洞察区域及全球政治经济环境,为产业合作的长期运行营造良好的国际社会环境。气候变化、腐败问题、国际恐怖主义、国际突发卫生事件等非经济议题大多没有明显的征兆,市场也不能对这些事件做出有效或及时的回应,一旦危机发生,势必会对产业合作的长期运行产生不良影响。以政府为主导进行产业合作,可以在合作推进中不断探讨气候变化、反腐败斗争、国际反恐合作、全球卫生合作等非经济议题,达成共识并提早做出反应,才能规避风险或最大限度上降低风险的影响,实现产业合作长期、平稳地运行。

第二,有利于增加产业合作的深度和广度。中国与东盟之间的产业合作是一种战略性合作,不仅涉及贸易、投资等经济领域,也涉及政治、文化等非经济领域。仅从经济角度来看,中央与东盟国家达成共识,确立一系列合作原则和重点,还需要地方政府推动产业合作的落地,这又会涉及国有企业、民营企业、个人等,环节众多,流程复杂。在中国与东盟刚刚开始接触并推进产业合作的 20 世纪 90 年代,双方经济高速增长,但市场仍然不够发达,体制不够完善,如果处理不好,任何一个环节的问题都会影响到合作的整体运行。比如东盟国家的发展程度、市场经济状况不尽相同,假如一开始就以相同的标准和要求建设自贸区,开展产业合作,对某些发展程度不高的成员来说是不公平的,合作的深度、广度都会大打折扣。因此,以政府为主导推动产业合作,政府有权力和执行力对合作内容进行调整、改善,最大限度上实现自由、公平的产业合作,增加合作的深度和广度。

第三,有利于对矛盾或问题做出及时反馈,提高合作效率。历史上,中国与东盟国家之间联系紧密,民间交流与经贸往来源远流长。然而,在新中国成立初期,由于意识形态差异、政治制度不一致、冷战格局影响及安全战略考量等多重因素的交织,中国与部分东盟国家之间曾存在较为明显的误解、猜疑乃至冲突。此外,文化认同差异、宗教背景不一以及经济发展水平的不对称也进一步加剧了彼此间的沟通成本和合作壁垒。特别是面临一国与一个经济联盟的合作时,这种罕见的合作形式少有经验可循,合作制度、工作机制也不完善,推进产业合作的过程中难免会触发各种各样的矛盾、问题。如果将这些矛盾或问题交给市场、企业和个人来解决,不仅事倍功半,耗时费力,还可能根本解决不了问题。因此,在政府的推动下,政府之间有能力及时沟通,改进产业合作模式,对问题或矛盾做出及时反馈,最终提高产业合作的整体效率。

（二）政府推动产业合作的不足

当然,以政府为主导的产业合作带来的并非总是积极影响,一些消极影响也无可避免地出现。首先,机械的程序化合作影响合作效率。在中国与东盟的产业合作洽谈中,很容易陷入机械化、程序化合作的陷阱。在政府的主导下,许多企业只能按部就班地进行产业合作,不仅束缚了企业和社会的积极性、创造性,还会使企业、个人对政府形成依赖,进而影响合作效率,产生的后果与产业合作的原意大相径庭。其次,忽视对市场机制的维护与建设。当政府干预、主导产业合作时,市场、企业、个人很容易对政府产生过多期望。然而,跨国产业合作能否长期、高效地运转、维持下去,关键在于是否有成熟、完善、健全的市场机制。只有交给市场经济,依托合理的商业逻辑进行产业合作,才能真正增加共同利益,让产业合作长久地存续下去。最后,政府主导可能导致急于求成。中国与东盟国家的产业合作是长期的、战略性的,不是一朝一夕的谈判或协商可以达成的。然而,在政府的主导下推进产业合作,政府官员可能为了尽早完成政治任务急于求成,反而影响了产业合作的长期推进。从1991年中国加入亚太经济合作组织,到2020年RCEP的正式签署,中国与东盟之间的政府对话、会议、协商、谈判不计其数,尚且用了三十年时间才形成RCEP这样整合以往诸多协定的完整、成熟的区域自由贸易协定。可见,区域产业合作是一个长期交流、相互磨合的过程,政府主导的合作或多或少存在急于求成的现象,不利于产业合作发展。

总体来说,中国与东盟之间以政府为主导的产业合作既有优势,也有不足。一方面,在政府的支持下,中国与东盟的产业合作得以长期运行,一定程度上能增加产业合作的深度和广度,也有利于及时发现问题,对矛盾或问题迅速做出反馈,解决矛盾或争端以推进产业合作高效运行;另一方面,大政府机制下机械化、程序化的合作或多或少对合作效率产生影响,政府的一味指导、调控、干预也会使市场机制失效,而脱离了市场机制,产业合作就难以长期、有效地运行下去。各国官员出于政治、政绩考量,盲目推动产业合作也有可能给双方长期合作带来负面影响。虽然有利有弊,但结合中国与东盟国家推进产业合作之初的时代背景,双方的市场机制、经济发展、产业结构尚不健全,以政府为主导、由政府推动的产业合作模式虽然存在某些问题,但总体来看仍然是利大于弊,优势大于劣势,取得的成果也令人满意。但是未来,在中国经济发展愈发迅猛,东盟与中国贸易、经济、产业关系愈发紧密的状况下,是否仍然维持政府的主导地位,政府的作用、行为该如何调整,仍然值得研究者思考。

二、三大产业并驾齐驱

欧盟和北美自由贸易区的主要成员多为发达经济体,经济发展水平高,市场制度健全,服务业等第三产业在国内生产总值中有较高占比。和这些发达经济体不同,中国与东盟国家在合作建立之初仍以农业和工业为主。东盟国家由于历史和地理条件,有着发达的农业基础,而中国依托低廉的人力成本和土地成本,制造业发展迅速。中国与东盟的经济持续向好,第三产业开始在中国—东盟产业合作中占据越来越重要的地位。克鲁格曼和赫尔普曼等学者基于比较优势理论,结合不同行为体的经济状况,发展出了新贸易理论。[①] 新贸易理论认为,不同地区产品存在差异,经济规模不同,因此,相同的产业之间也会产生贸易与合作。[②] 中国与东盟的经济规模、经济结构存在差异,农业、工业、服务业三大产业也提供了差异明显的产品。如今,中国与东盟之间的产业合作已形成了三大产业并驾齐驱,农业主导、工业奠基、第三产业高速发展的局面。

(一)农业主导

农业是中国与东盟国家产业合作的主导产业之一。早在 2002 年,中国与

---

① Krugman, P. Increasing Returns, Monopolistic Competition, and International Trade[J]. Journal of International Economies,1979(9):469-479.

② Helpman, Elhanan, Paul R. Krugman. Market Structure and Foreign Trade, Increasing Returns,Imperfect Competition,and the International Economy[M]. MIT Press,1985.

东盟就曾经签署农业合作谅解备忘录,通过一系列农业合作政策,加强中国—东盟双方在杂交水稻、农机、渔业等产业的合作,同时决定实施种猪生产、农村新能源等诸多科技示范项目,将中国与东盟的农业合作制度化。在重要文件框架协议中,农产品正是主要的减税、免税商品。2004年,随着中国—东盟自由贸易区"早收计划"的正式实施,计划在2004年及之后的两年时间内逐步取消多种农产品在中国—东盟成员国之间的关税,消除农产品贸易壁垒。农业之所以能在中国—东盟产业合作中占主导地位,主要是因为农业是东盟大多数国家的经济支柱,且与中国的农业发展存在互补性。

中国农业用地占国土面积的50%,非常广袤,适合多种粮食作物的种植,中国是名副其实的农业大国。但由于工业经济发展水平、机械化水平不断提高,自2015年起,农业就业人口占就业人口的比重就没有超过20%,且已经实现自给自足。目前,中国农业面临供给侧结构性改革,中国居民对产品的要求也在变化,因此中国与东盟国家农业仍然存在互补性。中国与部分东盟国家谷物产量如图3.2所示。

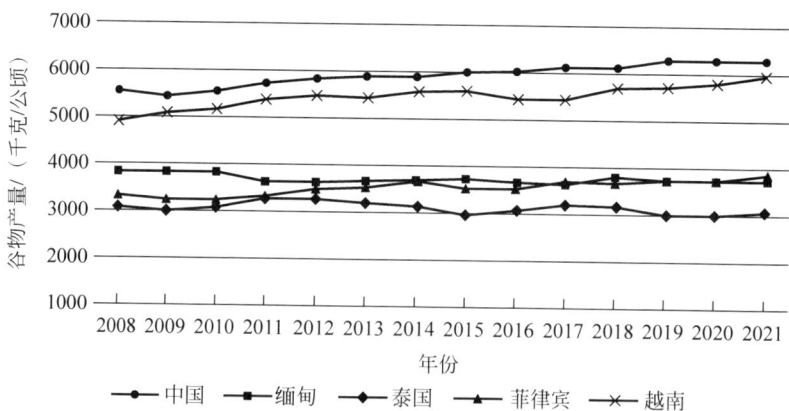

图3.2　中国与部分东盟国家谷物产量

数据来源:世界银行统计。

近年来,从中国出口东盟国家的农产品总额占比来看,大部分东盟国家进口中国农产品占总进口额的比重为10%～20%,但菲律宾、老挝从中国进口农产品占总进口额的比重较高,一度超过50%。从中国进口东盟国家农产品占总进口额的比重来看,大部分东盟国家对中国的农产品出口占比常年维持在 20% 左右,柬埔寨维持在 40% 左右。然而,从投资的角度来看,东盟国家拥有低廉的土地成本、劳动力成本,政府给予政策红利,不断吸引外资进入。从 2006 年至 2019 年,中国对东盟地区涉农项目园区投资近 19 亿美元,有近 50 家企业落地发展。中国积极投资东盟国家农业相关基础设施建设,建立农业用井、池塘、护坡池、灌溉系统、供水系统等,对东盟国家农业生产力水平提升起到了重要作用。

东盟国家受到自然地理条件、经济发展状况、基础设施建设水平等限制,一直将农业作为经济支柱。许多东盟国家气候适宜,降水丰富。越南盛产大米、玉米等粮食作物,产量较高,而印度尼西亚适宜种植棕榈、咖啡、可可、橡胶等经济作物,泰国盛产多种热带水果。从农村就业人口占比来看,缅甸曾连续近 10 年超过 50%,越南曾连续近 10 年超过 40%(见图 3.3)。有学者研究,在东盟国家中,泰国、印度尼西亚、马来西亚等国都有较大的农业发展潜力。[①]

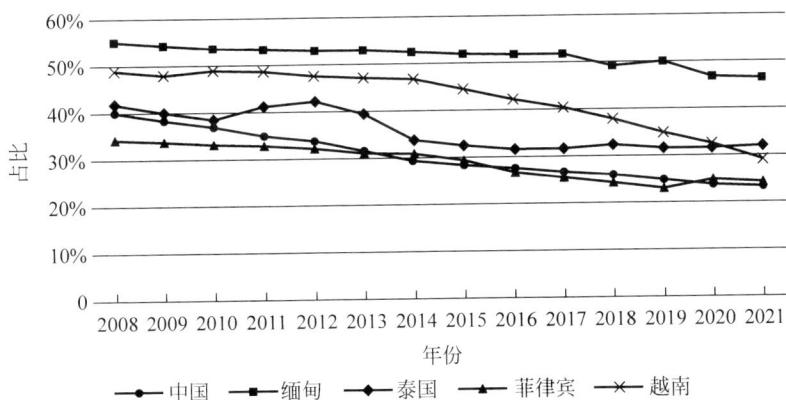

图 3.3　中国与部分东盟国家农村就业人口占比

数据来源:世界银行统计。

作为农业大国,中国在农业发展过程中积累了大量先进、实用的农业技术。中国与东盟国家也在政府的主导推动下,开展了广泛的技术合作,包括

---

① 雷瑞. 东南亚国家农业投资潜力与我国农业"走出去"策略[J]. 农村经济,2017(4):80-85.

合作交流论坛、农产品及农业技术展览会、农业技术培训等,合作内容涵盖农产品种植和加工、病虫害防治、农作物育种、农业无人机技术等。2017年起,中国就向柬埔寨派出农业专家团队,帮助柬埔寨相关机构完善从农产品加工、运输到出口的全产业链建设,推动当地农业现代化发展。如今,中国与东盟国家的农业技术合作虽然仍由政府主导,但企业也越来越多地参与进来。2015年,广西万川种业与越南当地农业部门联合推广的新型杂交水稻品种、玉米、蔬菜等取得了优秀的市场表现,万川种业也成为广西出口东盟国家数量最大的种子企业。①

农业在中国—东盟贸易额中的比重虽然在下降,但中国—东盟农业合作仍然在中国—东盟产业合作中占主导地位。中国—东盟依托各自的资本、技术、土地、人力优势,各有所长,各取所需,对两国农业发展起到了积极作用。

(二)工业奠基

工业是国家综合实力发展的基础。中国于1978年实施改革开放政策,经过40多年的发展,如今工业门类齐全,放眼全球也是首屈一指。因此,中国也有"世界工厂"的美誉。然而,对于东盟国家来说,它们在诸多工业领域仍处于发展阶段,与中国开展工业合作,是中国—东盟产业合作的必然选择。

产业合作园区是中国—东盟工业合作的重要形式。中国与东盟政府共同设立工业园区、经济开发区,吸引中外企业入驻,促进资本、人力、技术结合,实现共同利益最大化。如泰国的泰中罗勇工业园,就是在中国华立公司的主导下投资开发的针对中国客户的现代工业园。泰中罗勇工业园产业涉及汽车零部件、机械、电子、材料、新能源等,吸引了150余家企业入驻。经过15年的发展,泰中罗勇工业园已经成为东南亚地区著名的产业集群中心。又如马中关丹产业园,与中马钦州产业园并称"两国双园",中马政府高度重视。截至2016年底,关丹产业园吸引了超过280亿元人民币的投资。其中,联合钢铁厂投产后年产量为350万吨,是马来西亚最大的钢铁厂。广西投资集团、

---

① 隋博文,庄丽娟.中国—东盟双方跨境农业合作方式探析[J].对外经贸实务,2017(6):26-28.

三一重工等知名企业也有入园意向。国内外大量知名企业的进入,将进一步拉动相关投资,产生规模效应。

虽然在政府的主导下,中国与东盟国家成立了一个又一个产业园,对双方工业发展、技术进步有着重要意义,然而,必须认识到的是,中国与东盟尽管存在一定的互补性,其海外市场依然面临着激烈的竞争。北美、欧洲、日本都是中国和东盟的主要出口对象,东盟的工业制成品在海外市场将直接面临中国产品的竞争。在中国—东盟自由贸易区建立以及 RCEP 等产业合作框架调整的加持下,中国与东盟国家能够进行产业分工,发挥中国与东盟国家双方的比较优势,在地区范围内降低生产成本,提高产品竞争力。

近年来,随着中国经济增速放缓以及国际政治环境变化,中国面临着制造业产能过剩、成本上升等一系列问题,而人力、土地成本低廉和市场投资环境良好的东盟国家成为中国产业转移的重点区域。根据新经济地理学理论,中心地区低廉的物流运输成本会形成集聚,但其地租、劳动力等要素成本的增加会导致产业向外围地区扩散。[①] 中心区的"离心"和外围区的"向心"之间的博弈、相互作用是产业转移的关键。[②] 在《中国—东盟自由贸易区投资协议》等区域贸易政策文件和地方投资政策的推动下,中国以跨国企业为基本单元,在东南亚国家进行产业转移。大量国企走向东盟市场,对劳动密集型产业、能源密集型产业进行投资,依托当地产业园区带来的集聚经济和规模效应,实现与东盟国家的产业合作及互利共赢。

(三) 第三产业高速发展

一般来讲,在发达的经济体中,第三产业在国内生产总值中有较大比重。然而实际上,第三产业的发达也需要第一、第二产业的支撑。只有强大的工业能力、科研能力、消费能力,第三产业才能发展起来,并最终在三大产业中占据主体地位。近年来,随着中国经济结构转型及产业升级,中国三大产业

---

① Krugman P, Venables A. Integration, Specification and Adjustment[J]. European Economic Review,1996,40(3-5): 959-967.
② 聂飞.中国对外投资的产业转移效应研究[D].武汉:华中科技大学,2016.

的质量在不断提升。又因为与东盟国家建立了紧密的产业合作关系,东盟国家顺势承接了中国的产业转移,客观上推动了东盟国家第二产业的发展。不难判断,随着中国与东盟国家经济发展水平的不断提高,中国与东盟各国经济结构中第三产业的比重会越来越大。

2008年之后,中国对东盟的投资就开始向第三产业倾斜,租赁和商务服务业、文化产业、房地产业、教育和卫生业等第三产业持续加强。实际上,中国与东盟国家在第三产业的许多领域可以形成优势互补。中国有着丰富的建筑、信息、物流运输等技术和经验,而新加坡、马来西亚等东盟国家在金融、酒店等领域具有显著优势。此外,中国、新加坡、泰国、马来西亚等国具有丰富的旅游资源,旅游业发展迅速,经济效益巨大。

2008年金融危机对全球的产业合作造成巨大冲击,但中国与东盟的服务贸易并没有遭到过多影响。2006年,中国与东盟的服务贸易额超过120亿美元,6年内就增加了两倍多。除了贸易上第三产业的增长,在次区域合作上,中国与东盟国家也有紧密的合作。特别是在旅游资源开发上,广西、云南多次与澜沧江—湄公河流域国家召开旅游工作会议,挖掘当地旅游产业潜力,推进旅游合作。中国与东盟国家有长期的交往历史,各类型旅游资源丰富,双方旅游市场维持较高的开放程度。除了旅游业外,第三产业领域多样,不少产业仍然有巨大的发展及合作潜力,它未来势必成为中国与东盟产业合作的重要领域。随着RCEP的正式签署,日本、韩国以及澳大利亚、新西兰等发达经济体加入区域产业合作框架,未来中国与东盟国家将会开展更加广泛、更加深入的第三产业合作。

总而言之,中国与东盟国家在三大产业上都有密切的合作,以农业为代表的第一产业,以工业为代表的第二产业,以及以服务业为代表的第三产业,三大产业并驾齐驱。在过去的20年间,中国经济水平有了质的飞跃,接连超过德国、日本等国家成为世界第二大经济体,并逐渐追上了第一大经济体。东盟国家的经济发展水平不断提高,人们的消费能力不断增强,且年轻人口占比较大,现在及未来很长一段时间内都将享有人口红利。第三产业的发展是大势所趋。随着中国产业结构转型升级和人口红利衰减,部分低端产业被转移到东盟国家也在意料之中。以中国的资本、技术优势,结合东盟国家的人力、成本优势,中国与东盟国家三大产业的合作势必愈发紧密。

三、综合性、开放性产业合作

中国与东盟国家开展了综合性、开放性的产业合作。综合性指的是从技术层次上开展的劳动密集型产业、技术密集型产业、资本密集型产业合作,是一种长期发展的、自由灵活的产业合作形式。开放性指的是不排斥与东盟国家及中国以外的其他经济体的区域合作。

(一) 技术层次的综合性

从技术层次上看,中国与东盟国家的产业合作广泛分布在劳动密集型、技术密集型与资本密集型产业。东盟成员国在三大产业有各自的优势,如人力成本低廉、年轻人口充裕、消费市场庞大等。第一产业如资源开发,第二产业如基本的制造业,都需要大量廉价劳动力,对劳动力素质没有过多要求。然而第三产业,特别是信息技术、互联网、咨询管理等行业,对高素质人才有着旺盛的需求。印度尼西亚、菲律宾、越南等东盟国家人口数量庞大,有着充足的 19~25 岁的劳动力人口。在劳动人口素质上,新加坡、菲律宾等国的识字率更高,有利于第三产业的合作与发展。柬埔寨、缅甸、老挝、泰国等教育水平和劳动力素质较低的国家,更适合开展第一产业及第二产业的合作。

劳动密集型产业主要集中在加工制造业,许多东盟国家在成本上具有优势。商务部 2018 年《对外投资合作国别(地区)指南》的统计数据表明,越南拥有超过 100 家汽车组装及制造企业。在资本密集型产业,新加坡等国由于具有高素质人口、宽松的市场环境,吸引了诸多中国金融机构进驻,如中国银行、中国工商银行、中信银行等。这些中国金融机构以新加坡为基础开拓国际市场。

(二) 合作形式上的综合性

中国与东盟国家的产业合作不是一成不变的,并没有单纯集中在双边投资、贸易领域。中国—东盟产业合作之所以能在 30 余年的发展中取得重要成果,正是因为合作形式上的综合性。中国与东盟国家可以在不同的时间、空间、产业间合作,维持着相当灵活的合作框架。以次区域为例,次区域是区域的子系统,有学者认为次区域属于中观区域(mesoregion),在国际层面主要由两个或两个以上国家构成,但不一定囊括成员国全部领土。①

以"大湄公河次区域合作"为例。1992 年,中国云南、泰国、老挝、缅甸、越南、柬埔寨等湄公河次区域国家在亚洲开发银行的倡导下参与了大湄公河次区域经济合作(the Greater Mekong Subregion Economic Cooperation,GMS)。次区域合作打破了区域和国家的限制,允许经济联合体中的一部分、成员国的某些省份开展合作,各成员可基于比较优势,共同推进次区域内的经济发展。在 GMS 的框架下,中国与相关东盟国家在次区域能源、农业、旅游合作等领域推进合作。2012 年底,中国和越南共同推动小中河水电站项目,年平均发电量可达 0.985 亿千瓦时。农业科技方面,在 2014 年的中缅畜牧渔业合作谅解备忘录中,中国政府做出承诺,将继续推动缅甸农业升级,包括建立示范中心、加强人员培训、提供贷款等。在旅游合作方面,2013 年,中国广西举行了第 31 次 GMS 国家旅游工作组会议,讨论了大湄公河次区域的巨大旅游经济潜力、区域安全,以及中国游客对大湄公河次区域国家政治、经济、社会、文化、环境等方面的影响,推进次区域国家间的旅游合作。

(三) 产业合作的开放性

东盟一直以来与中国保持着相当密切的合作关系,从贸易到产业,对中国的依赖性也在与日俱增。然而,东盟与中国的产业合作并非封闭性的。中国与东盟双方不仅欢迎更广阔区域内的国家和经济体参与到产业合作当中,更能允许同一区域内存在多种合作机制。

目前,中国和东盟周围存在世界贸易组织、亚太经济合作组织、东盟与中日韩"10+3"领导人合作机制、中国—东盟自由贸易区、RCEP 等多种合作机

---

① 卢光盛.地区主义与东盟经济合作[M].上海:上海辞书出版社,2008:5.

制。中国和东南亚国家在政治、经济、文化上各不相同，想要开展务实的经济和产业合作，就必须求同存异，在多元的背景下寻求共同利益。此外，和北美、欧洲稳定和统一的区域合作不同，东南亚、东亚及亚太地区本身存在多种区域合作机制和次区域合作机制，不同合作机制之间关系复杂，功能上重叠，又有各自的特殊性和局限性，因此在寻求产业合作及区域经济合作时，必须采用兼容并包的、开放的合作模式，减少不同合作机制间的冲突和矛盾。

当然，开放的产业合作并不意味着可以无限制地增加区域经济合作机制。当区域合作机制过多且重复度越来越高时，就需要周期性的"整合器"将各个合作机制统一起来。2020年，RCEP正式签署。从某种程度上讲，RCEP就是东亚地区区域经济贸易合作规则的整合器。RCEP在东盟与中日韩"10＋3"领导人合作机制的基础上，加入了澳大利亚、新西兰，形成了东盟国家与中国、日本、韩国、澳大利亚、新西兰及多对新的自由贸易伙伴关系，货物贸易最终零关税产品数超过90％，还将知识产权、跨境电子商务、政府采购等现代化议题纳入考量，体现出高质量和开放性的统一。

总体来说，中国与东盟国家建立了以政府为主导、三大产业并驾齐驱的综合性、开放性的产业合作。这种合作模式不同于美欧，但也独具特色，兼容并包，共同发展，互利共赢，对推动两国经济水平提高、产业结构转型升级、产业合作效益提高及人民生活质量提升起到了重要作用。

第三节　中国—东盟产业合作模式前瞻

全球经济一体化趋势下，国际产业合作作为一种新型国际经济合作模式，是一国贸易与产业转移进一步发展的象征，也是实现经济崛起和转型升级的重要途径。主要发达国家在演进历程中均以不同的方式进行国际产业合作，实现本国产业转型升级，如美国的"马歇尔计划"、日本的"海外投资立国"战略、新加坡的海外工业园区等。

从加入亚太经济合作组织开始,中国和东盟各国在贸易和产业合作方面就取得了惊人的成就。如2003年,双方建立战略伙伴关系。2010年,建成中国—东盟自由贸易区(CAFTA)。2012年,发起RCEP。2013年,共建"一带一路"。2018年,提出《中国—东盟战略伙伴关系2030年愿景》。2020年,虽然全球经济遭到疫情重创,中国与东盟进出口额仍逆势增长7%,达4.74万亿元,双方首次互为第一大贸易伙伴。在全球经济增长乏力、国际不稳定因素增多的背景下,中国—东盟经贸关系能持续稳定发展,离不开双方愈加紧密的产业合作。这证明了区域化与短链闭合的产业链、供应链、价值链在面对疫情等突发冲击和全球化逆流时的安全性及稳定性,也符合习近平总书记提出的国内国际"双循环"发展格局。

中国—东盟在已有基础上继续深入推进产业合作,可更好地服务我国对外开放、产业转型升级等国内国外"双循环"的重点工作。多项实证研究表明,对外直接投资与国内产业升级之间存在正向关系。王丽和张岩(2016)对亚太经济合作组织成员国对外直接投资数据的分析表明,对外投资额的增长有助于推动本国产业升级。[①] 赵云鹤和叶娇(2018)的研究进一步指出,对外直接投资不仅对投资者母国的产业结构升级产生积极影响,还对母国周边区域的产业结构优化具有促进作用。[②] 与东盟国家构建优势产业的区域性链条,有助于扭转过去依赖国际分工和国际市场的情况,逐渐向"以国内分工和国内市场为主体、国内和国际分工有机结合"的合作模式转变,达到调整中国处于价值链中低端的国际分工地位的目的。

同时,深入推进产业合作符合东盟各方的意愿和战略需求。当前美国、欧盟、俄罗斯等国的贸易保护政策对东盟出口导向的贸易模式不利,与中国的进一步合作有助于拉动出口,同时,各国积极把握全球产业链重构的机遇,推进产业结构调整,促进商品流通自由化。东盟各国相继推出以智能制造和

---

① 王丽,张岩.对外直接投资与母国产业结构升级之间的关系研究:基于1990—2014年OECD国家的样本数据考察[J].世界经济研究,2016(11).

② 赵云鹏,叶娇.对外直接投资对中国产业结构影响研究[J].数量经济技术经济研究,2018,35(3).

数字化为核心的"工业 4.0"发展规划。然而,大多数东盟国家的数字化基础仍较为薄弱。例如,截至 2018 年,印度尼西亚仍有约 2.5 万个村庄未实现联网。若想开展工业 4.0,需要首先克服基础设施、企业自主研发能力、劳工素质等方面的障碍。此外,东盟内部面临严峻的"数字鸿沟"问题[①],国家间经济水平差异较大:新加坡 2015 年的研究开发支出约占 GDP 的 2.2%,马来西亚为 1.3%,而柬埔寨、菲律宾和印度尼西亚仅为 0.1%。数字化基础较差的成员国无力加入"工业 4.0"浪潮,可能会导致成员国之间差异持续被放大,需要外部力量帮助新成员国进行追赶。[②]

中国—东盟在优势产业上的层次互补性让进一步开展产业合作得以实现。大多数东盟国家具有丰富的自然资源,相较我国具有比较优势,但需要先进的技术和工业化将资源转化为生产力。例如,农业大国泰国向我国出口大量橡胶制品;油气资源储备丰富的文莱对中国出口量第一的货物为从石油中提炼得到的有机化学品;印度尼西亚矿产品资源丰富,对中国出口的相关产品规模庞大;在柬埔寨、越南、老挝等制造业基础较为薄弱但人力资源丰富的国家,中国产业合作主要集中在造纸、纺织等劳动密集型产业领域;而在新加坡这样的东盟发达国家,由于其技术创新能力较强,电子工业、精密工程等高端制造业以及金融业发展水平较高,中国与其合作更多集中于技术密集型产业。[③]

基于中国—东盟在产业合作中的优势,未来合作发展应重点聚焦以下三个方面:深化国际产能合作、深化基础设施建设以及深化创新合作。

一、深化国际产能合作

深化国际产能合作,首先是推动中国和东盟双方的优势产业链、供应链和价值链在更深程度上的融合。Williamson 等提出,沿产业链进行纵向整合

① 闫慧.数字鸿沟研究的未来:境外数字不平等研究进展[J].中国图书馆学报,2011(4).
② 王勤,温师燕.东盟国家实施"工业 4.0"战略的动因和前景[J].经济研究参考,2020(12):120-128.
③ 王勤.中国与东盟经济的互补和竞争及其发展趋势[J].东南亚研究,2004(3).

可以节约交易成本。[①] Grossman 进一步指出，整合的主导者应为投资行为中最重要的一方，如此可节省更多的市场交易费用。[②] Dietrich 补充指出，产业链整合的多样化形态，不仅取决于交易费用，还取决于规模经济的有效程度。[③] 因此，一条完整的产业链中，既需要一批能够主导生态圈、整合资源的"链主"企业，也需要在细分领域精耕细作的中小企业。但近年来，一些出海东盟的中小企业主表示，由于没有能力像国内大型集团一样在出海制造环节成立上游原材料基地，从中国采购原料运至缅甸、柬埔寨的物流费用抵消了东盟的低人力成本和关税优惠，导致综合生产成本反而高于国内。同时，当地不发达的营商环境和较低的人才素质使得注册公司、培训当地员工等固定成本难以为小规模的生产所摊薄。以上问题导致我国产能不断向东南亚转移的过程中出现了一定的回流现象。以中国—东盟产业合作示范项目中马钦州产业园为例，该园在 2011 年成立时受到两国领导人高度重视，并被赋予"带动两国产业集群式发展"的期望。但 2016 年的一项调查显示，园内产业链上下游关联性较小，企业间协同效应较差，受访对象中仅有 32% 表示与园内其他企业存在业务往来，仅有 18% 的入驻企业认为需要和园内其他企业产生业务往来，不到 5% 的受访者认为需要开展园内技术交流活动。[④] 完整的上下游产业链，以及产业内装备、技术、服务和标准一体化服务，可以帮助我国中小企业更好地"走出去"，而中小企业积极参与产业合作又会反过来帮助完善相关的投资、建设和运营环境，形成良好的产业集群效应。例如，位于泰国的泰中罗勇工业园前身为安美德城工业园，后由中国民营企业华立集团[⑤]与东道国地产商共同开发，在为中国企业提供"航母"式服务、减少制度和技术方

---

① Riordan Michael H，Williamson Oliver E. Asset Specificity and Economic Organization[J]. International Journal of Industrial Organization，1985，3(4).

② Grossman，Hart. The Costs and Benefits of Ownership：A Theory of Vertical and Lateral Integration[J]. Journal of Political Economy，1986，94.

③ Dietrich M. Firms，Markets and Transaction Cost Economics[J]. Scottish Journal of Political Economy，2010，38(1)：41-57.

④ 殷畅.产业经济园区对中国—东盟命运共同体建设的影响[D].南宁：广西民族大学，2016.

⑤ 陶莺，项丽瑶，俞荣建.中国企业出海"航母"模式：泰中罗勇案例研究[J].商业经济与管理，2019(7)：39-49.

面沟通障碍的同时,重视园区内的产业生态建设,有针对性地引入产业链上下游各环节龙头企业,避免同业过度竞争。目前,园区内有产业建材、汽车零部件制造、摩托车组装等主要产业,栖驻企业超过 150 家,不乏中集车辆、宗申动力等知名企业。"航母"式出海与传统出海之间的比较如表 3.1 所示。

表 3.1　两种出海模式比较

	"航母"式出海	传统出海
主体	多主体	单主体
体量	体量大	体量小
模式	平台＋栖驻对外直接投资(OFDI)	跨国并购/绿地投资/网络合作
交易成本	可复制性高、成本低	学习难度大、成本高
风险	可有效规避风险	风险较大

产业链集群式出海,不但能够降低企业经营成本,还可以凭借产业协同效应向当地政府争取更有利的政策优惠。因此,我国应鼓励国内中小企业积极参与建设海外产业园区,在形成完整产业链、供应链和价值链的同时产生更大的经济效益。为了避免出现小企业看不到龙头不愿意来、大企业看不到配套产业链也不愿投资的招商困境,政府可以依托中国—东盟博览会等现有大型展会,举办各类专业性产业链展会,拓展产业合作领域;也可以通过各类行业联盟协调多地产业资源,加强同一地区的产业配合。

深化产能合作也意味着要在可再生能源、通信技术以及基础工业等过去较少涉足的领域逐步开展合作。随着经济不断发展、国家间的互联互通持续深入,东盟各国的电力能源和交通运输需求在持续增大。亚洲开发银行在《满足亚洲基础设施建设需求》报告中估计,在不考虑气候变化的基础上,2016—2030 年东盟各国每年所需基建投资达 1.5 万亿美元,其中电力投资占56%,交通投资占 32%,电信投资占 9%。基础设施建设、能源电力行业势必成为未来合作的重点领域。[①] 我国已与老挝、缅甸、越南等多个东盟国家实现电网互联和电力交易。2004 年,中越跨境电网投建。至 2018 年,我国已与东盟累计交换电量多达 567 亿千瓦时,主要包括柬埔寨、老挝、缅甸、越南和泰国

---

① 东盟.促进海上丝绸之路建设中的中国—东盟产业合作(电力行业)[EB/OL].2017-03-28.

等东南亚国家。其中,越南、老挝电力资源较为丰富,向我国境内云南、广西等地输入较多。截至 2017 年,大湄公河次区域的电力合作均停留在电厂—电厂或电厂—国家供电,没有形成国家间联网同步。[①] 2018 年,《东南亚能源互联网规划研究报告》提出,中国将为东南亚地区提供电力联通技术方面的支持,以期在 2030 年基本解决当地无电人口问题。凭借技术、资金、管理能力方面的优势,我国可以为东盟国家提供从规划、设计、环保评估到施工和运维的全链式电力与交通建设项目服务。

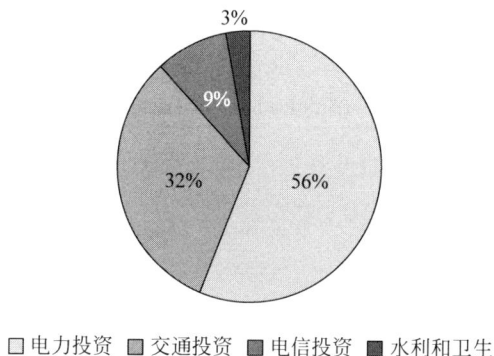

图 3.4　2016—2030 年应对气候变化基建投资

出于相关资源富足和环保意识提高的考量,东盟各国对新能源的需求日益增强。为应对气候化,2016—2030 年将进行的相关基建投资如图 3.4 所示。东南亚蕴含了丰富的可再生资源,仅待开发水电资源便超过 2.4 亿千瓦。由于受到资金、技术和政策等方面的约束,目前相关资源开采率较低。印度尼西亚的可再生能源发展战略提出,要在 2025 年达到清洁能源消费比重占 25%,并投资 6 亿美元建设地热发电站;泰国计划在 2036 年前将清洁能源占能源消耗总量的比重提至 30%;老挝计划在 2030 年将水力发电量增加至 2.3 万兆。各国均出台了一系列灵活的政策来吸引外资进行新能源相关投资。马来西亚将绿色科技和可再生能源列为"国家工业 4.0"的重要领域,免

[①] 雷晓蒙.东盟和大湄公河次区域电力互联面临的机遇与挑战[J].中国电力企业管理,2017(22):67-69.

除相关企业所得税最长可达 10 年，最高可达 100％，以此鼓励外资进入太阳能、水电、沼气、生物发电等领域；2019 年，启动绿色科技融资计划 2.0，为合格绿色技术资本提供最高达 100％的免税优惠。泰国政府推出的电动车投资激励政策规定，在泰国投资 50 亿泰铢（约 1.65 亿美元）以下的电动汽车企业或电动汽车核心零部件制造企业，可在 3 年内免征所得税，超过 50 亿则可在 8 年内免征所得税。

东盟作为整体也对清洁能源发展提出了目标。2015 年东盟能源部长会议经商议，预计在 5 年内将清洁能源提高至能源比重的 23％。中国—东盟已初步形成新能源开发合作机制。2017 年"中国—东盟清洁能源能力建设计划"由中国水电水利规划设计总院与东盟能源中心联合提出，希望通过这一清洁能源交流平台实现中国—东盟和东盟各国间的优势互补与经济发展。

在这一过程中，非国家行为体参与基础设施建设的重要性日益凸显。我国棕榈油领先民企聚龙公司于 2015 年与国网节能一同开发位于印度尼西亚的聚龙农业产业园。它结合了民营企业的经验和资源优势与国网的技术和资金优势，极大推动了产业园发展。民企参与对东盟的投资，有助于打破当地民众对中国控制论的偏见，不但能使合作更为便捷、高效，也能打开广阔市场。

二、深化基础设施建设

深化基础设施建设是我国与东盟深化产业合作的重点方向之一，是产业链、供应链、价值链得以高度融合的基础和前提。多项研究表明，基础建设促进了东南亚当地经济发展。克龙凯欧（2004）指出，亚洲开发银行推动的跨境经济走廊计划显著促进了大湄公河次区域的经济发展。[1]另一项研究表明，跨境公路的建设改善了次区域内边缘化地区的经济条件，为这些地区创造了更加优越和便利的跨区域投资环境。

---

① Krongkaew M. The Development of the Greater Mekong Subregion(GMS)：Real Promise or False Hope?[J]. Journal of Asian Economics，2004(5).

　　东南亚地区的物流体系面对飞速增长的经贸需求仍显得捉襟见肘。在 2018 年世界银行发布的物流指数排名中(见表 3.2)[①],新加坡因经济发展水平最高,具有相对成熟的物流配套设施,越南、泰国等国家均位于 30 名开外,表明东盟各国物流体系仍有较大的提升空间。其中,印度尼西亚和菲律宾受制于群岛国家的地理特征,物流和库存成本高昂。

表 3.2　各国物流指数排名

国　　家	综合排名	综合分数
新加坡	7	4.0
泰国	32	3.4
越南	39	3.3
马来西亚	41	3.2
印度尼西亚	46	3.2
菲律宾	60	2.9

　　建设海陆空联运通道、加快产能对接的过程中[②],中国与东盟逐渐形成了"国企搭台,民企唱戏"的模式:国企是基建投资的主要角色,为民企后续"走出去"创造完备条件。其中,完工和开通的项目已经给相关企业带来了显著的经济效益。2016 年,钦州港—缅甸—马来西亚航线开通,作为中国—东盟港口城市合作网络的重要组成部分,运输成本大大降低。正在动工的一些重点项目业已取得重大进展。2016 年,印尼雅万高铁作为我国在海外第一条全部采用中国技术、中国标准、中国装备的铁路项目正式建设,目前其基地联络线已成功与印度尼西亚现有铁路对接。此外,中泰铁路一期曼谷—呵叻路段协议于 2020 年 10 月签署;中老铁路于 2021 年 3 月完成正线铺轨 300 公里,全线轨通在即。

　　未来构建海陆空复合型互联互通网络,重点是对合作机制和利益共享机制进行优化。同时,要注意整体互联互通体系规划,协调各国交通运输网络,明确不同区域内的建设重点和不同国家之间的自然环境异同,制订差异化的建设方案。

---

　① World Bank Group. International LPI[EB/OL]. 2018.
　② 廖淑萍. 中国—东盟引领"一带一路"产业合作[J]. 中国经济报告,2017(5).

　　作为我国与东盟接壤的省份,云南和广西要重点加强与东南亚高速网络的直接联系,以昆明和南宁作为面向东南亚的交通枢纽,并以曼谷和新加坡为东盟交通枢纽,推进泛亚交通体系建设。得益于 2019 年 8 月发布的《西部陆海新通道总体规划》,2020 年前三季度,广西陆海新通道的国际航道、公路和铁路运输量在疫情之下逆势上扬,同比增长 111%、154% 和 171%①。但仍无法满足货运规模对港口航道航线的需求,并暴露出铁路基建薄弱、关键运输节点缺失等问题。例如,川黔线、黔桂线等主要西南铁路由于修建较早,多为单线,运能无法满足货运需求;钦州港直达集装箱航线仅有三条,货物等待和中转时间过长、成本过高,一些企业主选择更远的港口。

三、深化创新合作

　　深化创新合作是深化产业链融合的必然结果。要保证产业链和供应链的安全性、可控性,必须进行自主创新,将"卡脖子"的环节掌控在自己手里,打破区域产业链在全球制造中的低端困局。我国与东盟在产业转型升级、发展可持续经济等方面达成了一致目标,在现代农业、电子信息、智能制造、能源环保、跨境电商、生态旅游等重点领域具有广阔的合作前景。例如,泰国 2016 年制定的"泰国 4.0"包含了 10 大目标生产部门,有 8 个与我国《推进"一带一路"建设科技创新合作专项规划》中的重点领域重合,包括新型汽车制造、数字经济、运输物流等。此外,科技创新的"无国界"属性,有助于在帮助中国—东盟解决区域性共同问题的同时提高区域合作影响力,发挥外交作用。

　　东盟大部分国家的科研教育水平与中国存在一定的差距,且内部发展水平各不相同,因此需要通过多个政府主导的平台进行互利互惠的创新合作,以及构建其他长效创新合作机制。2012 年启动的"中国—东盟科技伙伴计划"列出了如下合作方式:政策咨询和技术服务、人力资源开发、开展合作研

---

① 王金涛,赵宇飞,潘强.陆海新通道:疫情下战略价值凸显[J].瞭望,2020(51):23-25.

究和建设技术转移平台网络。中国 2016 年发布的《推进"一带一路"建设科技创新合作专项规划》设定了具体合作目标,如 3～5 年内来华交流技术人员达15 万人次以上,10 年内联合实验室投入使用并发挥效果。

互联网和数字经济将成为中国—东盟产业合作中增长最快的领域之一。东盟国家数字经济有着广阔的市场,发展潜力巨大。根据国际领先互联网企业和咨询公司的预测,东南亚数字经济增长动能强劲,有望在 5 年内达到3000 亿美元的市场规模。特别是在后疫情时代,数字经济的价值将进一步凸显,大数据、人工智能等技术创新对于疫情的精准防控和远程诊疗至关重要,直播带货、拼团等新型线上消费也进一步助力经济复苏。RCEP 协议中对数字经济和电子商务列出了详细条款,将为中国与东盟在相关领域的合作提供良好的制度保障。广西在 2020 年 11 月举办的第四届中国—东盟信息港论坛签订了一系列项目合作协议,包括 6 个重大数字经济合作项目和 2 个战略合作框架协议。海南也计划凭借海南生态软件园、清水湾国际信息产业园等重要信息技术园区,拓宽我国区块链、智慧城市、北斗卫星、互联网金融等新兴技术的应用领域和市场,促进产业数字化纵深发展。① 多个数字经济产业区协同分工、共同发展,为产业体系的全面升级提供强大动能。例如,北斗卫星自 2013 年起便将东盟列为重要服务对象,与泰国政府形成科技转让和共同开发的关系后,在实践中检验了北斗平台的使用性能,在东盟各国形成了良好的示范效应,先后在马来西亚怡保、老挝万象、缅甸仰光落成产业园,为东盟各国的智慧农业、灾害预警、紧急救援、冷链物流、智能城市交通等领域提供北斗时空信息全生态服务,并计划以东盟为出发点,走向全球。

但部分东盟国家的信息基础设施仍需要进一步建设,跨境数据安全亟待进一步提高。中国联通已在南宁建立了东盟专属的国际通信通道,可在未来提供国际数据存储与处理服务。2020 年,广西发布了《广西"信息网"基础设施建设三年大会战实施方案(2020—2022 年)》,内容涵盖人工智能、5G、大数据、物联网和工业互联网等七大领域,为深化与东盟的数字经济合作奠定了

---

① 蔡振伟.借 RCEP 进一步深化海南与东盟合作[N].海南日报,2020-12-29(B06).

坚实的物质基础。

四、机遇和挑战

协调并改善中国与东盟各国的政治关系,是中国—东盟深化产业合作面临的挑战之一。良好的双边政治关系可显著促进产业合作。1997—2008 年,中国与缅甸共建了两对友好城市,在 2008—2018 年,又增设 6 对友好城市。同时,中国对缅甸的直接投资金额在 2008 年首次突破亿美元,此后一直保持在 2 亿美元以上。尽管我国一向秉持"搁置争议、共同开发"的合作观念,菲律宾、越南等国与我国的南海争端仍不容忽视。《中国企业国际化报告(2018)》的统计显示,2005—2018 年,我国对东盟的失败投资中,政治原因导致的案例超过 40%。2012 年黄岩岛事件发生后,2012—2013 年我国对菲律宾的直接投资金额增长幅度较之往年显著下降,于 2015 年出现了负增长。[1]

东盟目前正处于整体稳定、局部动荡的政治社会时期。马来西亚、泰国等国内宗教、社会矛盾纵横交织,缅甸地方武装势力盛行,印度尼西亚、越南的经商环境也因官员腐败而困难重重。东盟各国间关系同样错综复杂,各异的利益诉求、政策制度不利于大型国际基建设施落地。2013 年,时任国务院总理李克强访问泰国并亲自推动中国高铁项目在泰国落地。[2] 由此,我国与时任泰国总理英拉签署了中泰铁路协议,规划建设一条贯穿泰国南北、总长 860 公里的高铁线路。但 2014 年泰国发生军事政变,项目因政府变动而遭到搁置。此后两年时间内,我国与泰国开展了 9 次政府间高级别谈判,对于线路总长、融资利率、合作方式等进行了艰难的磋商,终于在 2016 年 9 月就中泰铁路第一期工程的投资数额达成协议,并于 2017 年开工。

此外,一些东盟国家怀疑我国借基建之名进行扩张,"环境破坏论""资源掠夺论"甚嚣尘上,对共建基础设施网络抱有戒心,抗拒我国参与泛亚通道的建设。缅甸伊洛瓦底江项目于 2009 年开工,若全面建成,可为全缅甸每年供

① 朱耐. 双边政治关系对东盟国家直接投资的影响研究[D]. 南宁:广西民族大学,2018.
② China-Thailand railway cooperation to boost regional interconnectivity[N]. Bangkok,2013-10-13.

应2000万千瓦电力,在满足缅甸国内需求的情况下仍有结余。在中方已累计投入超过73亿元人民币的背景下,2011年缅甸政府却单方面宣布暂停伊洛瓦底江水电站项目,引发中缅两国高度关注。这一决策缘由复杂:时任缅甸总统吴登盛向议会指出,工程可能破坏沿江生态系统,并导致渔业收入锐减,引发当地居民强烈反对。同时,根据维基解密文件,美国驻缅甸大使馆向多个当地NGO提供资助,包括"美国缅甸运动"和"地球权利国际",支持反对水电站的行动。缅甸最大反对党——全国民主联盟(NLD)领导人昂山素季则将项目暂停称作"一场伟大胜利"。此事件表明,中国的基建投资已成为缅甸内部政治博弈与选民动员的重要议题。截至目前,密松水电站仍处于停工状态,未见复工迹象。①②③④

美国"亚洲再平衡"外交战略、日本掌控东亚一体化进程的意图、欧盟重新介入亚洲事务的努力,以及中美贸易战等突发政治事件,均会给中国—东盟深化产业合作带来不同程度的负面影响。例如,中泰铁路进度与美泰关系存在一定关系。此前,美国因泰国发生军事政变而实质上疏远了与泰国之间的关系,新任军政府表示有意交权后,美泰关系出现缓和,军政府重启中泰铁路的政治激励减小,因此会反复就项目规模与我国进行谈判。

此外,基建投资相关的产业合作可能会面临来自发达国家的竞争。2015年,安倍政府提出日本"高质量基础设施合作伙伴"的概念,意在争夺亚洲基础设施建设主导权,至今已达成包括投资金额高达2400亿日元的菲律宾马尼拉铁路项目在内的14个项目。2019年,美国推出面向亚洲的"蓝点网络"(Blue Dot Network)计划,其时任国家安全顾问罗伯特·奥布莱恩(Robert O'Brien)将其定位为针对"低质量、可能使国家陷入债务陷阱"的基础设施项

①　Reuters. Government suspends controversial dam project[N]. 2011-09-30.

②　The Guardian. WikiLeaks cables: Americans funded groups that stalled Burma dam project[D]. 2011-09-30.

③　Wikipedia. Myitsone Dam[OL]. Accessed:2025.

④　AP. Myanmar quietly announces plans to study controversial Chinese dam project suspended 13 years ago[N]. 2024-05-23.

目的对策,这明显指向中国主导的"一带一路"沿线基建项目。[①] 东盟国家在面临大国角力加剧的情况下往往倾向于采取平衡战略,对不同的基建项目采取不同的态度,并借机提升自身在项目中的谈判能力。[②] 例如印度尼西亚曾以"工程进度缓慢"为由,就我国已获得全段承建许可的雅万高铁再次向日本发出邀标,与时任日本首相安倍晋三讨论雅加达到泗水段的项目落实。

在产业合作深化的推进过程中,我国和东盟各国均需要以公正的视角看待历史问题。同时,应该让东盟各国感受到,我国加强产业合作的目的是推进自由贸易,提高参与国人民生活水平。我国在中国—东盟自由贸易区的建设和 RCEP 内,均采用了灵活的方式进行产业合作。例如"早期收获计划"和RCEP 中相较 TTP 更为宽松的最不发达国家优惠条款,充分尊重了各国不同的经济基础,效果良好,应在今后的产业合作中加以应用和推广。相信随着经济一体化不断推进,中国—东盟之间的命运共同体建设也将有切实的进展,国际航道安全、南海资源开发等问题也将得到合理的解决。目前,我国和东盟各国正在积极推进《南海各方行为宣言》磋商。各方均同意在 2021 年前达成宣言中提到的远景,并积极探讨海上合作新模式。

2020 年,面对来势汹汹的疫情,我国与东盟加强互助,合作关系不降反升,首次互为第一大贸易伙伴。在抗击疫情方面,我国与东盟在疫苗研发合作、维护跨区域产业链、供应链稳定等方面具有一致的需求和主张,并积极交流抗疫经验,供应抗疫物资,疫情防控总体成效显著。截至 2020 年 8 月 13日,东盟地区的新冠死亡率为 2.48%,显著低于全球平均水平的 3.58%。中国研发的疫苗已在菲律宾、马来西亚等多个东盟国家广泛使用。在疫情进入常态化阶段后,为稳步恢复以往密切的人员往来和贸易投资关系,中方与东盟需进一步加强具体产业政策的交流与协调。目前,多个东盟国家及时为我国开通了方便物资流通和人员往来的"绿色通道"。例如,中方来缅人员可通

---

① ABC News. What is the Blue Dot Network and is it really the West's response to China's Belt and Road? [N]. 2019-11-09.

② 张群. 中国—东盟经贸关系发展的特征与前景[N]. 中国社会科学报,2020-07-09.

过联系缅甸中国企业商会和驻华大使馆来申请"快捷通道"业务；老挝为中方人员采取单一窗口办理手续、集中受理签证申请等措施,保证在老挝项目的正常开展。我国也为往来东盟的疫情防控物资、生产性原料、生活物资、农产品实施快速通关政策。

疫情给我国和东盟深化产业合作带来了进一步凝聚共识的机会。疫情冲击下,中国—东盟的区域性产业链和供应链显示出较全球链条更强劲的韧性和潜力。产业是经济增长之本,中国与东盟各国在疫情防控中加强产业合作,兼具可行性与必要性。我国市场广阔,产业体系完备,复工复产进度领先全球,有实力满足东盟国家从原料供应到产品出口的一系列需求。此外,双方均察觉到了疫情给产业结构调整和创新带来的机遇,涵盖了数字经济、资源配置与新兴区域市场等新的发展点。这和"一带一路"框架下的系统性合作不谋而合。接下来,我国和东盟各国应在受疫情冲击较大的产业方面合作突围,在受疫情冲击相对小的产业内加深合作,在因疫情带来需求的产业方面合作扩大发展,实现高质量合作发展,携手应对后疫情时代的挑战。[①]

五、美国地区安全因素对中国—东盟的影响

中国与东盟关系的稳定程度一直受到美国对东亚政策转变的影响。中国与东盟从互相对抗到建立以经济合作为主导的双边促进关系,每一个阶段都与美国对东亚的战略布局密切相关。在东盟成立之初,东南亚各国作为美国遏制共产主义在东亚蔓延的桥头堡,纷纷实行"反华政策",以求获得美国的军事庇护及经济支持。进入 20 世纪 70 年代,随着中美关系缓和以及中国的改革开放政策,东盟各国对中国的态度也有所转变,开始与中国建交并拓展出更多的贸易往来。进入 20 世纪 90 年代,美国在军事上减少对东南亚地区的关注,美方贸易保护主义增加了美国与东盟各国的贸易摩擦,导致东盟国家的不满情绪。由于美国对东亚政策的转变所带来的军事、经济上的连带

---

① 李欣怡."中国与东盟:互为第一大贸易伙伴的产业合作"会议召开[EB/OL].人民网,2020-05-22.

效应,东盟各国意识到对美国的过度依赖会损害自身利益,开始与东北亚邻国建立密切的关系,中国成为其不可忽视的选择。加之中国力量不断崛起,着力发展与东亚各国的经贸关系,促进深化各方合作,使得东盟各国与中国的关系得到了迅速发展,东盟逐渐转变确立了大国均衡外交政策。

这种大国均衡的外交政策使得东盟各国不会轻易表现出明显的倾向,对中美两国任何一方的过度依赖都有可能制约其自身发展。以东盟与中美两国的贸易关系为例,不管是从进出口的主要商品还是对东盟各国的投资来看,两国都存在明显的结构差异,侧重点不同,不存在明显的竞争关系。因此,东盟选择加快建立东盟经济共同体,建立亚太区域全面的经济伙伴关系,与中国的产业合作深化势在必行。

20 世纪 90 年代后期,中美之间的矛盾与摩擦逐渐突出。美国将政治、经济、文化、军事等方面逐渐强大起来的中国视为潜在的竞争对手,在核问题、人权问题、领土主权问题上逐渐挑起纷争,以此为目的来遏制中国经济的腾飞,减慢中国成为 21 世纪强国的脚步。中美两国关系的走向,必然对中国与东盟国家间的多边产业合作产生一定的影响。在这种多变的新形势下,我们就要关注东盟国家关于地区安全的新动向和新战略。在过去,东盟国家间的合作仅限于情报分享与军事演习,合作模式相对比较单一,国家间的军事合作比较谨慎。但是逐渐地,东盟国家间竞相扩大军事开支,增加新的军事设备,加大军事零件的生产与供应。这一现象虽然没有显示东盟国家间军事上的竞赛状态,但是在一定程度上显示了东盟国家在冷战之后、新的国际形势到来之前军事独立和武装独立的决心。尤其在中美关系捉摸不定的态势下,东盟各国的战略安全环境虽然不尽相同,但是对于大国的依赖逐渐地降低,并且倾向于根据自己的决策而非区域外国家的影响来建立新的战略环境,逐渐提高自身解决国家安全问题的能力。

2019 年,美国发布首份《印太战略报告》,其核心之一即将中国定位为一个"修正主义国家"(revisionist power),并指责中国"不满现有国际秩序"(dissatisfied with the existing international order),主张通过加强区域联盟与伙伴关系来牵制中国力量的发展,从而将两国间的竞争提升到意识形态与体制模式层面。①② 这一系列举动加剧了地区局势动荡,影响了亚太地区经济安全,对中国—东盟合作产生了一定影响。东盟国家面临的一大问题是,经济地区主义与安全地区主义的选择。在全球化与经济一体化进程中,东盟国家一贯奉行"双面下注"战略,以及在安全上享受美国扮演"世界警察"所提供的保障,而在经济上享受由中国主导的亚洲大规模制造与供应链体系带来的发展红利。在中美经济与安全相分离的二元结构下,东盟国家的大国平衡战略在中美包容性竞争中纵横捭阖,获取发展机遇。但是,随着中国的迅速崛起,美国的世界霸主地位在军事、政治、科技、货币等领域面临来自中国的挑战。如在货币方面,中国与周边国家大多签署了货币互换协议以防范汇率风险,拓展了人民币的使用渠道,人民币在一定程度和一定范围成为中国与东盟国家进行贸易的计价结算货币。随着中国进一步加快人民币离岸市场的建设,它为海外人民币交易业务提供了稳固的金融平台。这进一步冲击了美国的美元霸权地位,使得美国依靠美元左右世界贸易的格局受到挑战。中国的崛起让美国加大了对中国发展的限制,并进一步升级中美间的对抗,中美的包容性竞争逐渐走向更高强度的对抗性竞争。东盟因自身实力,在此过程中战略选择空间不断受到挤压,被迫"选边站队"。新加坡总理李显龙曾谈到中美竞争对东南亚地区的影响:"中国崛起和美国优先制定着以规则为基础的地区秩序,迫使相关国家选边站。"③如东盟国家受美国影响,奉行安全地区主义战略并全面导向美国,那么东盟国家的经济发展将受到重创。据亚洲开发银行预测,2016—2030 年,东盟需要 2.3 万亿～2.8 万亿美元基础设施投资。也就是说,东盟对基础设施投资的需求每年在 1840 亿～2100 亿美元,而东盟自身可以提供的数额在 4000 亿美元左右,其中存在极大的差额。安全地区主义的奉行,也意味着东盟需要进一步加大在军备上的开支。这无疑再度加剧东

---

① United States Department of Defense. Indo-Pacific Strategy Report:Preparedness,Partnerships,and Promoting a Networked Region[R]. Washington,DC:Department of Defense,June 1,2019.

② Chatham House. Indo-Pacific strategies,perceptions and partnerships:US and Indo-Pacific[R]. London:Chatham House,March 2021.

③ Lee Hsien Loong. Transcript of Keynote Speech at the Shangri-La Dialogue[R]. Singapore:Ministry of Foreign Affairs,2015-05-29.

盟国家在后疫情时代的经济困境。在"一带一路"的倡议下,沿线各国的贸易、投资和生产要素流动都得到了强力的推进,亚洲基础设施银行和丝路基金也为各国之间的资本跨境流动和融通提供了有力的金融基础设施保障,人民币在与中国第三大贸易伙伴东盟国家的贸易交往中,影响力在日益扩大。

目前来看,东盟国家在中美竞争中出现了一定的战略模糊性。在东盟国家发布的展望文件中,对比美国《印太战略报告》,它将"共同利益"定为原则性条款,而不是美方所提的极具政治意图及意识形态挑战的"共同价值"原则。另外,除印度尼西亚防长在香格里拉会议上使用了印太概念,其他东盟国家都没有使用印太概念,可以看出大部分东盟国家不愿在中美间选边站队,希望保持一定的战略模糊。但是,受美国霸权主义的进一步挤压,以及东盟国家本身存在的内部矛盾影响,东盟国家在经济安全主义与地区安全主义的战略选择上仍面临相当大的挑战。

第四章

中国与东盟合作关系的博弈分析

2020 年疫情在全球蔓延,中国与美国在经贸、金融、政治甚至军事等方面出现严重分歧,中国与东盟国家的合作在现阶段就显得尤为重要。实际上,随着双方经贸关系的发展,2020 年,中国与东盟国家已经互为第一大贸易伙伴。为研究双方深入合作的机制和采取相应的策略,本章采用仅考虑中国与东盟国家的双方博弈模型,并将美国作为参与者进行三方博弈分析,对其中的合作机制进行深入研究,提出相关的政策建议。

第一节　中国和东盟的双方博弈

一、博弈论与纳什均衡

博弈,对应的英文单词是"game"。用游戏来对应博弈,强调既定规则下的策略选择。博弈论通过数学的方法来模拟数个参与者之间的互动,这些参与者都符合理性人假设。同时,博弈论揭示了为获得最大偏好满足(收益)的策略选择的本质规律。简言之,博弈论是决策理论,是关于个体的不确定性行为分析。参与博弈的某一参与者的决策及行为会影响到其他参与者的决策和行为,所以一个参与者的决策必须考虑其他参与者的反应。正是这个原因,2005 年诺贝尔经济学奖获得者罗伯特·奥曼(Robert Aumann)认为,博弈论主要是一门研究博弈参与者之间不断互动和制定决策的学问。更加详细地说,参与博弈的所有参与者的策略选择共同决定了竞争与合作的不同结果。因此,每个符合理性人假设的决策者都试图预测其他人可能的最优策略,进而确定自己的最优决策,以达到实现自身最大收益的目的。于是,为了获得最大收益,探寻和运用最优策略,预测竞争与合作的均衡局面,就是博弈论的主要任务。此外,也应该考虑参与者的主观能动性,研究参与者的策略性行动甚至进行博弈设计(game designing)。

一个博弈由诸多要素构成,囊括了很多方面,如参与者(players)、各参与者的策略(strategies)或行动(actions)、参与者的收益(payoffs)和参与者行动的次序(orders)等。按照纳什的定义,在完全信息静态博弈中,对于 n 个参与者标准型博弈 $G = \{S_1, \cdots, S_i, \cdots, S_n; u_1, \cdots, u_i, \cdots, u_n\}$,如果策略组合 $(s_1^*, \cdots, s_i^*, \cdots, s_n^*)$ 满足全部参与者 $i(i=1,2,\cdots,n)$,s_i^* 是(至少不劣于)他针对除己方外所有参与者所选策略 s_{-i}^* 的最优反应策略。这种情况下,即称策略组合 $(s_1^*, \cdots, s_i^*, \cdots, s_n^*)$ 是该博弈的一个**纳什均衡**(Nash Equilibrium)[①]。即

$$u_i(s_i, s_{-i}^*) \leqslant u_i(s_i^*, s_{-i}^*)$$

对 $\forall s_i \in S_i$ 都成立,亦即 s_i^* 是以下最优化问题的解:

$$\max_{s_i \in s_i} u_i(s_i, s_{-i}^*)$$

本章主要分析中国与东盟国家之间的博弈关系及其对应的策略选择。首先,聚焦于中国与东盟国家作为两个主要参与者的双边博弈分析;随后,引入美国印太战略的影响,探讨中国、美国与东盟国家之间的三方博弈动态及其策略演变。

---

① John Nath. Non-Cooperation Games[J]. Annals of Mathematics. 1951: 286-295.

二、双方博弈

从参与者个数角度分析,双方博弈就是只考虑中国和东盟国家两个参与者之间的博弈关系,而不考虑周边甚至是世界其他有影响的主要国家。

(一)非合作博弈模型

1. 模型假设

两个参与者(中国和东盟)都是理性的,都要在内外约束条件下追求自身利益最大化;双方所能获取的信息是对称的;各自策略为寻求合作和等待;参与双方处于不对等的地位。如果考虑双方最终获得的收益,该博弈模型中的双方是非对称博弈的。

2. 模型构建和求解

该博弈中的参与者是中国和东盟国家,策略是合作和等待,即双方谋求主动合作,或者等待观望对方。收益可用各方的利益表示。考虑到中国是世界第二大经济体,而东盟国家经济体量较小,这样博弈可用双变量矩阵表示,如图 4.1 所示。

		东盟	
		合作	等待
中国	合作	3,1	2,4
	等待	7,−1	0,0

图 4.1 中国东盟合作博弈(1)

基于理性人假设,中国既没有优势策略,也没有严格劣势策略;而东盟则同时具有优势策略和严格劣势策略。由于东盟是理性的,它会排除严格劣势策略(合作),选择其优势策略(等待)。理性人假设还确保了中国能够意识到东盟的理性行为及其选择等待的策略,因此中国会排除自己的严格劣势策略

(等待),最终选择最优策略——合作。据此,我们可以认为(合作,等待)是该博弈的唯一均衡结果。从双方最终收益的角度来看,该博弈的结果是两个博弈参与者一个多劳少得、少劳多得的均衡。也就是说,东盟国家作为小国参与者,有"搭便车"的天然优势;作为大国的中国,必须担负起主动寻求合作的责任。

考虑到双方收益的不确定性,中国在合作中的收益也可能更大。这样,如果将收益数据略作调整,各种情形下的收益如图 4.2 所示。

东盟

		合作	等待
中国	合作	5, 1	4, 4
	等待	9, −1	0, 0

图 4.2　中国东盟合作博弈(2)

该博弈还是东盟有严格劣势策略的博弈。理性人假定决定了中国知道东盟是理性的,会消去严格劣势策略的选择,选择优势策略(等待),于是,中国也会消除此种局面下的严格劣势策略(等待),而选择最优策略(合作),双方形成(合作,等待)的均衡局面。中国、东盟各得到 4 个单位的收益。这是一个多劳少得、少劳多得的均衡。所以,中国与东盟的博弈关系中,虽然需要中国主动寻求合作,但是对于双方而言,确实是互利互惠的。

类似地,还可以通过规则设计改变双方收益,形成多劳多得、少劳少得的均衡。这就是所谓机制设计(mechanism design)。该博弈蕴含着博弈双方强弱差异较大的局面下强者行动、弱者等待的深刻道理,基本符合中国和东盟产业合作的实际情况。

一般地,考虑双方收益的合作博弈如图 4.3 所示。

东盟

		合作	等待
中国	合作	a, b	c, d
	等待	e, f	0, 0

图 4.3　中国东盟合作博弈(3)

双方都主动寻求合作时收益分别为(a，b)；中国寻求合作，东盟采取等待策略，则双方收益分别为(c，d)；中国采取等待策略，东盟主动寻求合作，双方收益分别为(e，f)；双方都采用等待策略，则收益都是 0。

(1) 当 $d>b$、$f<0$ 时，等待是东盟的优势策略，此时只需 $c>0$，也就是说，中国寻求合作时有收益，就应该采取合作策略。这是一方行动、一方"搭便车"的一般化模型。它给出一个一般规律：对于地位不对等的双方而言，只要对强势一方，合作有收益，就应该采取主动寻求合作的策略，而弱势一方采取等待策略，本质上就是"搭便车"行为。所以，在中国与东盟的产业合作关系中，应该主动作为，寻求合作。

(2) 当 $f>0$ 时，也就是说东盟主动寻求与中国合作，它也会有正收益，那么，由于 $d>b$，且 $e>a$，$c>0$，这时有如图 4.4 所示的结果。

		东盟	
		合作	等待
中国	合作	a, b	<u>c</u>, <u>d</u>
	等待	<u>e</u>, <u>f</u>	0, 0

图 4.4　中国东盟合作博弈(4)

即(等待，合作)和(合作，等待)是双方混合纳什均衡。

进一步，考虑双方策略的概率，设中国以 p 的概率选取"合作"策略，以 $1-p$ 选择"等待"策略，而东盟以 q 的概率选取"合作"策略，以 $1-q$ 选择"等待"策略，则

$$pb+(1-p)f=pd \tag{1}$$

由此，得

$$p=\frac{f}{d-b+f}$$

类似地，有

$$qa+(1-q)c=qe$$

由此，得

$$q=\frac{c}{-a+c+e}$$

由于式(1)可以表示为

$$pb + (1-p)f = pd + (1-p)0$$

所以,中国选择"合作"策略的概率

$$p = \frac{f - 0}{(d - b) - (0 - f)}$$

这样,前者可以解释为中国选择"合作"策略的概率,与东盟选择"合作"策略同时中国选择"等待"策略时的净收益成正比,与中国采取"合作""等待"两个策略时东盟选择"等待"策略的净收益之差成反比。该结果正好符合博弈论中经典的"激励悖论",即对方采取"合作"策略收益越小,自己越选择"合作"策略;对方采取"等待"策略净收益越大,自己越不愿意采取"合作"策略。

这个结论能够很好地解释中国与东盟有时进行产业合作、有时不进行产业合作的状态。

博弈论讨论更多的是非合作博弈,所以基于非合作博弈的理论框架研究分散独立决策是不是一条最佳的路径呢? 相对于分散决策,合作决策是不是一条更佳的研究路径呢? 在下一小节,我们将基于李景华(2018)对博弈论的研究成果构造一个合作收益模型,更加深入地进行讨论。

(二) 合作收益的理论模型

假设国家 1 和国家 2 间信息完全流通,即信息对称(信息不对称的情形不影响分析结果,为简化分析省略此情形),由于两国具有一定的依赖关系,两国的决策结果 Y_1 和 Y_2 不仅单独取决于双方各自的决策 x_1 和 x_2,也在很大程度上取决于相对应的另一方的决策 x_2 和 x_1。用公式可表示为:

$$Y_1 = f(x_1, x_2)$$

$$Y_2 = g(x_1, x_2)$$

其中,Y_1、Y_2 和各自决策 x_1、x_2 都是 n 维向量。

国家决策者的目标是本国社会福利 $U_i(Y_i)(i=1,2)$ 最大化,$U_i(Y_i) = v_i(x_1, x_2), i=1,2$。在双方分别独立决策时,某一方会在对方决策已经给定的情况下使 $v_i(x_1, x_2)$ 最大化。

由

$$\max_{x_i} v_i(r_1, r_2), \quad i = 1, 2$$

一阶条件为

$$\frac{\partial v_i(x_1, x_2)}{\partial x_i} = 0, \quad i = 1, 2 \tag{2}$$

用文字进行表述，即每个国家的最优决策除了取决于己方的决策之外，还会受到其他参与者决策的重大影响。式(2)的反应函数可表示为

$$x_i = F_i(x_j), \quad i = 1, j = 2; \ i = 2, j = 1$$

同时考虑这两个反应函数，它们的交点就是非合作博弈的纳什均衡。但是，刚才得到的纳什均衡并不是帕累托优势均衡(Pareto Dominant Equilibrium)，这是由于此纳什均衡不满足帕累托优势均衡的条件：

$$\max_{x_1, x_2} v_1(x_1, x_2)$$

$$\text{s. t. } v_2(x_1, x_2) \geqslant v_{20}$$

其中，v_{20} 是给定的另外一国的效用水平。

相应的拉格朗日函数

$$L(x_1, x_2, \lambda) = v_1(x_1, x_2) + \lambda \left[v_2(x_1, x_2) - v_{20} \right]$$

最优化的条件是

$$\frac{\partial v_1(x_1, x_2)}{\partial x_i} = -\lambda \frac{\partial v_2(x_1, x_2)}{\partial x_i}, \quad i = 1, 2 \tag{3}$$

式(3)与式(2)的区别是，式(3)实际上是对 $v_1(x_1, x_2) + \lambda v_1(x_1, x_2)$，而不仅仅是对 $v_1(x_1, x_2)$ 的最大化。也就是说，各参与者的独立决策并未实现最优，只有参与者之间实行合作才可能达到帕累托优势均衡。

为实现博弈参与者之间的合作，参与者可以通过沟通、谈判等方式形成有实际约束力的各项协议。这种行为可以减少各参与博弈的合作伙伴国之间的摩擦与纠纷，防止某一参与国制定的政策对其他参与国的经济发展造成一系列负面影响。

第二节　美国参与的三方博弈分析

一、三方博弈

第二次世界大战以来，实际上，世界形成了以美国为首的西方国家主导的格局。无论是奥巴马（Barack Hussein Obama）时期的亚太再平衡战略（Asia Pacific rebalancing strategy），还是唐纳德·特朗普（Donald Trump）的印太战略（Indo-Pacific Strategy），美国都是中国与东盟国家关系中绕不过去的有影响力的国家。这里考虑建立有美国参与的中、美、东盟三方博弈模型，能够更深刻地刻画中国与东盟国家的合作关系。

实际上，运用类似双方博弈的表示和分析方法，可以构建三方有限策略博弈。但是，三方博弈中可能出现两方联盟对抗第三方的情形，它在双方博弈中就不可能发生。因此，三方博弈分析更为复杂。

（一）基于博弈论基本假定，三方地位对等情形下的博弈模型

首先按照博弈论基本假定，假设中国、东盟国家和美国博弈地位对等。实际上，在国际关系的许多方面，无论国家大小，其基本权利在原则上是相对平等的。考虑在中国对东盟国家的策略选择是主动寻求与东盟国家的合作（C）和等待（W），东盟国家策略也是主动寻求与中国的合作（C）和等待（W）。美国的策略是强硬（hard）或者软弱（soft），前者指美国以强硬态度或手段进入亚太，逼迫东盟选边站队；后者指美国态度柔软，不在乎东盟与中国的关系。再结合现实情况，分析各种策略组合下各方的收益，可以将中国、东盟和美国三方博弈的标准型用图 4.5 表示。

中国与东盟达成合作，美国怀柔，收益受损，即策略组合为（C，C，S），对应收益为（6，6，1）。

		USA S ASEAN		USA H ASEAN	
		C	W	C	W
CHN	C	6, 6, 1	5, 5, 5	0, 0, 0	6, 1, 6
	W	3, 3, 3	0, 0, 0	1, 6, 6	3, 3, 3

图 4.5　中国、东盟和美国三方博弈

在该三方博弈中,容易求出存在 3 个纳什均衡,即(C,C,S)、(W,C,H)和 (C,W,H)。这 3 个纳什均衡,分别代表形成了中国、东盟合作,东盟、美国合作和中国、美国合作。

三方结成大合作的策略组合(C,W,S),能使得总收益最大,具有帕累托效率,但却不是纳什均衡。

从这个三方博弈模型可以得出的结论是:

第一,这是一个存在多重纳什均衡的博弈问题,现实中会出现哪一个是不能确定的。当然,两国之间制定合作条约将有助于均衡点的产生。

第二,这里不存在三方合作。如果不存在强制机制,三方合作就不太可能存在,所以两方合作对于各方利益而言就显得特别重要。

(二) 考虑政经关系实际,三方地位不对等情形下的博弈模型

在经典三方博弈中,有一个搅局者(spoiler)模型。所谓搅局者,是指自己地位较低或实力较弱,在另外两强竞争之间不可能获胜却可能阻止其他人获胜的参与者。美国作为当今世界唯一超级大国,实力强大,但是在亚太地区,虽有强大影响力,但是毕竟中国、东盟国家地缘上更接近,另外这里主要考虑中国与东盟国家的关系,于是将美国作为三方博弈中的搅局者。

经典搅局者模型的例子是 2000 年美国大选中纳德、戈尔和布什的博弈。在总统候选人中,共和党的布什和民主党的戈尔最有可能赢得选举。民意测验表明,他们的支持率几乎不相上下,其他候选人显得无足轻重。虽然如此,但在小党派中,绿党的纳德却拥有数量不多但能够影响选举的选票量,因此他成了戈尔败选的隐患。在这场博弈中,纳德充当了搅局者的角色。

这次大选中三方博弈的标准型可以如图 4.6 所示。

纳德

		参选			不参选		
		戈尔			戈尔		
		自由主义	中立		自由主义	中立	
布什	保守主义	45，50，1	45，49，3		45，53，0	45，52，0	
	同情心	48，46，2	46，47，3		48，48，0	46，50，0	

图 4.6 2000 年美国总统大选博弈

各参与者的收益用获得的普选票数表示。戈尔参选存在一些不利因素，其中最重要的是他必须相比其他竞争者多获得 1% 的普选票才有可能赢得大选。候选人获得的普选票数越多，会越有利于候选人之后的选举。

在该博弈中，对纳德而言，参选是优势策略。布什也存在优势策略，即同情心。戈尔没有优势策略。该博弈的纳什均衡是（同情心，中立，参选），收益为（46，47，3）。

实际上，搅局者模型并不限于个体层面的研究之中。在考虑利益最大化的理性决策条件下，国家间的多边博弈也可使用。美国和中国两个大国在政治、经济、军事等方面均在全球处于高度优势地位，而东盟虽然集中了东南亚 10 国力量，却还是无法与中美对抗。可以考虑在没有美国加入时本质上是一个东盟"搭便车"模型，而有美国参与时，会改变博弈收益情况。于是，考虑这个特殊博弈中两强一弱(中美强，东盟弱)或者两弱一强(中国强，东盟弱，美国在地理上远离东南亚地区影响力弱)的实际情况，这个三方博弈标准型可以如图 4.7 所示。

USA

		S			H		
		ASEAN			ASEAN		
		C	W		C	W	
CHN	C	a, b, 0	c, d, 0		a-ε_1, b+ε_1, ε_1	c-ε_2, d+ε_2, ε_2	
	W	e, f, 0	0, 0, 0		e-ε_3, f+ε_3, ε_3	0-ε_4, ε_4, ε_4	

图 4.7 考虑中美强、东盟弱的三方博弈

该博弈中，美方采取强硬策略的收益 $\varepsilon_i>0$，$i=1,2,3,4$。在美方采取该策略的情况下，东盟的收益不同于经典的搅局者模型。实际上，在大国平衡战略之下，东盟的收益普遍增加。而中国的收益则通常有所减少。虽然东盟

的增量、中国的减量与美国的收益不尽相同,但差异不至于影响策略的选取。为表达方便,各方收益如图 4.7 所示。这样,该博弈的纳什均衡是(C,W,H),也就是中国主动寻求与东盟合作,东盟等待,美国力求影响两者的合作,东盟由此收益增加,中国收益降低。

二、三方博弈模型的基本结论

如果从博弈参与三方的权力对等角度来看,该三方博弈是一个存在多重纳什均衡的博弈问题。任何两方之间都有可能形成合作,现实中会出现哪一种情形是不确定的。于是,为了达到一个稳定的均衡点,任何两方之间都有可能主动缔结合作条约来明确各方的利益、承诺和合作方式,减少不确定性,促进双方的相互信任,达成更加稳定和可持续的博弈均衡。

另一种可能是不存在三方合作。由于各方之间存在利益冲突或缺乏更高层次的三方协调机制,三个或多个参与者之间的合作很难实现。因此,双方合作的方式对于双方利益来说显得尤为重要。当然,如果能够站在更高层次上,各方寻求帕累托效应的合作均衡也是理性的策略选择。即使形成某种形式的三方合作,它很可能是局部的或暂时的,因为每个参与者都必须考虑自身的最佳利益和最优策略,难以形成长期稳定的三方合作关系。

第三节　中国与东盟合作的博弈机制、策略与挑战

一、中国与东盟合作的博弈机制

为研究中国和东盟国家双方深入合作的机制和相应策略,本书采用考虑中国与东盟国家的双方博弈以及美国作为参与者的三方博弈,对其中的合作

机制进行了深入研究。

(一)双方博弈的合作机制

在双方博弈模型中,对于地位不对等的双方,东盟国家作为小国参与者有"搭便车"采用"等待"策略的天然优势;作为大国的中国,面对对方选择的不确定性必须主动作为。这意味着在中国与东盟经贸合作关系中,中国应该采取主动寻求合作的机制。从合作收益理论模型看,在双方独立决策的情形下,博弈没有实现最优,只有参与博弈的双方选择合作的情形下才可能实现帕累托优势均衡。

实现这一目标的关键在于建立有效的机制和规则,以约束合作博弈的参与者。通过与合作伙伴国进行沟通、谈判等方式,双方可以达成有实际约束力的合作协议。这样的协议可以减少合作伙伴国之间的冲突和纠纷,防止某一国家的政策对其他参与国的经济发展造成负面影响。同时,这种约束机制也有助于扩大双方在自然资源和制度性资源上的整合力度,为经济合作提供稳定的平台。

(二)三方博弈的合作机制

在更加现实的情况下,考虑到美国的参与,三方博弈模型中假设三方权力相等。这种博弈问题存在多个纳什均衡点,因此无法确定在现实中会出现哪种情况。在这种情况下,任意两方之间的主动合作有助于产生均衡点。换句话说,由于权力对等的前提和可能出现多个纳什均衡点的特性,三方博弈的结果是不确定的。为了达到更稳定的均衡状态,任意两方之间主动缔结合作条约可以起到积极的作用。这种合作形成可能有助于确保各方的利益平衡,建立稳定的合作关系。

如果考虑到美国充当三方博弈的搅局者,其选择强硬策略可能会影响东盟国家主动追求合作的策略。因此,东盟很有可能选择等待的优势策略。对于中国来说,需要意识到美国必然采取搅局策略,那么东盟采用等待策略也能增加其收益,并对中国的利益造成一定的影响。所以,中国需要关注整体利益,并在战略上采取主动行动,以实现与东盟国家更大范围内的合作。

(三)小结

综上所述,中国与东盟合作机制的本质是合作,展现为双边和多边的国际合作机制。这一合作机制由中国提出倡议,然后东盟国家对合作项目进行评估和回应。在共同利益基础上进行博弈,可以深化现有合作机制并建立新的合作机制。在这个过程中,涉及一整套明确的原则、规范和决策程序。各国基于双边、区域、次区域等多层面的利益诉求进行合作博弈,是一个渐进式的动态系统博弈过程,进而持续而深入地推动中国与东盟命运共同体的发展。

总之,中国与东盟的合作是一个动态的、基于共同利益的博弈过程,旨在推动双方合作关系不断发展,并为建设命运共同体做出积极贡献。通过不断深化合作,中国与东盟可以共同应对挑战,实现共同繁荣和发展。

二、中国与东盟合作的博弈策略

(一)美国在亚太地区的博弈背景:打造以安全与意识形态领域 为主导的集团政治生态

美国试图在亚太地区建立一个集团政治生态,将该地区的发展和治理重心从开放、包容转向安全和意识形态领域。

首先,他们在军事和安全领域采取措施孤立并打压中国,努力构建以美国为主导的区域军事安全一体化体系,常以联合军事演习来强化与盟友的伙伴关系,或以军事接触、通信技术合作、信息共享等方式与新兴合作伙伴建立安全合作关系。

其次,在经济领域,美国致力于建立一个排斥中国的俱乐部式多边组织,旨在弱化主要合作伙伴与中国的经济联系,确保美国在东盟地区的经济主导地位。他们打算将所有与美国具有所谓“共同价值观”的盟友纳入其中,包括拉美、东亚和南亚地区。此外,美国提出打造多样化、有韧性的供应链,作为对华"去风险"战略的重要组成部分,并实施"友岸外包"和"近岸外包"等举措。

再次,美国计划在关键技术和重要供应链方面削弱与中国的联系,并阻止技术流向中国。他们采取限制芯片设备生产商向中国出口和投资的措施,并试图与日本、韩国,以及中国台湾地区等建立"芯片四方联盟",目的是打造一个不包括中国大陆的高科技网络和供应链体系。此外,在网络空间领域,美国与欧盟、英国、澳大利亚和日本等国发起了《互联网未来宣言》,试图通过制定新的网络规则来限制中国的影响力。

最后,美国还在意识形态领域推动建立所谓的"价值观联盟"以遏制中国,试图通过经济、政治和意识形态上的捆绑来孤立中国。他们努力在东盟地区重建由美国主导的"自由经济秩序",强调美国与东盟之间的共同价值观,并炒作所谓的"中国威胁论"。[①]

通过以上多种策略,美国在东盟区域的重要盟友明显倾向于选边站队。此外,他们还试图通过"楔子战略"破坏中国与其他东盟国家之间的紧密联系,以及东亚地区的一体化合作。但对多数东盟国家来说,考虑到与中国关系的重要性,他们努力维持战略独立,坚持"不选边站"原则。这为中国打造有利的周边战略环境和维护以和平与发展为主题的地区秩序提供了基础。

(二)东盟的博弈策略:维护主体地位和国际秩序,积极参与区域合作,发展新兴经济

首先,东盟大多数国家倾向于保持中立,建立公平合理的国际秩序。

东盟一直以来主张维护东南亚地区的"和平、安全、中立和稳定"局势,多数国家不愿追随美国对中国进行遏制,而是努力避免在中美两国之间选边站队。面对美国推行的"印太战略",绝大部分东盟国家表现冷淡,并不愿加入意识形态对抗的阵营。他们担忧美、日、印、澳的"四边机制"可能演变为遏制中国的多边同盟,破坏地区的安全环境,并影响东盟的国际地位。东盟国家更关注的是大国在发展模式和全球治理方面的贡献。尽管西方社会担心中

① Youngquist,P. A FREE AND OPEN INDO-PACIFIC: The U. S. Strategy[R]. Washington, DC: U. S. Department of State,Nov 4,2019.

国的崛起可能打破现有的国际秩序,但许多人也对中国抱有善意和期待。大多数国家的关注重点是中国后疫情时代在区域经济中的角色,他们对推动亚太地区的经济合作表现出明显的意愿,希望看到一个更加多元和平衡的世界。东盟的这种立场既体现了近年来中国周边外交创设了良好环境的成果,也为中国未来周边政策的实施提供了广阔的空间。

其次,东盟积极参与区域合作机制,维护自主性和主体地位。

东盟的博弈战略是非对抗性的,遵循"以东盟为中心"的原则,建立和参与广泛的对话与合作机制,通过区域整合来维护本地区的自主和主体性,保持在大国地缘战略竞争中的主动地位。具体而言,东盟将东南亚国家纳入一个区域合作的机制中,通过构建自贸区和建设共同体,创建了开放、包容和合作的"东盟模式",成为亚洲区域合作的成功典范。东盟还构建了东亚峰会、亚欧会议、东盟地区论坛等开放性合作框架,引领推动了 RCEP 的建设,从而在战略博弈中保持主动地位。东盟的非对抗性战略博弈不仅维护了本地区的和平发展,也对缓解东亚和印太地区的战略博弈起到积极作用。

最后,发展数字经济与蓝色经济新领域,推动疫后经济复苏。

对于东盟大多数成员国而言,数字经济和绿色经济都是有待深耕的新领域。在 2030 年联合国可持续发展目标框架下,东盟国家渴望实现经济复苏,并对数字经济、海洋经济的需求日益迫切。尽管蓝色经济可能涉及南海的主权争议,但合作可成为缓解争端的途径。中国与东盟建立了多边机制,如中国—东盟自贸区和中国—东盟博览会。此外,还建立了多种专门推动蓝色经济伙伴关系发展的机制,如中国—东盟蓝色经济伙伴关系研讨会和中国—东盟商务与投资峰会等。这些平台为双方提供了就蓝色经济发展进行深入研讨和交流的机会。在此基础上,中国和东盟签署了多项蓝色经济合作协定,建立了多种机制化的交流平台,如中国—东盟海上合作基金和中国—东盟海洋合作中心,有助于加强双方在蓝色经济领域的合作。

(三)中国的博弈策略:积极主动推动和拓展产业合作,建立多方互信共赢理念

首先,积极推动中国—东盟区域产业合作,完善合作机制对接。

　　鉴于与东盟国家合作的战略重要性和已有的广泛基础,中国选择更积极、主动地扩大与东盟国家的合作,提升参与合作的整体水平。例如,参与和推动构建中国—东盟自贸区、RCEP,引领成立上海合作组织;积极参与"东盟＋1""东盟＋3"和东亚峰会等对话合作机制。在此基础上,中国还努力推动"一带一路"倡议,打造更高水平的中国—东盟战略伙伴关系。这旨在激发内生动力,推动"10＋1"在更多领域和层面取得实质性成果。为确保合作机制与东盟各国的现实需求和战略相吻合,中国致力于精准对接合作机制,及时化解潜在共同风险,共同促进中国—东盟合作的提质升级,通过共建、共治、共享的方式,为中国—东盟命运共同体的建设奠定坚实基础。

　　其次,促进政治互信,加强全方位沟通的顶层设计。

　　作为一个区域大国,中国在推动构建周边区域合作关系时,坚持的是非排他性和非对抗性的原则,并主张以对话共赢的方式处理区域合作中的矛盾和分歧。中国充分尊重和理解东盟国家选择的大国平衡战略,并重视各国在政治立场上的独立自主。通过加强双方的政治对话、磋商、协调以及人文交流等方式,中国与东盟国家互相了解,建立信任,为保持中国—东盟关系的稳定、积极和可持续发展奠定了重要基础。中国还致力于协同高校、智库、媒体和民间交流等多方面的合作方式,以传递中国与东盟之间的发展理念、治理理念和战略愿景。通过全方位的沟通,中国梳理与东盟之间的各种合作关系,为未来发展创造良好的氛围。

　　最后,拓展第三方合作,理性把握新经济的机遇与挑战。

　　中国参与和推动区域合作的重点在于发展各个领域,同时考虑改善对外关系、发挥大国影响力和推动构建新型国际关系的政治与战略因素。第三方市场合作是一种新的经济合作模式,通过双边合作的成功经验促进多边合作发展,是实现互利共赢的重要途径。中国的区域合作战略不针对第三方,也不偏袒任何一方,旨在实现共同发展。我们也应继续加强对产业合作的调研和评估,特别是在数字经济、智能制造、金融投资等领域,需要进一步控制来自新领域、新技术和新规则的合作风险,提高合作的可持续性和整体效益。

　　总而言之,中国应该积极承担起大国责任。不论美国在亚太或印太战略中采取何种行动,中国都应当进一步发挥"一带一路"倡议和"海上丝绸之路"等的作用,主动寻求与东盟国家的经贸合作,促进贸易自由化和区域经济一体化,持续拓宽双方产业合作领域,不断推动双边合作深化。这对双方乃至全球产业发展都具有重要影响。

三、博弈带来的挑战

(一)政治互信与合作意愿尚有不足

尽管中国与东盟在产业合作方面取得了许多成果,但仍存在一些挑战。首先,由于对中国崛起的担忧,一些东盟国家担心过度依赖或失去自身优势,甚至可能削弱东盟的内部凝聚力和共识原则。其次,东盟国家普遍采取大国平衡策略,使其在选择合作伙伴时有较大的灵活性。这在客观上导致一些东盟国家对与中国的合作意愿不强。所以,在进一步推动合作发展方面,中国与东盟仍然需要应对这些挑战。

(二)经济差距大,合作机制不完善

由于东盟内部经济发展存在显著不平衡,尽管在合作方面取得了一定进展,但区域性合作制度建设仍面临成效不显著、相关政策体系不完善等问题。此外,缺乏有效的区域性法律法规使得合作方难以受到有效约束,整体执行效果不够理想。同时,东盟国家之间合作关系过于复杂,可能会稀释各国对合作的实际需求,从而难以实现共同利益的最大化。因此,为进一步深化合作,中国与东盟需要着力加强区域性合作机制建设,完善政策体系,并强化法律法规的制定与执行力度。

(三)域外大国掣肘,存在国际舆论挑战

尽管东盟国家普遍认可"一带一路"倡议有利于自身利益,会为其发展带来较多机遇,但他们也对中国在海洋领域的行动持有一定的敏感态度。此

外,一些域外大国的干涉和影响进一步使得南海问题复杂化和国际化。一些域外媒体宣扬"中国威胁论",恶意解读"一带一路"倡议等,可能会在国际舆论中传播负面观点,从而破坏中国在东盟国家民众心中的合作形象。基于以上情况,中国需要加强与东盟国家的沟通和理解,展示真诚愿望,以共同发展的态度进行合作。这将有助于减少双方的误解和不信任,增强中国在东盟国家民众中的正面形象。

第五章

中国与东盟的
竞争性与互补性

为深入研究中国与东盟国家产业合作关系,我们需要定量测算两国(地)产业合作的经济效益,考虑反映国家之间产业贸易互补性和竞争性关系的测量指标。经典的基本指标包括基于传统贸易统计数据的进出口相似度、贸易依存度等。尽管此类指标存在着无法精确表征产业结构特征、统计口径存在重复计算的问题,但仍是学界广泛使用的一个基础性测度。本章基于 2011 年到 2020 年间的全球投入产出表,构建中国和东盟八个国家的竞争性指标和贸易互补性指标,通过讨论中国与东盟国家产业贸易的互补性和竞争性,比较研究国家层面、产业层面的产业贸易现状特点和演进机理。

第一节 基本理论与模型

一、竞争性与互补性的基本理论

为研究中国与东盟国家产业合作关系,我们应该考虑两国(地)产业贸易之间的互补性和竞争性。贸易互补性与贸易竞争性是两个密切相关的概念。当两国（或地区）之间存在要素禀赋差异、规模经济效应以及生产率异质性时，一国（或地区）的出口供给能够与另一国（或地区）的进口需求相匹配，便形成了贸易机会，使一国（或地区）的出口商品能够满足另一国（或地区）的国内总需求缺口成为可能。然而，当两国在产业结构上具有较高的同质性时，它们在出口对方或第三方市场时可能会形成竞争关系，从而表现出贸易竞争性。

在测量贸易互补性和竞争性程度时，常用的指标包括显性比较优势指数（RCAI）（Balassa，1965）、出口相似度指数（ESI）（Finger and Kreinin，1979）、贸易竞争指数（TCI）、贸易结合度指数（TCDI）（桑百川、李计广，2011）以及贸易互补指数（TCI）等。

（一）显性比较优势指数

显性比较优势指数（Revealed Comparative Advantage Index，RCAI）最早由巴拉萨（Balassa，1965）提出，用于对部分国家的贸易比较优势进行实证测量，后来被广泛应用于国际贸易的实证研究。该指标已成为衡量一国（或地区）某产品或产业在国际市场竞争力的广泛接受工具，其重要意义在于通过直观的比率分析，揭示了国家间产品竞争力的表现。显性比较优势指数的计算方法如下：

（1）取同一时期内某商品或服务的全球出口量占世界出口商品和服务贸易总额的比重；

（2）取某一国家（或地区）该商品或服务的出口量占该国（或地区）出口商品和服务总额的比重；

（3）用步骤（2）的值除以步骤（1）的值，计算所得的比值即为该商品或服务在全球范围内的竞争地位。这一比值直接反映了某国（或地区）特定商品或服务在国际市场中的竞争力强弱。具体公式如下所示：

$$\mathrm{RCAI}_{xi}^{k} = \frac{X_i^k / X_i}{X_w^k / X_w} \tag{1}$$

$$\mathrm{RCAI}_{mj}^{k} = \frac{M_j^k / M_i}{M_w^k / M_w} \qquad (2)$$

RCAI_{xi}^{k} 表示 i 国(或地区)在 k 部门出口的显性比较优势指数。X_i^k / X_i 表示 i 国(或地区)在 k 部门出口占所有部门出口额的比重；X_w^k / X_w 表示全球 k 部门出口额占全球所有部门出口额的比重。

显性比较优势指数从正向较为直观地反映了该国(或地区)这一产业的古典斯密类型优势,及其在国际竞争中的地位。从实证结果上看,如果某国该产业具有极强的国际优势,此时通常会得到较大的特征指数。若介于中间档次,则表示该国此产业具有较强的国际价格可比性。若这一特征指数位于较低区间范围内,则分别表示该国此产业的国际竞争力较弱,甚至极弱。

RCAI_{mj}^{k} 表示 j 国(或地区)在 k 部门的进口显性优势指数。M_j^k / M_i 表示 j 国(或地区)在 k 部门出口占所有部门出口额的比重。M_w^k / M_w 表示全球 k 部门出口额占全球所有部门出口额的比重。

(二) 出口相似度指数

出口相似度指数(ESI),是对两个国家(或地区)出口产品相似性程度的测度(Finger and Kreinin,1979；Glick and Rose,1998)。其在后续对出口行为特征的研究中不断被改进,计算公式如下。

$$S_{ij}^{k} = \frac{\dfrac{X_i^k}{X_i} + \dfrac{X_j^k}{X_j}}{2} \times \left(1 - \frac{\left| \dfrac{X_i^k}{X_i} - \dfrac{X_j^k}{X_j} \right|}{\dfrac{X_i^k}{X_i} + \dfrac{X_j^k}{X_j}} \right) \times 100 \qquad (3)$$

其中,S_{ij}^{k} 表示 i 国(或地区)与 j 国(或地区)在 k 部门的出口相似度指数。X_i^k 表示 i 国(或地区) k 部门出口产品价值,X_i 表示 i 国(或地区)的总出口产品价值。X_j^k 表示 j 国(或地区) k 部门出口产品价值,X_j 表示 j 国(或地区)的总出口产品价值。

S_{ij}^{k} 取值区间为 1~100,其数值越大,说明两国(或地区)出口结构越相似,竞争相对而言就越激烈,反之亦然。

（三）贸易竞争性指数

专业化指数（Comparative Specialization Index，CSI）与一致性指数（Consistency of Competitiveness Index，CCI）用于衡量两国（或地区）之间贸易竞争的激烈程度（桑百川、李计广，2011）。其计算公式如下：

$$CSI = 1 - \frac{1}{2} \sum_n | a_{at}^n - b_{bt}^n | \tag{4}$$

$$CCI = \frac{\sum_n a_{at}^i b_{bt}^i}{\sqrt{\sum_n (a_{at}^i)^2 \sum_n (a_{at}^i)^2}} \tag{5}$$

其中，a_{at}^n 和 b_{bt}^n 分别表示 a 国（或地区）与 b 国（或地区）出口 i 类产品在各自对外出口总额中的份额。

专业化指数与一致性指数的取值区间为 $[0,1]$，取值越大，说明两个国家或者地区之间的贸易竞争越强；取值越小，说明两个国家或者地区之间的贸易竞争越弱。若取右极端值 1，则表示两地具有完全相同的对外出口结构；若取左极端值 0，则表示两地的对外出口结构全然不同。为了统一度量，我们对二者取算术平均值，得到双边贸易竞争性指数。

贸易竞争力指数（Trade Competitiveness Index，TCI）是衡量一个国家或地区某种产业在国际市场上竞争能力的重要指标，也被称为贸易专业化系数、贸易竞争优势指数或净出口比率。该指标反映了某产业的净出口额在其进出口总额中的占比，用于评估该产业的对外贸易表现。

其计算公式为：

$$TCI_i^k = \frac{X_i^k - M_i^k}{X_i^k + M_i^k} \tag{6}$$

其中，X_i^k 表示 i 国（或地区）在 k 部门的出口额，M_i^k 表示 i 国（或地区）在 k 部门的进口额。

根据公式可知，贸易竞争力指数（TCI）的取值范围为 $(-1,1)$。当 TCI 为正值时，表明该国或地区在该行业中具有较强的国际话语权，且数值越大，话语权越强；当 TCI 为负值时，表明该国或地区在该行业中话语权较弱，对外依赖程度较高;当 TCI 为零时,表示该国或地区在该行业的竞争力处于贸易平衡状态,其产业内贸易竞争力与国际平均水平相当。

(四)贸易互补指数

贸易互补指数(trade complementarity index,TCI)的计算公式如下。

$$\mathrm{TCI}_{ij}^{k} = \mathrm{RCA}_{xi}^{k} \times \mathrm{RCA}_{mj}^{k} \tag{7}$$

这一指标系双元特征变量,即衡量一国(或地区)某类特定出口科目与另一国(或地区)对应进口科目的匹配程度(Perter Drysdale,1967)。在衡量两国(或地区)某商品贸易发展的潜力时,这一指标得到了较为广泛的应用。这一乘积表明,RCA_{xi}^{k} 表示的是 i 国(或地区)在 k 部门的比较优势越明显,RCA_{mj}^{k} 表示 j 国(或地区)在 k 部门的比较劣势越明显,则在 k 部门,i 国(或地区)的出口和 j 国(或地区)的进口互补性越大,此时两国在该部门的贸易互补指数越大。贸易互补指数是利用多类指标之间的逆向关系,同时考虑产业部门横向和纵向比较的双维度特征,综合呈现两国之间贸易的同向关联。

TCI 指数是两国贸易互补性的正向测度。该变量随两国(或地区)该部门的互补程度单增,在实证中一般认为,TCI>1 说明两个国家或者地区在该方面的互补程度可观,TCI>0.5 说明两个国家或者地区在该方面的互补程度不太好。

(五)贸易结合度指数

贸易结合度指数(TCDI)衡量了两个国家或地区彼此间进出口贸易的依存程度。贸易结合度指数的计算公式如下。

$$\mathrm{TCDI}_{ij} = \frac{X_{ij}/X_i}{M_j/M_w} \tag{8}$$

其中,TCDI_{ij} 表示 i 国(或地区)与 j 国(或地区)贸易往来的紧密程度。X_{ij} 表示 i 国(或地区)对 j 国(或地区)的出口份额,X_i 表示 i 国(或地区)的出口总份额,M_j 表示 j 国(或地区)的进口总份额,M_w 表示世界进(出)口总额。

贸易结合度指数越大,表明两个国家间贸易的联系越密切。$\mathrm{TCD}_{ij}<1$,

表明两国之间关于贸易的沟通与交流是低于国际社会中国家贸易沟通的平均水平的,结合度较弱;$TCD_{ij}=1$,表明两国贸易联系水平达到世界平均水平,结合度正常;$TCD_{ij}>1$,表明两国贸易联系高于世界平均水平,结合度紧密。贸易结合度指数不断提高,表明两国的贸易联系愈加密切。

二、投入产出技术与模型

(一)投入产出模型的基本结构

投入产出模型中的投入(input)一般包括两个子集,即中间产品与原始投入,两者均指一个经济系统进行某项活动时的物质消耗。通常,投入产出模型中的总投入的第一部分被定义为"概念性投入"。原始投入又称自然投入(primary input),是指生产过程中对初始自然要素的使用以及再生产,即微观经济学意义上生产要素等的消耗,即资本品计提折旧、人工费用等,中间投入(intermediate input)是指生产环节对上游部门产出的消耗。投入产出模型中的产出(output)是指一个系统进行某项活动形成经济报酬的结果,即该系统中各类对象可以利用的物质产品和服务的总和。

在实际生产过程中,经济系统进行各项活动的投入与产出之间具有一定的内在规律性,并体现为一定合理范围内数量上匹配、技术上可解释的相关性。比如,生产一吨工程机械设备需要直接和间接消耗一定数量的电力、煤炭、厂房等资源性投入,以及公路运输量、人工劳动等其他部门中间投入和再生产。这一现象也充分反映了生产过程中各种初始要素和中间要素的投入与各部门产出之间的关系值得以更为量化的视角予以关注。事实上,任何开放或封闭的经济系统,无论是市场经济还是计划经济,其中生产、消费、交换、分配及要素再生产等各环节的投入与产出关系,都可以在投入产出模型框架下进行探索性或验证性的实证研究。

原籍苏联的美国经济学家列昂惕夫(Wassily Leontief)开创性地提出了经典的静态价值型投入产出模型,并以投入产出技术创始人的身份成为1973

年诺贝尔经济学奖获得者。[①]

一个简单静态价值型投入产出表结构[②]如表 5.1 所示。

表 5.1 静态价值型投入产出表结构

投　　入		产　　出				总产出
		中间需求	最终需求			
		$1\ 2\cdots n$	消费	资本形成	净出口	
中间投入	1 2 ⋮ n	I z_{ij}	II f_i			x_i
最初投入	固定资产折旧 从业人员报酬 生产税净额 营业盈余	III v_j				
	总投入	x_j				

第 I 象限被称为中间消耗关系矩阵或中间流量矩阵,其水平和竖直两个方向分别代表某一类经济活动的中间投入和中间需求,并在正交方向上部门从形式上构成一个多维等阶方阵,其对称维度上的结构特征、数量特征和组合方式完全一致。

一方面,从竖直方向上看,它表示某部门对自身及其他部门产品的中间消耗;另一方面,从水平方向上看,这一矩阵刻画了某特定产品或服务在不同行业间的分配关系,即某部门的产品用于满足其他价值链环节中间需求的情况。或者说,第 I 象限描述了封闭经济体中各个部门之间投入和产出的数量关联,是投入产出表中不可缺少的基本组成。在表 5.1 中,用 z_{ij} 表示第 j 个部门对第 i 个部门产品的直接消耗量。在一定时间内,生产单位第 j 个部门产品对第 i 个部门产品的消耗是固定的,这一关系在数学形式上可以通过消

---

① Leontief W. Structure of the American Economy[M]. New York：Oxford University Press,1941.

② Leontief W,et al. Studies in the Structure of the American Economy[M]. New York：Oxford University Press,1953.

耗系数来表征。

第Ⅱ象限包含了经济体系中若干生产或服务部门组成的行和与之正交并对应最终需求类型组成的列,因而也被广泛称为最终需求矩阵,在形式和内容上构成基本象限的横向延伸。这一矩阵,也等价于由中间投入和最终需求两部分从水平和竖直两组部门的序列正交。一方面,从竖直方向上看,用 f_i 表示第 i 部门的产品用于消费、投资、净出口等不同需求的平减化数量,表示各种最终需求对应的中间品部门构成;另一方面,从水平方向上看,它表示各部门产品被用于各类不同最终需求的数量。

第Ⅲ象限也被称为原始或自然投入矩阵、经济增加值矩阵,也被认为是第Ⅰ象限在竖直方向上的延伸,由资本品折旧、人工成本、所得税额和企业盈余公积等经济增加值的构成部分组成行,若干经济产业组成列。其中,投入产出模型中的最初投入和中间需求,通过水平和竖直两个方向的部门序列正交构成。从竖直方向看,它表示各部门经济增加值的结构和数量特征。在表中,V_j 表示第 j 个部门的经济总量增加的现期价值。从水平方向看,它展示了增加值各构成部分的数量及部门构成。

(二) 投入产出模型中的平衡关系

从水平和垂直方向看,投入产出模型包含两个平衡关系。

1. 横向平衡关系

各类产品在国民经济体系中的直接分配去向,即它们被用于中间环节还是作为最终产品的情况,在投入产出表的横向部分得到了充分体现。在一个特定的经济体系中,任何生产或服务部门的总产出数量,始终等于该部门产品在中间环节和最终环节的总需求。因此,存在以下横向平衡关系。

$$\sum_{j=1}^{n} z_{ij} + f_i = x_i \quad i = 1, 2, \cdots, n \tag{9}$$

2. 纵向平衡关系

各类产品的物质投入构成,即它们来自价值链中间环节还是最初环节的情况,可以通过投入产出表的纵向部分体现。具体来说,对于每一个部门,其产品的总投入量等于该部门产品的中间投入量和最初投入量的合计。因此,存在如下纵向平衡关系。

$$\sum_{i=1}^{n} z_{ij} + v_j = x_j \quad j=1,2,\cdots,n \tag{10}$$

(三)国家间投入产出模型的基本结构

中国与东盟各成员国的产业合作,主要是通过出口设备、投资建厂和贸易等方式,将优势产业输送给对方,同时对产业分工进行重新划分。这个过程体现了中国与东盟各国对各自承担的配套生产进行重新划分,即对原有产业合作模式的调整和变革。通过构建产业价值链的纵向和横向结构,并在不同国家间进行合理的空间布局,这一过程受到运输等固定成本、前后向投入产出配套等因素的影响(李宏艳、齐俊妍,2008)。此外,价值链中的垂直分工和合作契约特征会对双方经济增长产生不同的影响。具体而言,改善供给能力,产业转移承接地区的生产能力提升,进而带动各部门需求,从而推动整体经济增长。这实际上是一个由供给推动需求增长的过程。该过程可以通过基于国家间投入产出表构建的供给约束模型进行分析。

考察这样一种情形,即存在两个国家 C 和 A 的国际投入产出模型其中每个国家分为 i 和 j 两类部门。在这样一个"国家-产业"2×2结构矩阵中分析产业合作的影响可以如表5.2所示。

表 5.2 两国投入产出

国家　部门		中间需求				最终需求　总产出	
国家部门		C 国 i　j		A 国 i　j			
中间投入	C 国 i	A_{ii}^{CC}	A_{ij}^{CC}	A_{ii}^{CA}	A_{ij}^{CA}	F_i^C	X_i^C
	j	A_{ji}^{CC}	A_{jj}^{CC}	A_{ji}^{CA}	A_{jj}^{CA}	F_j^C	X_j^C
	A 国 i	A_{ii}^{AC}	A_{ij}^{AC}	A_{ii}^{AA}	A_{ij}^{AA}	F_i^A	X_i^A
	j	A_{ji}^{AC}	A_{jj}^{AC}	A_{ji}^{AA}	A_{jj}^{AA}	F_j^A	X_j^A
ROW 初始投入总投入		V_i^C	V_j^C	V_i^A	V_j^A		
		X_i^C	X_j^C	X_i^A	X_j^A		

在表 5.2 中，A_{ij}^{CC} 表示中国 j 部门对中国 i 部门产品的直接消耗系数。A_{ij}^{AA} 表示东盟国家 j 部门对东盟国家 i 部门产品的直接消耗系数。A_{ij}^{CA} 表示东盟国家 j 部门对中国 i 部门产品的直接消耗系数。A_{ij}^{AC} 表示中国 j 部门对东盟国家 i 部门产品的直接消耗系数。F_i^C 表示中国 i 部门的最终需求，X_i^C 表示中国 i 部门产品的总产出，V_i^C 表示中国 i 部门产品的增加值。

（四）国家间投入产出模型中的平衡关系

两个国家间投入产出表水平方向的平衡关系为：

$$
\begin{pmatrix} X_i^C \\ X_j^C \\ X_i^A \\ X_j^A \end{pmatrix} = \begin{pmatrix} A_{ii}^{CC} & A_{ij}^{CC} & A_{ii}^{CA} & A_{ii}^{CA} \\ A_{ji}^{CC} & A_{ji}^{CC} & A_{ji}^{CA} & A_{ji}^{CA} \\ A_{ii}^{AC} & A_{ii}^{AC} & A_{ii}^{AA} & A_{ii}^{AA} \\ A_{ji}^{AC} & A_{ji}^{AC} & A_{ji}^{AA} & A_{jj}^{AA} \end{pmatrix} \begin{pmatrix} X_i^C \\ X_j^C \\ X_i^A \\ X_j^A \end{pmatrix} + \begin{pmatrix} F_i^C \\ F_j^C \\ F_i^A \\ F_j^A \end{pmatrix} \tag{11}
$$

考虑将式(11)中的中国 i 部门作为一个子矩阵，其他所有部分作为一个子矩阵，重新分块后结果如下。

$$
\begin{pmatrix} X_i^C \\ X_j^C \\ X_i^A \\ X_j^A \end{pmatrix} = \begin{pmatrix} X_i^C \\ \overline{X} \end{pmatrix} \tag{12}
$$

$$
\begin{pmatrix} A_{ii}^{CC} & A_{ij}^{CC} & A_{ii}^{CA} & A_{ii}^{CA} \\ A_{ji}^{CC} & A_{ji}^{CC} & A_{ji}^{CA} & A_{ji}^{CA} \\ A_{ii}^{AC} & A_{ii}^{AC} & A_{ii}^{AA} & A_{ii}^{AA} \\ A_{ji}^{AC} & A_{ji}^{AC} & A_{ji}^{AA} & A_{jj}^{AA} \end{pmatrix} = \begin{pmatrix} A_{ii}^{CC} & \overline{A}_{12} \\ \overline{A}_{21} & \overline{A}_{22} \end{pmatrix} \tag{13}
$$

$$
\begin{pmatrix} F_i^C \\ F_j^C \\ F_i^A \\ F_j^A \end{pmatrix} = \begin{pmatrix} F_i^C \\ \overline{F} \end{pmatrix} \tag{14}
$$

这样,式(11)可以表示为

$$\begin{pmatrix} X_i^C \\ \overline{X} \end{pmatrix} = \begin{pmatrix} A_{ii}^{CC} & \overline{A}_{12} \\ \overline{A}_{21} & \overline{A}_{22} \end{pmatrix} \begin{pmatrix} X_i^C \\ \overline{X} \end{pmatrix} + \begin{pmatrix} F_i^C \\ \overline{F} \end{pmatrix} \tag{15}$$

展开,得

$$X_i^C = A_{ii}^{CC} \cdot X_i^C + \overline{A}_{12} \cdot \overline{X} + F_i^C \tag{16}$$

$$\overline{X} = \overline{A}_{21} \cdot X_i^C + \overline{A}_{22} \cdot \overline{X} + \overline{F} \tag{17}$$

如果考虑将 X_i^C 和 $\overline{F}$ 作为系统的外生变量,$\overline{X}$ 和 F_i^C 作为内生变量[①],由式(17)得到除中国 i 部门以外其他部门的总产出模型。

$$\overline{X} = (I - \overline{A}_{22})^{-1} \cdot (\overline{A}_{21} \cdot X_i^C + \overline{F}) \tag{18}$$

式(18)的经济意义是,除中国 i 部门以外其他部门的总产出 $\overline{X}$,取决于中国 i 部门的总产出 X_i^C 和除中国 i 部门以外其他部门的最终需求 $\overline{F}$。

胡国良、王继源和龙少波(2017)将 X 和 F 作为系统的外生变量,发现其与经济学中产品之间的基本关系存在不一致。通常,只有最终产品可以作为外生变量。总产品的变动应通过最终产品的变动内生地体现。式(18)主要是基于模型构建的简化原则,但并未充分考虑模型本身所蕴含的投入产出关系,尤其是式(16)中涉及的产品间的投入产出关系被忽视。因此,这种处理方式不可避免地削弱了模型的科学性,导致最终产品的引致效应被低估。

从实际经济系统运行角度考虑,无论是国内循环还是国外循环,中间产品都不可能是外生的,消费、投资和进出口才可能是外生的。即使考虑本国产品作为外国经济生产活动的中间产品,对本国来说,也是作为最终产品的出口项,也就是说,只有最终产品才可能作为外生变量。[②] 因此,应该考虑以两项最终产品 F_i^C 和 $\overline{F}$ 作为外生变量,将两项总产品 X_i^C 和 X 作为系统的内生变量,这样可以得到更科学的总产出模型。实际上,由式(16)可以得到:

$$X_i^C = (I - A_{ii}^{CC})^{-1} \cdot (\overline{A}_{12} \cdot \overline{X} + F_i^C) \tag{19}$$

---

① 胡国良,王继源,龙少波.中国与东盟产业合作的效益测算及评价研究[J].世界经济研究,2017(4):95-105.

② 陈锡康,李景华.长江流域片水利投资后向效应经济分析[J].水利经济,2003(2):45-48.

将式(19)代入式(17),有

$$\overline{X} = \overline{A}_{21} \cdot (I - A_{ii}^{CC})^{-1} \cdot (\overline{A}_{12} \cdot \overline{X} + F_i^C) + \overline{A}_{22} \cdot \overline{X} + \overline{F} \qquad (20)$$

将式(20)右边按 $\overline{X}$ 化简,有

$$\overline{X} = [\overline{A}_{21} \cdot (I - A_{ii}^{CC})^{-1} \cdot \overline{A}_{12} + \overline{A}_{22}] \cdot \overline{X} + \overline{A}_{21} \cdot (I - A_{ii}^{CC})^{-1} \cdot F_i^C + \overline{F}$$

$$(21)$$

由此,得

$$\overline{X} = [I - \overline{A}_{21} \cdot (I - A_{ii}^{CC})^{-1} \cdot \overline{A}_{12} - \overline{A}_{22}]^{-1} \cdot [\overline{A}_{21} \cdot (I - A_{ii}^{CC})^{-1} \cdot F_i^C + \overline{F}]$$

$$(22)$$

式(22)的经济意义是,除中国 i 部门以外其他部门的总产出 $\overline{X}$,取决于中国 i 部门的最终需求 F_i^C 和除中国 i 部门以外其他部门的最终需求 $\overline{F}$。

由此,也能得到

$$X_i^C = (I - A_{ii}^{CC})^{-1} \cdot (\overline{A}_{12} \cdot \overline{X} + F_i^C) \qquad (23)$$

需要一个用最终产品表示的总产品 X_i^C。

三、全球投入产出表的合并与应用

(一)对经济合作与发展组织(OECD)国家间投入产出表国家、部门合并处理的基本思路

自 1973 年诺贝尔经济学奖获得者瓦西里·里昂惕夫 1936 年创立投入产出方法[1]以来,该方法被广泛应用到社会经济问题研究的方方面面。该方法的突出特点是,不但能够测算经济活动的直接影响,还能够测算全部的间接影响,从而测算出完全影响。多区域投入产出(multi-regional input-output,MRIO)模型[2]更是被广泛应用于跨境贸易及相关问题的研究。这类研究需要

---

[1] Leontief W. Quantitative Input and Output Relations in the Economic System of the United States[J]. The Review of Economics and Statistics,1936,18(3):105-125.

[2] Isard W. Interregional and Regional Input-output Analysis:A Model of a Space Economy[J]. Review of Economics and Statistics,1951,33:318-328.

使用多区域投入产出表,而编制这类多区域投入产出表的工作量巨大,所以在整个 20 世纪,这类基于多区域投入产出模型所做的全球经济贸易问题研究屈指可数。

目前,世界上已有多个团队通过整合各国间的贸易数据,完成了全球多区域投入产出表的编制。这些数据库各具不同特点,比如在部门数量、时间序列一致性、环境参数核算等方面存在差异。国际上比较著名的全球多区域投入产出数据库包括经济合作与发展组织(organization for economic cooperation and development,OECD)国家间投入产出表[OECD inter-country input-output (ICIO) tables]等。

OECD 是一个政府间国际经济组织,由 36 个市场经济国家组成。其成立宗旨是通过友好合作,共同把握全球化趋势下的发展机遇,积极应对经济、社会等方面的困难和挑战,从而带来经济、社会和政府治理等方面的机遇。在业务职能上,该组织负责编辑和出版经济合作与发展组织(OECD)国家间投入产出表。2018 年,该组织基于政府间投入产出表,更新了涵盖 64 个经济体(包括 36 个 OECD 成员国和 28 个非 OECD 成员国)及 36 个产业部门的国家间投入产出(inter-country input-output,ICIO)数据库。该数据库的时间维度覆盖了 2005 年至 2015 年的全球时间序列数据。对于东盟国家,除了经济体量较小的老挝和缅甸外,其他 8 国均包含在内。特别地,对于中国,该版本的数据库区分了加工贸易和非加工贸易部门。2018 年版 OECD 国家间投入产出表所包含的国家如表 5.3 所示。

表 5.3　OECD 国家间投入产出表包含的国家列表

	OECD countries		Non-OECD economies
AUS	Australia	ARG	Argentina
AUT	Austria	BRA	Brazil
BEL	Belgium	BRN	Brunei Darussalam
CAN	Canada	BGR	Bulgaria
CHL	Chile	KHM	Cambodia
CZE	Czech Republic	CHN	China
DNK	Denmark	COL	Colombia
EST	Estonia	CRI	Costa Rica

续表

	OECD countries		Non-OECD economies
FIN	Finland	HRV	Croatia
FRA	France	CYP	Cyprus
DEU	Germany	IND	India
GRC	Greece	IDN	Indonesia
HUN	Hungary	HKG	Hong Kong,China
ISL	Iceland	KAZ	Kazakhstan
IRL	Ireland	MYS	Malaysia
ISR	Israel 1	MLT	Malta
ITA	Italy	MAR	Morocco
JPN	Japan	PER	Peru
KOR	Korea	PHL	Philippines
LVA	Latvia	ROU	Romania
LTU	Lithuania	RUS	Russian Federation
LUX	Luxembourg	SAU	Saudi Arabia
MEX	Mexico	SGP	Singapore
NLD	Netherlands	ZAF	South Africa
NZL	New Zealand	TWN	Chinese Taipei
NOR	Norway	THA	Thailand
POL	Poland	TUN	Tunisia
PRT	Portugal	VNM	Viet Nam
SVK	Slovak Republic	ROW	Rest of the World
SVN	Slovenia		
ESP	Spain		
SWE	Sweden		
CHE	Switzerland		
TUR	Turkey		
GBR	United Kingdom		
USA	United States		

数据来源：OECD Inter-Country Input-Output Tables,2021 edition.

　　ICIO 的发布相对来说比较及时,数据较为翔实,可用于贸易增加值(trade in value added,TiVA)核算。该数据库的建立也有利于相关统计机构改善其统计系统,以便更好地应对全球化。

　　特别值得一提的是,OECD 在编制 ICIO 时将中国企业根据产品销售目的地分解为国内市场企业(domestic sales,DOM)和出口市场企业,其中出口市场企业根据其产品生产流程性质差异进一步区分为一般贸易(原产地贸易)

出口企业或非加工贸易(即转口贸易)出口企业 CN1(China-activities excluding export processing)、加工贸易出口企业 CN2(China-export processing activities)。这一分类方法也适用于墨西哥的全球产品制造部门。其中,墨西哥的产品部门主要根据其制造业与全球经济的联系,被分解为非全球性制造业 MX1(Mexico-activities excluding global manufacturing)、全球性制造业 MX2(Mexico-global manufacturing activities)。

2021 年版 ICIO 的部门分类如表 5.4 所示,第 3 列还给出了这种部门分类与国际标准行业分类的对应关系。

表 5.4　OECD 国家间投入产出表的部门分类

	Old code	Code	Industry	ISIC Rev.4
1	D01T02	A01_02	农业、狩猎、林业	01,02
2	D03	A03	渔业和水产养殖	3
3	D05T06	B05_06	矿业和采石业,能源生产产品	05,06
4	D07T08	B07_08	矿业和采石业,非能源生产产品	07,08
5	D09	B09	矿业支持服务活动	9
6	D10T12	C10T12	食品、饮料和烟草	10,11,12
7	D13T15	C13T15	纺织品、纺织产品、皮革和鞋类	13,14,15
8	D16	C16	木材及软木产品	16
9	D17T18	C17_18	纸制品和印刷	17,18
10	D19	C19	焦炭和精炼石油产品	19
11	D20	C20	化学品及化学产品	20
12	D21	C21	药品、医药化学品和植物性产品	21
13	D22	C22	橡胶和塑料制品	22
14	D23	C23	其他非金属矿产品	23
15	D24	C24	基本金属	24
16	D25	C25	加工金属制品	25
17	D26	C26	计算机、电子和光学设备	26
18	D27	C27	电气设备	27
19	D28	C28	机械和设备,其他未分类(nec 表示"not elsewhere classified")	28
20	D29	C29	机动车辆、拖车和半挂车	29
21	D30	C30	其他运输设备	30
22	D31T33	C31T33	制造业(未分类)及机械和设备的修理与安装	31,32,33
23	D35	D	电力、燃气、蒸汽和空调供应	35
24	D36T39	E	水供应;排水、废物管理和修复活动	36,37,38,39

续表

	Old code	Code	Industry	ISIC Rev. 4
25	D41T43	F	建筑业	41,42,43
26	D45T47	G	批发和零售贸易;机动车修理	45,46,47
27	D49	H49	陆上运输和管道运输	49
28	D50	H50	水上运输	50
29	D51	H51	空运	51
30	D52	H52	仓储及运输支持活动	52
31	D53	H53	邮政和快递活动	53
32	D55T56	I	住宿和餐饮服务活动	55,56
33	D58T60	J58T60	出版、视听和广播活动	58,59,60
34	D61	J61	电信	61
35	D62T63	J62_63	信息技术和其他信息服务	62,63
36	D64T66	K	金融和保险活动	64,65,66
37	D68	L	房地产活动	68
38	D69T75	M	专业、科学和技术活动	69 to 75
39	D77T82	N	行政和支持服务	77 to 82
40	D84	O	公共行政和国防;强制社会保障	84
41	D85	P	教育	85
42	D86T88	Q	人类健康和社会工作活动	86,87,88
43	D90T93	R	艺术、娱乐和休闲	90,91,92,93
44	D94T96	S	其他服务活动	94,95,96
45	D97T98	T	家庭作为雇主的活动;家庭自用的未分化商品和服务生产活动	97,98

数据来源：OECD Inter-Country Input-Output Tables，2021 edition.

由于 ICIO 考虑了企业销售目的地和贸易方式的差异性，所以更能真实反映出中国在全球产业链中的重要作用，揭示出中国的比较优势和出口能力。

世界投入产出数据库(WIOD)是根据统计机构官方公布的可得数据建立的。[①] 一般而言，数据质量较高，它包含的国家及地区的 GDP 在全球 GDP 中的占比超过 85%，具有普遍的代表性。WIOD 所记录的经济交易都是以基本

---

① Timmer M P，Dietzenbacher E Etc. An Illustrated User Guide to the World Input-Output Database：the Case of Global Automotive Production[J]. Review of International Economics，2015，23：575-605.

价格计算的,能更好地表示生产技术结构,而且其具有时间序列的数据表,可用于追踪经济活动随时间变化的增长趋势。2016 年发布的世界投入产出表是 2000—2014 年的时间序列表,包含 56 个行业、43 个国家(28 个欧盟国家,15 个其他主要国家)。

考虑到时间更新问题,特别是对中国独特的加工贸易方式的处理,笔者采用的是 2021 版 OECD 投入产出表数据。该表包括非 OECD 国家 28 个,其中东盟国家除老挝、缅甸由于经济规模较小,没有收录以外,包括泰国、文莱、印度尼西亚、新加坡、马来西亚、菲律宾、越南、柬埔寨等 8 个国家。该 OECD 投入产出表数据也是世界上包含东盟国家最多的投入产出表数据库。

为测算中国、东盟国家双边合作效益,我们需要对 OECD 国家间投入产出表进行国家、部门合并处理运算。原始 OECD 国家间投入产出表是一个庞大的电子表格数据库,它包括 64 个国家、中国 2 个部门细分结构、墨西哥 2 个部门细分结构和 1 个世界其他国家,共 69 个(64+2+2+1),每个又包含 36 个产业部门,另外还包含 65 国的生产税净额、增加值 1 项和总产出 1 项,由此该投入产出表共计行。

$$(64+2+2+1) \times 36+65+1+1=2551$$

为测算中国、东盟国家合作效益,国家、部门合并的目标是:保持中国为 2 个部门细分结构、东盟 8 国,将剩下其他国家合并为世界其他 1 项、生产税净额 10(中国、东盟 8 国和 1 个世界其他)项、增加值 1 项和总产出 1 项,即在合并后的国家间投入产出表上共计行。

$$(2+8+1) \times 36+10+1+1=408$$

OECD 国家间投入产出表的最终产出部分,包含家庭最终消费、服务家庭的非营利机构、政府最终消费、资本形成、存货变动和进口 6 项。由于 65 个国家之间会相互进口,如果简单合并可能会重复计算,这里予以保留未做合并处理。

(二) 在 Excel 上进行投入产出表计算的基本操作

在 Excel 软件上进行行列合并的基本操作包括矩阵转置、矩阵乘法。矩阵求逆则可通过求逆运算处理。

1. 矩阵转置

将 $2484 \times 2484(69 \times 36 = 2484)$ 的矩阵

$$\begin{bmatrix} x_{11} & \cdots & x_{1,2484} \\ \vdots & \ddots & \vdots \\ x_{2484,1} & \cdots & x_{2484,2484} \end{bmatrix}$$

合并为 $396 \times 396(11 \times 36 = 396)$ 的矩阵

$$\begin{bmatrix} z_{11} & \cdots & z_{1,396} \\ \vdots & \ddots & \vdots \\ z_{396,1} & \text{---} & z_{396,396} \end{bmatrix}$$

构造矩阵 $C_{2484 \times 396}$ 及其转置矩阵 C' 为

$$C_{2484 \times 396} = \begin{bmatrix} a_{11} & \cdots & a_{1,396} \\ \vdots & \ddots & \vdots \\ a_{2484,1} & \cdots & a_{2484,396} \end{bmatrix}$$

其中,对于元素 a_{ij},需要合并的国家、部门赋值为 1,否则为 0。

2. 矩阵乘法

采用矩阵乘法,有:

$$C' \times X_{2484 \times 2484} \times C_{2484 \times 396} = Z_{396 \times 396} \qquad (24)$$

在 Excel 软件中,矩阵乘积,可以通过"=MMLT(* , *)"求解。

3. 矩阵求逆

求逆运算,可以通过"=MINVERSE(* : *)"解决。

对国家间投入产出表按照中国、东盟国家进行国家、部门合并,是一项费时、费力,且工作量巨大的工作。

第二节　中国与东盟产业贸易的竞争性分析

一、中国与东盟的产业竞争性分析

为了更好地衡量我国与东盟在出口市场上的竞争程度,我们引用上一节阐述的"贸易专业化指数"(CS)的概念(桑百川,李计广,2011)进行测算。贸易专业化指数的计算方式为:

$$CS = 1 - \frac{1}{2} \sum_n \mid a_{at}^n - b_{bt}^n \mid \tag{25}$$

通过 OECD 发布的 2011 年至 2020 年间全球投入产出数据,我们整理出中国与东盟在近十年的贸易出口数据,计算得出中国与东盟的整体贸易专业化指数(见图 5.1)。

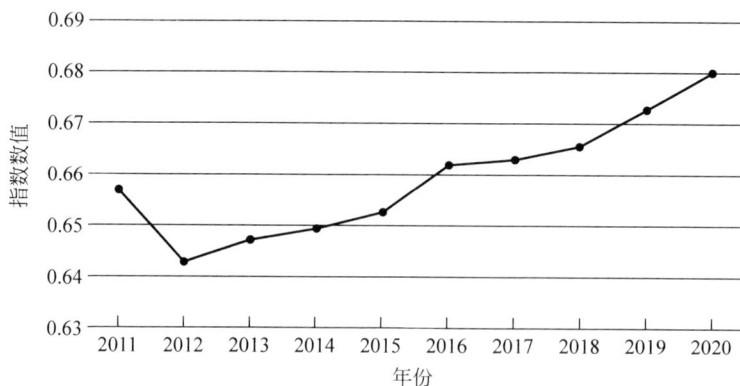

图 5.1　中国与东盟的整体贸易竞争性指数

结果显示,近十年来,中国和东盟在全球贸易出口中的竞争关系不断走强。从 2012 年到 2020 年,中国—东盟的整体贸易竞争性指数上升了 6.25%。中国以制造业规模和出口导向型经济模式成为全球最大的出口国之一,在全球市场中拥有重要地位,而东盟国家在地理位置、资源优势和开放的贸易政策下积极发展对外贸易,逐渐提升其在全球贸易中的竞争力。根据经合组织的数据,中国和东盟分别是全球第一和第六大出口国,双方在全球出口贸易中存在一定的竞争性,尤其是制造业和农产品行业,但也有广阔的合作空间来实现互利共赢。

二、各国国家层面的产业竞争性分析

这部分将东盟各国的全球投入产出数据进行拆分测算,得出中国与东盟各国在 2011 年到 2020 年间的全球进出口贸易竞争性指数。

可以看出(见图 5.2),中国与东盟 8 个国家的竞争关系有强有弱,差异性较大。大体上分为三类:首先,贸易竞争性最强的国家是马来西亚、泰国和越南,与中国的贸易竞争性指数基本处于 0.63~0.66,近十年的波动幅度较小;其次是菲律宾、印度尼西亚和新加坡,这三个国家与中国的竞争性指数基本在 0.5 左右,其中印度尼西亚与中国的贸易竞争性明显增强,指数增长了10%左右,而新加坡与中国的竞争性减弱近16%;最后,文莱和柬埔寨与中国的贸易竞争关系较弱,尽管文莱的竞争性显著增长了 50%有余,但其体量在

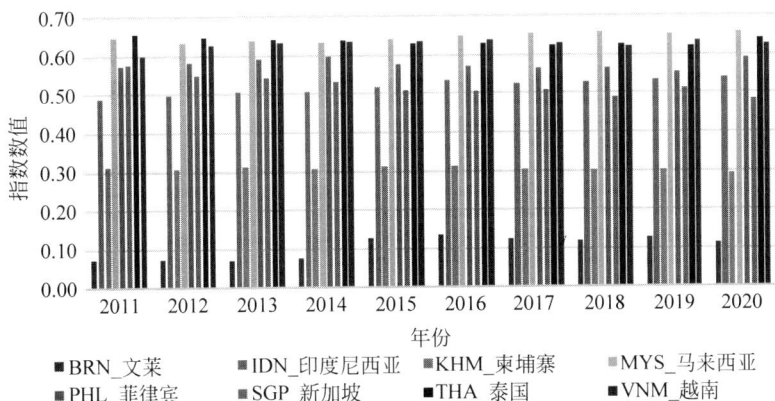

图 5.2　中国与东盟各国的贸易竞争性指数

(资料来源:OECD. OECD Guide to TiVA Indicators 2021: Preliminary version[M]. OECD Publishing,2021.)

东盟国家是最小的,柬埔寨与中国的竞争性基本维持在0.3。

总体而言,东盟各国在全球贸易出口方面展现出了较强的竞争力。它们通过多样化的出口产品、区域合作框架和吸引外国投资等举措,不断提高自身的国际竞争力,从而在全球贸易中扮演着重要角色。尤其是在制造业领域,东盟国家承接了部分发达国家的生产设备和产能,利用其相对低廉的劳动力成本、贸易便利化和开放的内部市场共同提升东盟国家在全球贸易中的竞争力。

三、产业层面的出口规模竞争性分析

进一步地,我们对各国2020年的投入产出数据进行行业层面的出口规模排行分析。

图5.3是2020年中国与东盟各国贸易出口规模排名前五的产业。总体来看,与中国竞争性最强的行业是计算机、电子与光学设备,批发零售业与修理机动车辆,纺织品、皮革与鞋类。其中,中国贸易出口规模最大的是计算机、电子与光学设备产业,比重为23.5%,与之竞争性较强的国家有马来西亚(28.1%)、菲律宾(19.6%)、新加坡(15.3%)、越南(14.6%)和泰国(12.4%),且该行业在上述国家也居于第一或第二的出口规模。

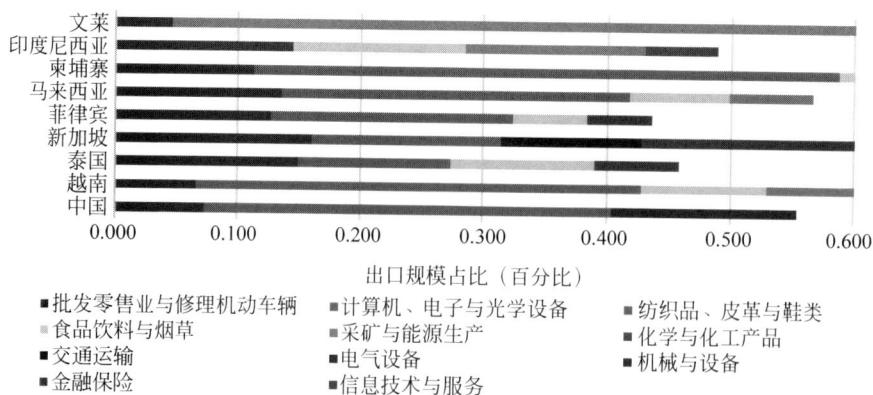

图 5.3 2020 年中国和东盟国家的贸易出口规模排行

(资料来源: OECD. OECD Guide to TiVA Indicators 2021: Preliminary version[M]. OECD Publishing,2021.)

纺织品、皮革与鞋类是中国出口规模第二的产业,占比为9.5%,与之竞争性较强的是越南和柬埔寨。该行业占柬埔寨出口比重的47%,占越南的出口比重也达到21.5%,是这两国出口规模第一的产业。居中国出口规模第四位和第五位的电气设备与机械设备产业占比分别是8.6%与6.4%,并没有遇到东盟国家的明显竞争。这说明我国设备制造方面的出口竞争力较强,是东盟国家并不具备承担产业转移的领域。

贸易出口最广泛的行业是批发零售业与修理机动车辆,在中国和东盟国家均有大量的出口,也意味着该行业竞争性较激烈。其中占比最高的是新加坡(16.1%),菲律宾、马来西亚、柬埔寨和印度尼西亚的比重也都在10%以上,而该行业在中国总出口的占比已经降至7%。所以,综观中国出口产业,其种类比较多,分配较均匀,规模前五的产业在文莱、柬埔寨的出口总额中占比超过80%,在马来西亚、新加坡和越南的出口总额中占比超过60%,说明以上国家的出口产业结构较集中,且多数是资源禀赋型行业。

第三节　中国与东盟产业贸易的互补性分析

在全球经济一体化的进程中,国家和经济体之间在产业链上的分工越来越细化。这不仅促进了资源配置的优化和产业效益的提升,也增强了各国之间的相互依赖和互补性。尽管中国与东盟在某些出口市场上竞争日益激烈,但这只是双方经贸关系演变的一个方面,并不妨碍双方形成更紧密的互补和依赖关系。

基于OECD全球投入产出表的数据,我们分别构建了中国出口到东盟以及东盟出口到中国的双向贸易数据集,在此基础上分别测算了中国与东盟的整体贸易结合度、中国与东盟各国的双向贸易结合度,以及一些具有突出互补性的行业贸易结合度进行对比分析。

为了更好地衡量我国与东盟的贸易互补性,我们采用贸易结合度来测算两个国家或地区进出口贸易的依存程度。贸易结合度指数的计算公式为:

$$\mathrm{TCD}_{ij} = \frac{X_{ij}/X_i}{M_j/M_w} \tag{26}$$

TCD_{ij} 表示 i 国(或地区)与 j 国(或地区)贸易往来的紧密程度,属于双向测算的指数,即从中国出口到东盟各国的贸易结合度,表示中国去往东盟的贸易联系,也体现了东盟对中国产品的依赖度;从东盟各国出口到中国的贸易结合度,表示东盟各国去往中国的贸易联系,体现了中国对东盟各国产品的依赖度。

贸易结合度指数越大,表明两个国家间关于贸易的联系越密切。$\mathrm{TCD}_{ij}<1$,表明两国之间关于贸易的沟通与交流是低于国际间国家贸易沟通的平均水平的,结合度较弱;$\mathrm{TCD}_{ij}=1$,表明两国贸易联系水平达到世界平均水平,结合度正常;$\mathrm{TCD}_{ij}>1$,表明两国贸易联系高于世界平均水平,结合紧密。贸易结合度指数不断提高,表明两国的贸易联系愈加密切。

一、中国与东盟的整体贸易互补性分析

根据 OECD 全球投入产出数据库,从 2011 年至 2020 年,我国从东盟进口的总额由 1869.9 亿美元增长到 3298.5 亿美元,增长了 76%。与此同时,我国在东盟进口中的占比也从 12.1% 提高到 22.6%。东盟在我国进口中的占比也有所改善,从 8.5% 增加到 10.4%。这表明近年来,我国与东盟之间的经贸关系在双方进口中都取得了显著进展。从中国与东盟的进出口规模差异可以看出,经济体之间的互补关系可能并不对称。以下是经过贸易结合度测算后的演进趋势(见图 5.4)。

从数据显示的中国与东盟贸易结合趋势可以看出,两者之间的贸易结合度在不断加深。在 2011 年至 2018 年间,中国与东盟的双向贸易进出口流动持续增长,东盟的贸易结合度增加了 60%,而中国的贸易结合度增加了 20%。这一数据表明,东盟对中国的贸易结合度提升速度较快,并于 2015 年之后超

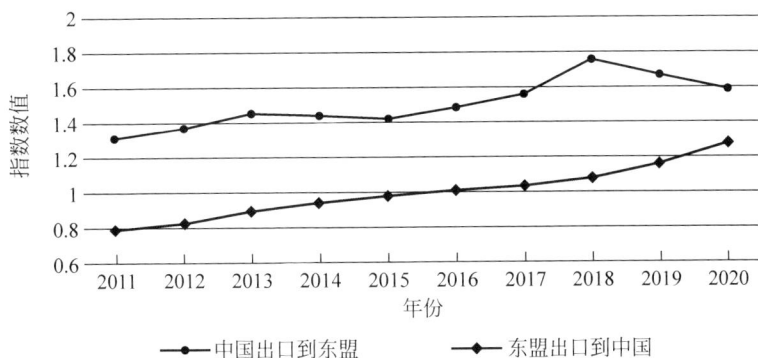

图 5.4　中国与东盟的整体贸易互补性趋势

(资料来源：OECD. OECD Guide to TiVA Indicators 2021: Preliminary version[M]. OECD Publishing,2021.)

过了世界平均水平。中国对东盟的贸易关系一直高于世界平均水平,从 2019 年开始,中国对东盟出口的贸易结合度开始下降。从总体规模的均值来看,中国出口到东盟的贸易结合度比东盟出口到中国的贸易结合度高出约 50%。这意味着东盟对中国的贸易依赖度要高于中国对东盟的贸易依赖度。

综上所述,中国与东盟之间的贸易关系趋向紧密,但也存在一些变化和不平衡。例如,中国对东盟出口的贸易结合度从 2019 年开始下降,可能与中美贸易摩擦或者疫情有关。另外,东盟对中国市场的依赖性高于中国对东盟市场的依赖性,这也反映了双方在贸易结构和产业竞争力上的差异。

二、中国与东盟各国的贸易互补性

更进一步地,我们对中国与东盟各国的贸易结合度进行了双向测算,包括中国出口到东盟各个国家的贸易结合度,以及东盟各国出口到中国的贸易结合度(见图 5.5)。从测算意义来说,如果数值大于 1,表示中国与该国的贸易结合度大于世界进出口水平,两国的互补性较显著;如果数值小于 1,表示中国与该国的贸易结合度小于世界进出口水平,两国的互补性较弱,贸易往来不紧密。

以世界平均水平为标准,从中国进口的贸易结合度较紧密(数值＞1)的

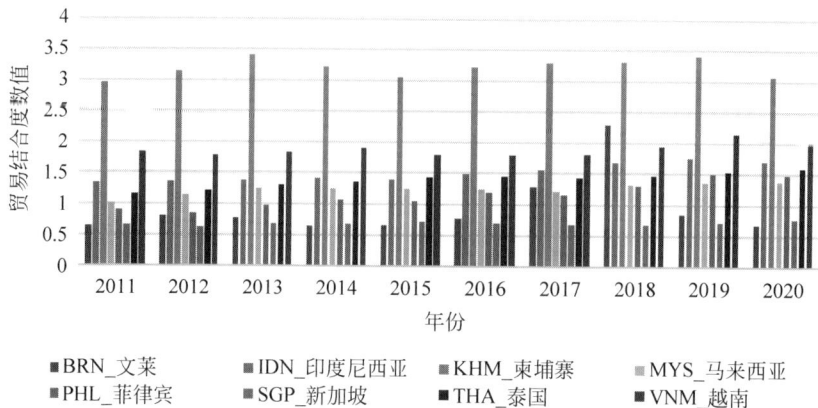

图 5.5　中国出口到东盟各国的贸易结合度趋势

（资料来源：OECD. OECD Guide to TiVA Indicators 2021：Preliminary version［M］. OECD Publishing，2021.）

国家有柬埔寨、越南、印度尼西亚、泰国、马来西亚和菲律宾，从中国进口的贸易结合度较弱的国家是文莱和新加坡。十年间，从中国进口的贸易结合度增长较快的国家有菲律宾（65%）、泰国（39%）、马来西亚（35%），印度尼西亚（27%），从中国进口的贸易结合度增速不显著的国家有新加坡（16%）、越南（8%）、柬埔寨（4%）、文莱（3%）。可以看出，近些年东盟大部分国家与中国的贸易结合度较紧密，从中国进口的贸易比重增速较快且不断上升。具体来看，各国从中国进口的主要商品来自计算机、电子和光学设备、机电设备、纺织品、化工产品等。这些商品在东盟国家的生产和消费中起着重要作用。

从双向测算的结果来看（见图 5.6），出口到中国的贸易结合度较紧密（数值＞1）的东盟国家有马来西亚、菲律宾、越南、泰国、新加坡和印度尼西亚。出口到中国的贸易结合度较弱（数值＜1）的东盟国家有柬埔寨和文莱。东盟国家在十年间出口到中国的贸易结合度均有较大幅度的增长，具体如下：柬埔寨（179%）、越南（133%）、印度尼西亚（60%）、新加坡（47%）、马来西亚（46%）、泰国（44%）、菲律宾（31%）、文莱（30%）。从上述演进趋势可以看出，东盟国家向中国出口的规模增长较快，中国是东盟国家的重要出口市场之一。东盟国家与中国签订的各种贸易协定也在一定程度上降低了贸易壁垒，促进了贸易便利化，为东盟国家出口到中国提供了更多机会。东盟国家向中国出口的主要产业包括矿产和能源资源、批发零售与机修、农产品、橡胶以及水上交通等。

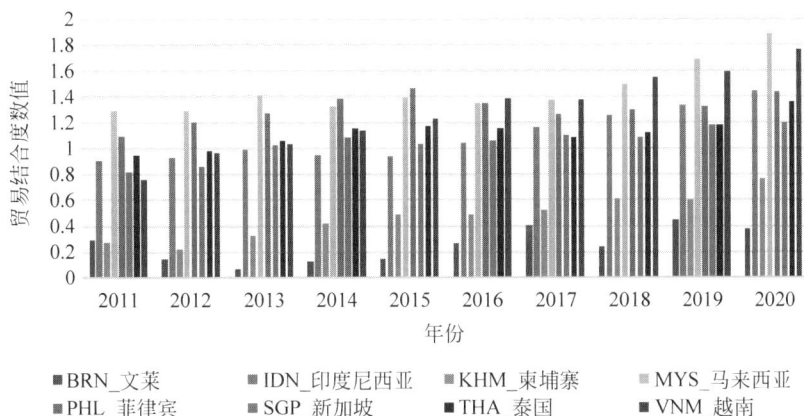

图 5.6　东盟各国出口到中国的贸易结合度趋势

三、中国与东盟各国的贸易出口流向互补性分析

这一部分借助全球投入产出表将中间投入和最终消费分开列表的特点，测算了中国与东盟各国在 2020 年出口到对方中间投入和最终消费的贸易结合度，并附上中国与东盟各国的出口总额进行对比（见图 5.7）。一方面，可以

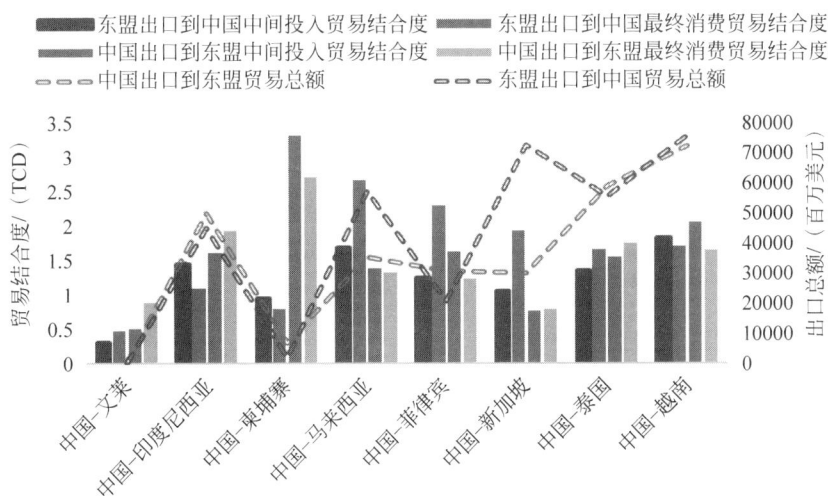

图 5.7　中国与东盟各国的出口流向互补性趋势

通过中间投入流向来更准确地析出两国之间产业合作的贸易结合度；另一方面，结合出口规模和贸易结合度，更详细地定位各国的产业合作密度与规模，方便厘清针对不同类型国家的产业政策。

首先，从出口规模来看，中国与东盟双向出口总额较高的有越南、泰国、印度尼西亚和菲律宾，与中国有逆差的国家是马来西亚和新加坡，进出口规模较小的国家是文莱和柬埔寨。

其次，中间投入贸易结合度较好（TCD＞1）的国家有越南、泰国、印度尼西亚、菲律宾、马来西亚和柬埔寨，说明中国与大部分东盟国家的中间投入水平高于世界平均水平，产业合作紧密度较高。除了马来西亚，中国对东盟国家的中间投入均高于东盟对中国的中间投入贸易结合度，说明中国对东盟国家的产业合作力度较大。

最后，从最终消费贸易结合度的特点来看，双向最终消费贸易结合度较紧密的国家有泰国和越南；东盟出口到中国的最终消费贸易结合度较高的国家有新加坡、马来西亚和菲律宾；中国出口到东盟国家的最终消费贸易结合度较高的国家有柬埔寨、印度尼西亚。

另外，从各国各行业的出口规模来看，东盟国家出口到中国的中间投入和最终消费两个部分的行业各有特点，其出口到中国中间投入的行业主要有采矿和矿石、批发零售与机修、计算机光学产品和农牧业，出口到中国最终消费的行业主要有食品和烟草、住宿与餐饮、批发与零售、计算机电子与光学产品等。这说明除了计算机电子与光学产品是共同出口行业之外，东盟国家出口到中国的产品主要集中在原材料和中间品行业，出口到中国最终消费的行业集中在旅游和服务贸易行业。中国出口到东盟各国的，无论是中间投入端还是最终消费端的行业，基本是以计算机电子和光学产品、机械与设备、电气设备以及批发零售业为主，说明中国制造业的发展和产能优势使得这些产品在东盟市场上具有竞争力。

第四节　中国与东盟国家的产业贸易演进机理

通过对中国与东盟国家产业合作竞争性和互补性的测算和国际比较,我们发现,中国与东盟国家的产业贸易演进具有不同的规律和发展模式。随着各国经济发展和演进模式的不断变化,以及经济发展水平的差异,不同国家间并没有直接的经验可供参考。因此,在与不同东盟国家开展产业合作时,我们需要根据其产业竞争力和合作互补性的特点,结合东盟国家内部的要素禀赋、经济发展阶段和发展战略等因素,分析相应的产业贸易演进机理。将具有相似演进特征的国家归纳为一组,对中国与东盟各国之间的产业贸易机理进行考察和总结,有助于更好地促进双方之间的合作与发展。通过深入研究不同国家的产业特点和合作需求,我们可以更有针对性地制定合作策略,从而促进双方在产业合作方面获得共同的成果和利益。

根据贸易与合作的紧密度,我们将东盟国家大致分为四个类型(见表 5.5)。

表 5.5　东盟国家与中国的产业贸易往来分类

产业合作类型	国　　家	主　要　特　征	原　因　分　析
类型一	越南 泰国 印度尼西亚	与中国的双向贸易结合度和贸易规模较大、增长快,且中间投入与最终消费的贸易结合度均衡发展	资源差异优势、产业转移
类型二	新加坡 马来西亚 菲律宾	对中国进口的贸易依赖度较低,贸易往来水平无显著增长,最终消费的出口竞争力较强	转口贸易、资源差异优势、高附加值信息技术和金融服务
类型三	柬埔寨	对中国的贸易依赖度较强、个别产业合作水平较高,出口竞争力较弱、整体贸易规模小	地理邻近、经济合作协议、中国的投资和援助
类型四	文莱	与中国的贸易往来较少,整体贸易规模较小	经济规模差距较大、产业互补性不足、地理距离和交通成本因素

类型一：越南、泰国、印度尼西亚。这三个国家与中国的贸易往来频繁，且从 2011 年到 2020 年的贸易规模持续增大，尤其是越南在 2020 年已跃居东盟与中国贸易往来的首位，其对中国的出口贸易规模比 2011 年增加了五倍之多。此三国与中国的贸易互补性相对均衡，与中国在中间投入和最终消费层面的进出口贸易均较紧密，呈现出平衡发展的态势。这说明中国与此三国在产业合作与贸易往来的发展空间广阔且稳定，该产业贸易演进模式的形成主要源于双方在资源优势和产业需求方面的互补性，以及近年来对产业转移的共同需求，有利于双方经济相互促进和共同发展，为各国经济带来了实质性的利益和机遇。

类型二：新加坡、马来西亚、菲律宾。这三个国家对中国的贸易依赖度较低。例如，中国出口到新加坡的贸易比例一直低于世界水平，而此三国出口到中国的中间投入和最终消费端的贸易结合度较高，位列东盟国家前三名。从具体行业来看，中国与新加坡的产业合作以服务业为主，如信息技术、金融保险、专业科学技术、艺术娱乐和休闲等。双方提供专业服务，推动技术和文化创新，促进经济发展和人员交流。中国与马来西亚、菲律宾两国的产业合作则更多通过双方资源优势的产业链合作方式，实现资源整合、国际分工和跨境生产合作。以上说明这些国家相对于其他国家，在与中国的贸易关系中更注重自身的出口竞争力和资源优势，而不是直接依赖中国进口。

类型三：柬埔寨。该国家对中国的贸易依赖度较高，无论是出口到柬埔寨的中间投入还是最终消费贸易水平均远高于世界水平，且位于东盟国家之首。但是其整体贸易规模小，出口行业以纺织品、农产品、食品和烟草为主。近些年，随着地理邻近和资源的互补性，中国与柬埔寨签订了多项经济合作协议，涵盖了基础设施建设、农业和纺织等多个领域。相关的技术转移提升了柬埔寨的产业技术水平，实现互利共赢。

类型四：文莱。该国与中国的各层面贸易往来均低于世界平均水平，且贸易规模较小。一方面，是因为文莱和中国在产业结构和优势领域上存在较大差异,缺乏明显的产业互补性,限制了产业合作的深度和广度;另一方面,文莱与中国的地理距离较远,交通成本较高,物流和交通等方面的挑战也影响了贸易往来和产业合作的发展。虽然目前文莱与中国之间的贸易往来规模有限,未来可通过政府和企业的积极推动,加强交流合作,共同努力克服上述障碍,实现双边贸易和产业合作的进一步拓展和深化。

第六章
中国与东盟国家产业合作的效益测算及评价

为深入研究中国与东盟国家产业合作关系，我们需要定量测算两国（地）产业合作的经济效益。这就需要考虑运用反映国家之间产品相互作用的投入产出关系。一个经典的模型是国家间投入产出模型。在 OECD 国家间投入产出数据的基础上，合并国家和部门，我们构建了考虑中国和东盟 8 国的投入产出数据库，通过区位熵测算双边关系中的优势产业部门，考虑最终产品作为外生变量测算国家间合作的冲击模型，并构建出算术平均和加权平均综合评价模型，以测算合作产生的经济影响。

本章内容旨在回答四个问题：一是能否构建考虑最终产品为外生变量的基于国家间投入产出表的冲击模型？二是中国与东盟国家的产业合作中，中国的优势部门有哪些？三是产业合作会给双方的经济发展带来怎样的影响？四是产业合作在不同国家以及部门间有什么不同？

本章通过建立国家间投入产出模型，分析了中国与东盟国家产业合作对双方经济增长和产业结构的影响及其作用机制，并通过区位熵分析确定具有比较优势的部门。本章以 4 个重点产业合作部门为研究对象，利用 2015 年 OECD 国家间投入产出表的数据，以两种极限情形为例，分别测算了中国与不同东盟国家开展产业合作的国别 GDP 的乘数效应，基于这一结果对总的影响效果进行进一步讨论。

第一节　区位熵与区域产业优势测算

测算国家间产业合作效益,我们采用了投入产出模型。在此基础上,构建了产业合作的冲击模型,把合作作为冲击来测算其经济效益。

一、区位熵的基本理论

中国与东盟各国之间的产业合作,选择的一般是具有突出优势的产业部门,而是否具有突出优势,是由部门产值的地区份额来判断的。由此构建的区位熵是区域经济学中的常见术语,用来解释一个地区各个部门的专业化水平与分工状况。区位熵的定义是一个国家(地区)某一部门产值在该国家(地区)总产值中的比重与所有国家(地区)该部门产值所占比重的比值。[①] 区位熵的计算公式为:

$$LQ_j^i = \frac{Y_j^i / Y^i}{Y_j / Y} \tag{1}$$

其中,LQ_j^i 表示 i 国 j 部门的区位熵,Y_j^i 表示 i 国 j 部门的产值,Y^i 表示 i 国的总产值,Y_j 表示所有国家 j 部门的总产值,Y 表示所有国家的总产值。

一般认为,当 $LQ_j^i > 1$ 时,那么 j 部门是 i 国的优势部门,具有一定的比较优势;当 $LQ_j^i < 1$ 时,那么 i 国 j 部门的专业化程度较弱,不具有比较优势。显然,如果一个部门的区位熵越大,那么该部门的专业化程度就越高,越具有区域比较优势。

---

① 李景华. 基于投入产出技术的北京市产业发展战略研究[J]. 中国政法大学学报,2013(3):129-137,161.

二、基于区位熵的中国与东盟国家产业优势测算结果

根据式（1），我们测算出 2020 年中国和东盟 8 个国家基于 45 个部门的区位熵，结果如表 6.1 所示。

表 6.1　中国与东盟国家分部门区位熵

产业	文莱	印度尼西亚	柬埔寨	马来西亚	菲律宾	新加坡	泰国	越南	中国
1	0.112	1.257	2.479	0.783	1.392	0.004	0.969	1.771	0.989
2	0.029	2.357	6.741	0.741	2.296	0.026	0.955	4.295	0.85
3	14.57	1.63	0	2.234	0.105	0	0.709	2.554	0.942
4	12.771	1.461	0.575	0.399	0.563	0	0.373	0.397	1.046
5	28.336	3.265	1.124	5.367	0.585		1.072	0.924	0.794
6	0.041	1.694	0.96	1.388	2.662	0.184	1.465	2.212	0.901
7	0.082	0.543	5.268	0.155	0.417	0.036	0.944	2.019	1.049
8	0.036	1.212	0.342	1.382	0.568	0.036	0.569	1.885	1.003
9	0.059	0.754	0.423	0.837	0.429	0.16	0.582	1.067	1.059
10	5.94	1.136	0.207	2.319	1.156	1.407	1.692	1.361	0.919
11	0.173	0.674	0.086	0.983	0.66	1.125	0.834	0.702	1.035
12	0	0.34	0.109	0.14	0.239	0.848	0.353	0.49	1.105
13	0.049	0.657	0.668	1.402	0.282	0.099	1.494	1.398	1.02
14	0.087	0.43	0.085	0.53	0.272	0.052	0.573	0.845	1.094
15	0.016	0.183	0.084	0.341	0.292	0.095	0.247	0.429	1.13
16	0.055	0.274	0.347	0.733	0.213	0.191	0.525	1.165	1.089
17	0.011	0.201	0	1.979	1.094	2.282	1.727	0.943	0.97
18	0.03	0.602	0	0.444	0.477	0.204	0.553	1.106	1.074
19	0.025	0.313	0.015	0.297	0.119	0.663	0.476	0.33	1.109
20	0	0.54	0.055	0.717	0.27	0.071	1.584	0.577	1.06
21	0.179	1.05	0.161	1.242	0.61	2.752	1.181	1.069	0.953
22	0.048	1.016	0.547	0.787	0.628	1.204	2.868	2.682	0.911
23	0.313	0.919	0.444	0.622	0.732	0.278	1.666	0.453	1.029
24	0.374	0.371	1.251	0.748	0.645	0.738	0.539	0.473	1.078
25	0.603	1.21	0.95	0.534	0.655	0.482	0.379	0.598	1.046
26	0.743	1.977	1.347	1.578	1.91	2.159	1.652	0.791	0.877

续表

产业	文莱	印度尼西亚	柬埔寨	马来西亚	菲律宾	新加坡	泰国	越南	中国
27	0.112	1.102	1.229	0.39	0.934	0.319	0.963	0.615	1.036
28	1.339	0.801	0.719	0.796	1.02	11.451	1.31	0.727	0.769
29	2.979	4.47	1.511	1.919	2.447	3.216	2.757	1.264	0.657
30	0.412	1.167	2.184	1.946	1.227	3.872	0.144	1.308	0.916
31	0.268	0.906	1.969	0.647	0.57	0.994	1.26	0.349	1.028
32	0.508	1.996	3.23	1.48	1.553	0.911	2.199	1.251	0.884
33	0.314	2.738	2.062	1.423	1.34	3.521	2.048	0.744	0.807
34	1.769	2.152	1.753	2.612	1.828	1.098	0.919	1.074	0.884
35	0.369	0.421	0.495	1.166	0.708	5.257	0.453	0.279	0.967
36	1.175	0.899	0.317	1.33	1.834	2.802	1.012	0.652	0.95
37	0.562	1.012	1.374	0.698	1.349	1.438	0.557	0.594	1.012
38	0.592	0.2	0.404	0.441	0.432	1.635	0.334	0.465	1.084
39	0.735	1.547	0.621	0.607	1.992	1.701	0.772	0.3	0.97
40	4.207	1.063	0.595	1.181	1.236	1.303	1.211	0.455	0.986
41	1.555	1.222	0.597	1.153	1.199	0.763	1.273	0.732	0.985
42	1.003	0.703	1.252	0.886	0.792	1.1	0.979	0.525	1.031
43	0.326	1.107	2.584	2.492	2.98	2.335	0.633	1.635	0.888
44	0.155	1.279	1.685	0.379	1.468	0.637	1.01	0.538	1.01
45	0.676	2.869	0	38.43	0	2.503	2.719	0.347	0

数据来源：作者根据 OECD 国家间投入产出表计算。

由表 6.1 测算结果可知，相对东盟 8 国，中国有 20 个行业的区位熵大于 1，说明这 20 个行业具有一定的区位优势，但是相对于东盟各国，需要具体比较在中国、东盟范围内的相对优势。比如，以纺织品行业为例，虽然中国的区位熵达到 1.049，但是在东盟国家中，柬埔寨的区位熵几乎高达 5.27，越南的区位熵也近 2.02，由此可见，不能简单按照区位熵是否大于 1 来区分优势产业部门。为真正厘清中国相对于东盟国家的优势产业，我们需要进行更深入细致的研究。

一个可行的标准是，先考虑中国区位熵较大的行业，比如说中国的区位熵在 1 以上，但东盟各国的区位熵在 1 以下或者至少是小于中国区位熵的行业。

对于其他非金属矿物品业，中国的区位熵为 1.09，而东盟国家的区位熵均小于1,该部门可以作为中国相对于东盟国家的优势产业。对于基本金属品业,中国的区位熵为1.13,东盟国家的区位熵均小于1,该部门也可以作为中国相对于东盟国家的优势产业。对于电气设备,中国的区位熵为1.07,东盟国家的区位熵都小于1,该部门宜作为中国相对于东盟国家的优势产业。对于机械设备业,中国的区位熵为1.11,其他东盟国家的区位熵都小于1,因此,该部门也可以作为中国相对于东盟国家的优势产业部门。

这样,可以考虑区位熵较高的部门有其他非金属矿物制品、基本金属品、电气设备、机械和设备共计4个部门。这些部门的区位熵均接近1.1,表明这4个产业的专业化程度较高,在整体产业中处于优势地位。此外,东盟国家这些部门的区位熵均小于中国,而且数值几乎都小于1,特别是在基本金属品、机械和设备两部门:前者中国的区位熵值为1.13,东盟国家最大的区位熵是越南的0.42;后者中国的区位熵为1.11,东盟国家最大的区位熵是新加坡0.66。这意味着四个产业在东盟国家的专业化程度较低,相比中国的相应产业属于劣势产业,说明中国与东盟国家在这四个部门上具有产业合作的基础优势。

对比东盟国家与中国在这四个部门的产出情况可以发现(见表6.2),东盟国家各部门的产出在总量水平上远小于中国。从这些部门的生产能力角度分析,中国具有绝对优势。例如,中国的基本金属产业在2020年的总产出为1878291.611百万美元,而东盟8国中最大产出国越南才17022.986百万美元,中国是越南的110倍。再看机械和设备产业,2020年中国机械和设备的总产出为1314980.981百万美元,东盟国家中该行业产出最大的是印度尼西亚,也仅19681.829百万美元,中国约是印度尼西亚的67倍。所以,从产业规模和整体区位熵的对比来看,中国与东盟具有产业合作和转移的可能性。

表6.2　中国与东盟国家相关部门的产出比较　单位:百万美元

部门	中国	文莱	印度尼西亚	柬埔寨	马来西亚	菲律宾	新加坡	泰国	越南
14	1034660.96	51.844	21592.099	95.655	11374.586	4620.766	1148.212	16094.284	19047.836
15	1878291.611	17.093	16159.319	166.251	12861.724	8694.928	3662.845	12183.105	17022.986
18	984790.572	17.484	29296.776	0.469	9237.99	7847.32	4367.825	15057.962	24193.528
19	1314980.981	18.509	19681.829	20.755	8001.519	2528.505	18308.704	16730.006	9315.922

数据来源:OECD Inter-Country Input-Output Tables,2021 edition.

接下来,基于国家间投入产出模型,我们进一步测算中国在这四个部门与东盟国家进行产业合作所创造的经济效益,简言之,就是评估双方合作对生产总值增加值的影响。

第二节　双边合作效益的测算及评价

为了评估中国与东盟国家的合作效益,我们可以采用两种极端假设的方法来计算合作效益的范围数值。综合运用量化和质性的评价方式,有助于人们更好地评估合作的有效性、可持续性和优化潜力,为未来的合作决策提供数据支持和建议。

一、合作效益测算

(一) 合作效益测算的基本理论

中国相关部门的产业输出到东盟后,中间投入来源也会随之变化。一部分投入将由东盟各国的相关部门提供。由于东盟各国的不可贸易部门产品只能由各自的相应部门提供,所以应首先将这些部门区分开来。区分方法是利用国家间投入产出表中的数值进行判断。判断标准是:如果中国和东盟各成员国的部门之间存在中间产品贸易,则将该部门归类为可贸易部门;反之归类为不可贸易部门。具体而言,两个国家之间可贸易部门的中间消耗应大于 0,不可贸易部门的中间消耗应等于 0。基于这一区分方法,不可贸易部门包括建筑,住宿和饮食,教育,公共管理、国防和社会安全,健康和社会工作,艺术、娱乐、休闲服务,以及居家私人服务 7 个,余下的部门为可贸易部门。

由于可贸易部门的中间投入可以从中国和东盟各国获得支持,所以产业合作部门采用哪种来源的中间投入就成为企业需要重点选择和权衡的问题。企业决策并不仅仅受到单一因素的影响,而是基于多重因素的综合考量,例如宏观层面的产业政策、产品的质量水平、运输成本和速度、部门供给能力和效率等。可见,具体的中间投入结构非常复杂,受多方面的因素干扰,难以准确测算。为避免中间投入结构对结果产生偏差,本书在计算过程中对变量的值取极限,考虑两种极端情况,从而计算得到一个数值区间。

在此,考虑的两种极限情形是:

(i) 中国相应部门与部门之间的中间投入,即 A_{ji}^{CC} 作为可贸易产品,全部继续由中国对应的生产部门提供,然后直接出口至各东盟国家。

(ii) 中国相应部门与部门之间的中间投入,A_{ji}^{CC} 作为可贸易产品,完全由各东盟国家的相应部门提供,然后出口到中国。

在第一种假设情形下,A_{ji}^{CC} 中的可贸易部门数值等于 A_{ji}^{CC} 中的对应数值,不可贸易部门的数值为 0;A_{ji}^{AC} 中的可贸易部门数值不变,不可贸易部门的数值等于 A_{ji}^{CC} 和 A_{ji}^{AC} 中相应部门的数值的和。

在第二种假设情形下,A_{ji}^{CC} 中产业合作部门的数值不变,其他部门的数值均为 0;A_{ji}^{AC} 中产业合作部门的数值不变,其他部门的数值均等于 A_{ji}^{CC} 和 A_{ji}^{AC} 中对应部门的数值的和。

在确定不同情形下的 A_{ji}^{CC} 后,我们就可以运用投入产出模型计算某一部门产出增长后对所有其他部门增加值的影响。

(二) 冲击模型

如果中国 i 部门的最终产品 F_i^C 面临一个冲击 ΔF_i^C,在其他部门的最终需求 $\bar{F}$ 保持不变的情况下,ΔF_i^C 对其他部门总产出的影响为:

$$\Delta \bar{X} = \left[I - \bar{A}_{21} \cdot (I - A_{ii}^{CC})^{-1} \cdot \bar{A}_{12} - \bar{A}_{22} \right]^{-1} (I - \bar{A}_{22})^{-1} \cdot \bar{A}_{21} \cdot \Delta F_i^C \quad (2)$$

式(2)表明,对本国其他部门的需求以及对其他国家各部门的需求,即对其他部门产出的直接拉动可能源自当中国 i 部门的最终产品 F_i^C 面临一个冲击 ΔF_i^C 时,将会通过 $\bar{A}_{21}$ 产生对其他部门产品的直接需求发生传导。从产业链的角度看,这是对与之相关的上游产业的直接拉动效应。这一需求又通过$(I - \overline{A}_{22})^{-1}$转变为对其他部门产出的完全拉动。这一需求还通过式$[I - \overline{A}_{21} \cdot (I - A_{ii}^{CC})^{-1} \cdot \overline{A}_{12} - \overline{A}_{22}]^{-1}$转变为对所有部门产出的完全拉动。因此,式(2)既包含了中国i部门产出变化对与之相关的其他部门产出的直接影响,又包含了对其他部门的间接影响,还包括了对所有部门的完全影响。由此可见,式(2)是科学测算部门最终产品变化引致经济系统完全影响的冲击模型。

考虑中国与东盟国家产业合作带来的产出变化影响,假设产业合作的形式是中国i部门的企业在东盟国家进行生产,这相当于中国i部门的最终产出扩大,就会导致如式(2)带来的对其他部门产品的需求,进而推动两国产出的增长。

在东盟国家生产的中国i部门虽然保持原来的技术水平,但是中间投入的来源可能会有所不同。由于此时中国i部门的企业在东盟国家进行生产,那么原来由中国提供的一部分中间投入(即A_{ij}^{CC})可能会由东盟国家提供。经济体系价值链中间环节介质是否具备贸易形态,以及焦点企业在实际过程中所遇到的产业政策导向、产品功能异质性、产品可替代性、基础设施固定成本等多方面因素,共同决定了这种替代最终是否发生的现实选择。由式(2)易知,i部门最终产出增长的程度,取决于i部门的中间投入对其他部门的单位消耗$\overline{A}_{21}$。经验上说,这一数值越大,乘数效应越明显,并直接带动该部门在生产中存在产业链关联的其他部门的需求。这一过程的中间投入品既可能来自产业承接方,也可能来自产业转移方,所以双方对i部门的中间投入占比直接决定了该部门产出增长对双方需求的拉动。所以,在分析部门产出对双方经济增长产生多大的影响力时,应首先确定部门采取的中间投入结构和中间投入分配方式。直观上讲,如果产业合作部门采用的中间投入结构偏向于中国,即对中国的直接需求较大,那么对中国的经济推动作用也应该较大;对东盟国家也是同样的道理。所以,产业合作对输出国和接收国产生多大利益,取决于双方的产业合作部门对国内需求的带动效果,最终则是由合作部门的产业投入结构来决定的。

从产品是否可贸易的角度来看,本书提出如下假设:(1)在中国—东盟双边框架下,东盟国家提供中间投入的不可贸易部分;(2)中国提供一部分 A_{ji}^{CC} 中的可贸易产品,东盟国家提供另一部分从中国出口的可贸易产品。这些变化主要反映在 A_{ji}^{CC} 和 A_{ji}^{AC} 上。假设产业合作后的直接消耗系数变为:

$$\bar{A}'_{21} = \begin{pmatrix} A_{ji}^{CC'} \\ A_{ii}^{AC} \\ A_{ji}^{AC'} \end{pmatrix} \tag{3}$$

产业合作的技术水平并不受新的中间投入排列组合的影响,只是中间品来源发生了变化,因此满足条件:

$$A_{ji}^{CC'} + A_{ji}^{AC'} = A_{ji}^{CC} + A_{ji}^{AC} \tag{4}$$

这样,双方产业合作后带来的最终产出扩大对其他部门产出的影响就变为:

$$\Delta \bar{X}' = \left[I - \bar{A}_{21} \cdot (I - A_{ii}^{CC})^{-1} \cdot \bar{A}_{12} - \bar{A}_{22} \right]^{-1} (I - \bar{A}_{22})^{-1} \cdot \bar{A}'_{21} \cdot \Delta F_i^C \tag{5}$$

于是,得到测算双边合作效益的冲击模型式(5)。该模型包含最终需求变动导致的直接效应、间接效应,并最终测算了外部冲击的完全效应。式(5)亦可以用来测算中国和东盟国家产业合作效益,并区分不同国家、不同部门在传递冲击方面的差异。

引入中国 i 部门的增加值率 V_i^C 和其他部门的增加值率对角矩阵 $\bar{V}$,人们可以测算出由此引起的双方各部门的增加值变化。

具体来说,中国产业合作部门的增加值变化为:

$$\Delta V_i^C = V_i^C \cdot \Delta X_i^C \tag{6}$$

其他部门的增加值变化为:

$$\Delta \bar{V}' = \bar{V} \cdot \Delta \bar{X}' \tag{7}$$

由此,得到双方产业合作冲击导致的产量变化模型式(5)以及增加值变化模型式(6)、式(7)。

(三)模型测算与分析

产业合作对东盟国家 GDP 的影响

在假设情形 1 中,产业合作部门的产出增长对 8 个东盟国家 GDP 的边际

影响如表 6.3 所示。式(2)和式(5)分别从两个方面衡量了合作产出增长对
GDP 的边际正向影响。式(2)反映了产业合作部门产出增长带来的直接增加
值增长。这种促进效应是直接、显而易见的。式(5)的结果考虑了产业合作
部门产出增长的溢出效应。这种影响间接促进了除产业合作部门产出增长
之外的其他部门的需求增长,从而其他部门产出随之增长。这种促进效应包
含了全部间接效应的完全效应。

表 6.3　部门产出增长 1 单位对东盟国家 GDP 的影响(情形 1)

部门	文莱	柬埔寨	印度尼西亚	马来西亚	菲律宾	新加坡	泰国	越南	直接效应
14	0.27	0.25	0.26	0.28	0.28	0.29	0.27	0.26	0.25
15	0.17	0.17	0.21	0.18	0.19	0.19	0.18	0.18	0.15
18	0.19	0.18	0.21	0.18	0.18	0.19	0.19	0.18	0.17
19	0.22	0.22	0.23	0.25	0.24	0.23	0.25	0.23	0.21

表 6.3 考虑的是极限情形 1,即中国的产业合作部门直接与东盟国家的
部门进行出口贸易,中间投入全部由中国的生产部门提供。这意味着中国产
业合作部门的产出增长对东盟国家各部门的直接需求影响较小,因此东盟国
家的 GDP 增长受到的直接影响也较小。根据表 6.3 的数据,我们发现,直接
效应对 GDP 增长的推动作用非常关键,占据较大比重,而非通过其他部门带
来的增值增长来实现。在这种情况下,我们可以预期中国相比东盟国家是合
作的主要受益者。具体来说,产业合作部门的产出增长导致中国可贸易部门
的直接需求增加,而对东盟各国可贸易部门的直接需求影响较小,这进一步推
动了中国的 GDP 增长。然而,这种收益并不十分显著,通常在 0.10 到 0.30 个
单位之间。

从不同国家合作成效和不同产业合作部门的经济促进效果两个角度来
看,在各合作国家的效果方面,同一部门的产出增长对东盟各国 GDP 增长的
影响大致相当。在 8 个东盟国家中,与中国合作对新加坡的 GDP 增长影响最
为显著,其次是菲律宾,而对越南的影响最小。在不同产业合作部门的经济
促进效果方面,通过比较各部门的产出增长对东盟国家 GDP 的边际影响,我
们发现,其他非金属矿物制品业在各部门中的表现突出。该部门的增加值率

相对较高,直接效应和间接效应都较为显著,因此其产出增长不仅促进自身的 GDP 增长,也通过带动其他部门的产出增长间接推动 GDP 增长。因此,该部门每增长 1 单位的产出能够带动东盟国家 GDP 约 0.3 个单位的增长。这一数值高于其他部门,凸显了其对 GDP 增长的重要性。相反,皮革与制鞋业的产出增长对 GDP 的促进效果最小,其直接效应和间接促进作用均为所有部门中最低。

表 6.4 考虑了极限情形 2,即中国与东盟各国合作部门的中间投入完全由东盟国家的相应部门提供,然后将产出作为贸易品出口到中国。这意味着从某种角度上看,中国产业合作部门的产出增长不依赖自身,对东盟国家各部门的直接需求非常大,因此增加的直接需求对东盟国家的 GDP 增长有显著影响。与极限情形 1 相比,东盟国家取代中国成为合作中的主要受益者。具体而言,产业合作部门的产出增长对东盟国家可贸易部门的直接需求高,而对中国可贸易部门的直接需求低,因此需求增长主要推动了东盟各国的 GDP 增长。此外,间接效应超过直接效应,某个部门的产出增长更大地带动了其他部门的产出需求和增长,使产业合作对 GDP 的影响更多地依赖于溢出效应。

表 6.4 部门产出增长 1 单位对东盟国家 GDP 的影响(情形 2)

部门	文莱	柬埔寨	印度尼西亚	马来西亚	菲律宾	新加坡	泰国	越南	直接效应
14	0.51	0.53	0.55	0.54	0.55	0.54	0.53	0.56	0.25
15	0.32	0.33	0.33	0.34	0.35	0.36	0.3	0.35	0.15
18	0.35	0.36	0.35	0.36	0.37	0.36	0.58	0.34	0.17
19	0.43	0.45	0.52	0.45	0.41	0.42	0.43	0.41	0.21

和极限情形 1 相比,表 6.4 从两个角度分析了不同国家合作效果和不同产业合作部门对经济增长的影响。不变的是其他非金属矿物制品业仍然在 GDP 促进方面排名第一,但情形 2 中的电气设备业表现最差。这一结果的主要原因在于情形 2 依赖溢出效应,而电气设备业对其他部门的需求影响较小,导致其间接效应不佳,表明与其他部门的关联性和联动性较弱。从另一个角度来看,与中国合作对各国 GDP 的积极影响没有明显差异,都在 0.30 到 0.60 之间,但结果显示产业合作对越南 GDP 增长的影响最显著,对文莱 GDP 增长

的促进效果最低。

综上所述,在情形 2 中,由于产业合作部门的中间投入完全由东盟国家提供,间接效应明显高于直接效应,因此,与中国合作对东盟国家 GDP 的影响在很大程度上受到其自身经济结构的影响。这些部门与其他部门之间的关联性很强,这种联动性将进一步扩大产出增加对东盟国家 GDP 的促进作用。

二、双边合作效益评价

由于极端情况发生的可能性非常低,缺乏实际指导意义,本书参考两种极端情形,计算出期望的平均影响,以综合分析现实情形下产业合作对中国和东盟国家 GDP 的实际影响,并进行全面评价和分析。具体计算结果见表 6.5。该表综合考虑两种极端情形下,产业合作部门每增加 1 个单位的最终产出对中国和东盟国家 GDP 的平均边际影响。根据以上数据,我们可以从不同国家合作成效和产业合作部门经济促进效果的两个角度进行分析。

表 6.5 部门最终产出增长 1 单位对中国和东盟 8 国 GDP 的影响

部门	文莱	柬埔寨	印度尼西亚	马来西亚	菲律宾	新加坡	泰国	越南	
14	0.71	0.71	0.76	0.75	0.76	0.74	0.75	0.78	0.74
15	0.57	0.57	0.61	0.58	0.56	0.56	0.57	0.57	0.57
18	0.57	0.58	0.63	0.63	0.63	0.58	0.75	0.61	0.62
19	0.55	0.55	0.6	0.6	0.6	0.57	0.59	0.6	0.58
	0.6	0.6	0.65	0.64	0.63	0.61	0.66	0.64	

数据来源:作者根据 OECD 国家间投入产出表计算。

就不同国家的合作成效而言,中国与东盟 8 个国家的合作效果并无明显差异,不同部门的最终产出对 GDP 的平均促进效果介于 0.60 到 0.66 之间。在 8 个国家中,中国与泰国的产业合作对两国 GDP 的促进效果居首位,印度尼西亚紧随其后,之后是越南和马来西亚,再之后是菲律宾和新加坡,最后是柬埔寨和文莱。

对不同产业部门的合作经济促进效果进行分析,我们发现其他非金属矿物制品业在中国和东盟国家的 GDP 上具有显著的正向促进作用,平均边际影响为 0.74 个单位,高于其他所有部门。在其后排名的是电气设备业、机械和设备业以及基本金属品业,其对该地区的 GDP 影响分别为 0.62、0.58 和 0.57 个单位,促进作用略弱于其他非金属矿物制品业。

本章旨在定量测算和评估中国与东盟国家产业合作所带来的经济效益。通过改进现有的双边产业合作效益理论模型,我们构建了一个考虑最终产品作为外生变量的国家间合作效应冲击模型。该模型考虑了直接效应和间接效应,能够全面评估外部冲击的效益。在实际应用中,此模型可用于评估中国与东盟国家间产业合作的效益,并能够准确区分不同国家和部门在传递冲击方面的差异。

通过整理、筛选和归纳新的 OECD 国家间投入产出表数据,我们构建了一个包含中国和东盟 8 个国家投入产出表信息的新数据库。利用区位熵作为判断指标,我们从这些投入产出表数据中确定出在中国与东盟国家的产业合作中具有优势的部门。具体而言,这些部门包括其他非金属矿物制品、基本金属品、电气设备以及机械和设备 4 个。

在这项研究中,我们通过比较两种极端情形下每增加一个单位产业合作部门对中国和东盟国家 GDP 的平均边际影响来进行综合评价和分析。实证分析结果显示,其他非金属矿物制品业部门对 GDP 的正向效应最为显著,其次是电气设备业、机械和设备业,基本金属品业的拉动作用最小。

在中国与不同东盟国家之间的产业合作成效方面,根据对 GDP 推动效果的排名,泰国表现最为明显,印度尼西亚紧随其后,之后是越南和马来西亚,再之后是菲律宾和新加坡,柬埔寨和文莱的合作效益最为有限。

第七章
展望与政策建议

2020 年,中国、日本、韩国、澳大利亚、新西兰和东盟国家正式签署了《区域全面经济伙伴关系协定》(RCEP)。在这一大背景下,中国和东盟国家共同努力开展产业合作,已经成为不可逆转的趋势。然而,我们也必须清醒地认识到,与欧美国家之间紧密协调的产业合作相比,中国和东盟国家之间的合作面临着巨大的困难。这种挑战不仅源自各国经济和产业发展阶段的差异,还受制于体制和文化等因素。

过去几年,疫情在全球蔓延,世界经济陷入衰退,中美经贸关系急剧恶化,我国外贸数量大幅下滑。在"六稳""六保"的特殊历史时期,中国和东盟国家的贸易往来超越了与欧盟的规模,双方成为彼此最大的贸易伙伴。深入研究中国和东盟国家之间的产业合作,具有重要的历史意义和实践价值。

第一节 主要结论

本书通过明晰国际区域经济产业合作的基本概念、理论和方法,特别是提出运用博弈论探讨合作机制、使用计量经济学模型研究合作的因果关系和运用投入产出技术测算合作效益,以利于从实证角度深入研究双方的产业合作问题。同时,本书还运用案例分析,从历史角度研究了欧洲产业合作、北美自由贸易区产业合作,以及亚洲、拉美、非洲等其他区域经济组织的产业合作,发现其中的共性和个性规律。此外,本书聚焦中国和东盟国家,采用博弈论构建双方和包含美国在内的三方模型,研究中国、东盟国家和美国各参与者的最优策略选择,以探索各方形成合作的机制。进一步地,基于双方经贸面板数据,运用贸易竞争性指数、贸易结合度指数等分析中国和东盟国家不同层面双边贸易的依存、竞争与互补关系,为当前合作描绘一个较为清晰的轮廓。本书还采用计量经济学模型探讨中国与东盟国家产业合作的路径及其影响因素,包括基于时间序列数据的双边贸易的 Grange 因果关系,以及贸易与投资之间的关系等。另外,还探讨了中国与东盟国家的产业合作模式,运用欧盟国家发布的国家间投入产出表数据(包含除老挝、缅甸外的东盟八国),采用投入产出技术测算中国与东盟之间的产业部门竞争力、产业合作效益。主要结论如下:

首先,构建了考虑美国参与的中国、东盟国家三方博弈模型。不论是双方博弈,还是三方博弈,结论都是一致的。那就是中国应该积极主动地承担起大国责任。无论美国在亚洲太平洋地区、印度太平洋地区采取何种战略,中国都应该坚决执行"一带一路"倡议和"海上丝绸之路"等部署,主动寻求与东盟国家在经济贸易、文化科技乃至全方位的合作,做好顶层设计,不断拓宽双方合作领域,把握新经济带来的机遇。这对中国、东盟国家乃至全球经贸关系都将产生重要影响。

其次,从对中国与东盟国家产业贸易竞争性和互补性的测算与分析来看,近年来,中国和东盟在全球出口贸易中展现出了一定的竞争关系,也存在着广阔的合作空间,以实现互利共赢。两者的竞争性表现出差异性,计算机、电子与光学设备、批发零售与修理、纺织品、皮革与鞋类等行业被认为是中国与东盟国家竞争较激烈的领域。两者的贸易联系日益加强,东盟对中国的贸易依赖度高于中国对东盟的贸易依赖度,从中国进口的商品比重不断增加,尤其是计算机、电子与光学设备、机电设备、纺织品、化工产品等领域。东盟国家向中国出口的产品涉及矿产、能源、农产品、橡胶和水上交通等领域,呈现出较强的互补性。

从特征来看,越南、泰国、印度尼西亚等国与中国的贸易往来频繁,涉及的贸易领域广泛且稳定,主要基于双方在资源优势和产业需求方面的互补性。新加坡、马来西亚和菲律宾等国对中国的贸易依赖程度较低。新加坡主要以高附加值信息服务、金融和文化创新合作为主导。马来西亚和菲律宾则更多的是通过具有资源优势的产业链合作方式,进行国际分工和跨境生产合作。

在第六章,我们建立了一个算术平均和加权平均的综合评价模型,用于评估产业合作经济产生的影响。我们以区位熵为权重,着重计算了每个部门中投入的可贸易品在各个国家之间的来源比例。测算发现,中国在与东盟国家合作中具备优势的产业部门包括其他非金属矿物制品业、基本金属品业、电气设备业和机械设备业。根据极限情况下的结果,我们构建了基于国家间投入产出表的冲击模型评估双边产业合作的效益,发现各部门的产出增长对东盟国家整体 GDP 增长的影响各不相同,尤其在其他非金属矿物制品业方面的拉动效应最为显著,远超基本金属品业、电气设备业、农林牧渔业等。

第二节　双边产业合作的体制、政治阻碍分析

中国和东盟国家进行产业分工与合作时面临诸多挑战。由于产业的国际分工地位较低且竞争激烈,双方需应对经济和产业分工发展方面的问题,这意味着更强调外部依赖。此外,东盟各国的经济和产业发展水平存在较大差异,这也是制约双方产业合作发展的重要因素。除了经济方面的挑战外,体制、政治等领域也存在阻碍合作的因素。

一、经济体制及经济结构上的阻碍

（一）中国和东盟国家的共同问题是市场经济不够完善

在经济一体化过程中,开展产业合作的前提是建立完善的市场经济体制,首先需要通过建立自由贸易区来实现。这是区域市场经济发展的核心体现,也是扩大国内市场经济的一种方式。自改革开放以来,中国不断推进经济体制改革,逐步转向以市场为导向,并根据国际市场需求进行市场经济体制的改革,建设开放型经济。因此,中国在市场经济建设和对外开放过程中实现了迅速发展。到了21世纪初,中国基本建立了社会主义市场经济制度。随后中国加入世界贸易组织(WTO),标志着市场经济的发展进一步与国际接轨。在加入WTO后的20年中,中国严格按照世界贸易组织的规定,持续完善国内体制。2004年,在中国与东盟国家领导人举行的第八次会议中,中国完全市场经济地位已被东盟各国承认。2020年,中国已建立起更加完善的社会主义市场经济体系。

自20世纪六七十年代起,东盟五国与亚洲"四小龙"——韩国、中国台湾、中国香港、新加坡——共同推进经济体制改革,扩大对外开放,促进市场化进程。从70年代到90年代,东南亚地区经历了快速的经济增长。随后,东盟扩展了成员国,包括缅甸、越南、老挝和柬埔寨,这些国家也开始进行市场化改革,并逐步扩大对外开放。

尽管东南亚经济经历了数十年的快速发展,但在1997年爆发了严重的金融危机。事后,普遍认为危机的根本原因在于经济体制的缺陷。东南亚国家的经济体制不完善,甚至存在严重漏洞,因此在面对金融危机时,东盟国家遭受了较大的冲击。然而,尽管经历了这场危机,许多国家并未从中吸取深刻的教训,既没有从宏观层面上进行经济体制的根本改革,也没有改善企业治理结构。在推动区域贸易一体化的过程中,核心依然是促进外资直接投资。

贸易的自由化以及外国投资的作用是有限的,东盟国家体制上的缺陷必须由内部加以改进。从 20 世纪 90 年代开始,东盟的经济发展就非常依赖对外贸易和外国投资。之所以会出现金融危机,并不是因为这一地区在资本和出口上缺乏发展机会,而是公司治理没有进一步完善,并且腐败现象极其猖獗,进而导致企业效率低下,资本也被大量浪费。如果不从本质的体制上进行改革,在东盟国家推进经济一体化的过程中,这些问题会暴露得越来越明显。其中,经济体制状况最好的东盟国家是新加坡,目前它的经济体制水平处于世界前列。但由于它与东南亚联系太过紧密,一旦发生系统性危机,覆巢之下,焉有完卵,新加坡也难以独善其身,很容易就被卷入经济危机中。

东盟国家市场中的机会和资本经常会出现波动起伏,这是极其正常的。如果经济体制健康良好,就能够充分发挥积极作用。当全球经济带来冲击时,凭借良好的体制可以抵消部分冲击。东盟要想继续发展下去,并且不断扩大自身的市场规模,就必须对现有的经济体制进行改革。但是现在面临的最重要的问题是,该国的领导人能否发现并重视体制改革带来的正面作用。

从市场体制的发展角度来看,世界银行方面的调查表明,大部分发展中国家之所以遇到很大的阻碍,一是法律基础体制薄弱,条文错综复杂;二是司法腐败现象严重;三是企业注册时流程十分烦琐;四是银行对于发展中国家的信贷不够信任。所以,世界银行向全世界呼吁,发展中国家应该有勇气尝试新的体制和模式,并且将信息和交易公开流动起来,这样各经济要素才能更加灵活地沟通。同时,地区、企业和个人要加大竞争力度,多种举措并行才能提高市场的灵活性,实现经济的进一步发展。

对于跨国经营企业,营商环境对其发展有着直接的影响。东南亚各国属于发展中国家,在市场和技术方面竞争力有限,要素市场存在价格扭曲,不仅常规的生产经营要素价格比较低,而且最为重要的劳动力的能力水平也相当低,市场很小,法律法规也不完善。所以,跨国企业在投资时必须考虑以下几个因素,比如该国的政治是否处于稳定状态,文化差异带来的不同影响,资金流动、投融资是否方便,以及经营成本、营销成本等。

RCEP 的目标之一是塑造一个理想的投资体制,它不仅透明开放,还富有竞争性,同时能够带来便利。这样中国和东盟进行合作时才会更方便地投资,从而加强对双方经济的改善。

从市场经济的发达程度来看,中国和大多数东盟国家不够发达,政府在管理方面也没有相应的经验,在市场体系和机制方面需要进一步完善。在进行产业合作时,应该先推进市场间、企业间的合作,之后是政府间的合作。中国和东盟的大多数国家原来所推行的都是社会主义计划经济,或者是军人管制,虽然后来纷纷进行了市场经济改革,但是市场经济模式建设并不是一蹴而就的过程,而且由于政治、民族、文化等多方面的复杂影响,这些国家在发展市场经济时企业不能自由地进行竞争,各类信息不够透明、公开,政府会进行多方面的干预。后来之所以会发生金融危机,与这些弊端有很大关联。如果国内经济体制本身就存在漏洞,那么在开展产业合作时也无法深入,时常会出现各种问题。

(二)中国和东盟国家存在的普遍问题是经济结构不完善

发展中国家在发展经济时通常会出现结构性的问题,而且这个结构问题涉及社会的各个方面,包括地区、城乡、产业、产权等,其中处于核心位置的是产业结构。从这一点来说,中国和东盟国家都有这样的问题。特别是在全球化日益发展、区域经济一体化愈发明显的今天,这些结构性的问题越来越明显,暴露得越来越突出。今天经济全球化占据主导地位的产业依然是金融服务产业和高科技制造产业,这些产业能够通过经济全球化浪潮发挥作用。例如,可以带来大规模的生产经营要素流动,给产业带来大量的资金扶持,让各国和各行业的企业能够跨国、跨行业地联合等。高技术背后代表的是质量发展。质量发展一般涉及两个方面:一是对于已有的、传统的产业进行升级改造,二是促使更多的新产业、新模式、新业态崛起。对于发展中国家来说,传统产业还处在较为初级的阶段,所以对高技术的改造,面临着严峻的考验和巨大的阻碍。

推动发展中国家产业升级的一个办法是引入外部力量,即需要外资的进入。但是,外资进入是为了谋取利润,金融体制上的不完善,容易被很多外国企业抓漏洞、钻空子。许多外国企业利用体制漏洞和空隙,迅速进入东南亚市场。这种情况的根本原因在于东南亚长期存在的体制漏洞,导致大量工商资本在短时间内被国际金融资本抢占。这也正是东南亚金融危机的教训之一,表明一个国家要实现全球化和技术进步,必须确保金融体制的完善,避免任何漏洞。"亚洲四小龙"在进行结构调整时,一个关键环节就是加强金融体系的监管和影响力。中国在 20 世纪 90 年代后期积极引进外资,一方面,这一举措为中国的迅猛发展提供了强大动力。外商的投资不仅大幅提升了中国的综合国力,也推动了外贸的飞速增长,使中国成为全球第二大经济体和第一大贸易国。这些成就离不开外资的巨大贡献。然而,从另一方面来看,外商投资虽然促进了经济发展,但对于产业结构的优化和整体竞争力的提升作用有限,尤其是在高科技和金融等第三产业领域,问题的根源在于中国自身的产业结构问题。

随着经济全球化和智能化的快速发展,东盟国家认识到如果不及时调整和升级产业结构,原有的竞争优势将逐渐消失。为了进一步推动国内经济发展,各国都在积极进行产业结构的调整和升级。

自改革开放以来,中国不仅迅速融入全球化进程,而且在产业结构调整方面也取得了显著进展,特别是在过去十多年中,中国加大了产业升级和结构调整的力度。农业方面,除了成功解决了 15 亿多人口的基本食物供应问题外,农产品出口在外贸中的比重也持续增长;工业方面,中国建立了较为完善的现代工业体系,稳步推进工业化,成为新兴的制造业大国;在第三产业方面,金融、电信、保险、商业服务等各项体系的建立为社会生产和生活提供了重要保障。然而,在全球化和区域一体化的背景下,中国的发展仍存在进一步完善的空间,亟须进一步优化产业结构和提升发展质量。

调整经济结构的整个过程是持续的,并且是来自内部的,需要全社会共同的力量,并以市场化的方式进行。政府在推动市场发展时要提供制度保障。从美国硅谷的成功例子来看,之所以会出现高新技术区,政府的战略规划并不是主要原因,而是当产业发展到一定程度,社会和市场就会在某一区域进行整合,其中包括教育、文化、资本、技术等。所以,硅谷的出现,并不是人为的战略安排,而是一种偶然,但在美国必然会出现高新技术企业群体。

而日本、欧洲在这方面的机制还不够完善,所以各个国家都在学习美国的经验,从制度入手,鼓励风险企业发展与壮大。对中国和东盟诸国来说,调整产业结构是一个任重而道远的任务,真正重要的是对目前的产业结构进行升级乃至重构、拔高。这将是一个更加艰难,也更长远的过程。

二、政治文化及其他方面的障碍

(一)政治制度和政治体制的复杂性

从历史文化角度来看,中国与东盟国家具有一定的文化共性,均曾受到西方列强的殖民或半殖民统治,且都深受儒家文化的影响。然而,从近一百年来的政治体制差异来看,东盟各国呈现出显著的多样性。在政治体制方面,实行人民代表大会制度的国家仅有中国和老挝;泰国、马来西亚及柬埔寨则采用君主立宪制,但由于各自独特的历史背景,这三国虽然制度名称相同,实质运作和具体政治特色存在较大差异。印度尼西亚和菲律宾实行总统制民主共和政体,但两国在政治文化和制度实践上亦有明显差别。越南和新加坡则采用议会共和制,这一制度深受西方民主传统影响。文莱则维持着绝对君主制这一古老政体。缅甸的政治体制最为特殊,实行军政合一,军方在政治中占据核心地位。上述政治体制的多样性反映了东盟国家在历史、文化及社会结构上的复杂性,对区域合作和政治互动产生重要影响。[①]

虽然从文化上说,东盟和中国的渊源比较深,但是政治上却存在较大的差异。特别是近些年的南海问题,让东盟国家在内心深处对中国一直存在看法。他们担心中国的崛起会给自己国家的军事和经济带来很大的威胁。同时,由于中国经济的迅猛发展,吸引了大量的外资,以及生产了大量物美价廉的产品,东盟国家普遍感受到了竞争的压力,"中国威胁论"等言论泛起。

东盟国家内部也不是铁板一块,在历史上有过许多的冲突和矛盾。例

---

① Acharya, A. Constructing a Security Community in Southeast Asia: ASEAN and the Problem of Regional Order. Routledge, 2014.

如,部分国家之间、民众之间的积怨已深,在最敏感的领土主权问题上有过多次争端,甚至个别国家政局不够稳定。

区域经济合作的顺利推进离不开核心经济力量的支持,许多事务需要核心经济力量的协调和引导。然而,从东盟国家的核心经济力量来看,内部缺乏足够强大的协调机制,特别是在主导权问题上存在较大的争议。区域内核心国家的主要作用是确保各国政策和经济发展保持协调一致,但目前东盟缺乏这种核心国家。由于缺少这样一股重要的力量,东盟各成员国的凝聚力相对较弱。尽管新加坡作为东盟的发达国家成员,在东盟内的发言权和地位较高,但由于其历史上与美国和以色列的密切关系,并且多采用单边策略,因此新加坡想要占据主导地位面临很大挑战。

(二) 其他外部干扰因素

在中国与东盟国家的产业合作过程中,还需要考虑一些外部因素,这些因素在某些情况下可能发挥至关重要的作用。从现实情况来看,中国与东盟的关系非常紧密,彼此相互影响、相互依存、相互作用。然而,如果中国与东盟的合作引起了其他国家的威胁感,或被视为针对自身的措施,那么在这种情况下,要实现深度产业合作将面临许多阻碍。这里提到的外部干扰因素主要是美国和日本。

随着中国与东盟国家关系的日益密切,中国在东亚地区的影响力不断扩大。原本在该区域占主导地位的美国和日本,对中国的崛起必然会有所介入和反应。

中国与东盟国家日益紧密的合作让美国感受到一定的威胁。美国—东盟商业理事会多次向美国政府施压,要求采取措施阻止中国与东盟建立自由贸易区。此外,理事会建议美国在未来数年内推动建立更为紧密的美国—东盟自由贸易区,以此遏制中国在东南亚地区的影响力,从而维护美国在这一地区的既得利益。为此,美国针对东盟国家制定并实施了多项战略部署。

作为亚洲传统经济大国,日本也希望在东盟经济一体化进程中发挥重要作用。然而,历史上由于日本曾对东盟国家实施侵略,两者之间的合作始终存在一定障碍。因此,在推动东亚经济一体化的过程中,日本难以占据有利地位,其作用受到较大限制。

从安全角度来看,东盟国家对中国和日本未来发展的态度存在一定的疑虑,因此对美国在东盟国家领土上的军事驻扎采取了微妙的态度——允许美军继续驻扎。这种态度在东南亚多个国家表现得尤为明显。例如,新加坡是美国在亚太地区的重要军事存在地,不仅驻扎着美军,还设有军事基地。同时,泰国与美国在军事驻扎和力量部署上也有着深厚的联系,菲律宾则长期以来是美军在亚太地区的战略要地。

在军事影响方面,美国对东盟国家的影响非常深远。经济上,东盟国家更多地依赖日本的资本和技术支持;政治上,则表现出与中国的密切互动。东盟刻意在大国之间营造一种战略平衡,但这种平衡始终处于复杂的历史渊源与现实矛盾之间。无论是日本、中国还是美国和俄罗斯,由于种种矛盾的不可逾越,所以,它们在与东盟国家合作时遇到了很大的阻碍。在未来的合作发展中仍然会有许多阻碍,东盟国家所采用的平衡战略,本身就很容易被打破。从某种角度上说,这也是一种冷战思维。国家在考虑利益时,政治安全处于首要地位,所以中国和东盟的合作也面临着这方面的问题。

中国与东盟国家在最为敏感的领土主权问题上存在诸多分歧,且这些争议预计将在可预见的未来持续存在。因此,为了妥善解决矛盾,增加多方共识,减少国与国之间的分歧,我国和东盟任何一个国家都面对必须完成的考验。在这种争端下合作,就更加需要每个国家有高超的政治智慧、超前的意识、广阔的心胸,才能推进各国间进一步合作。

第三节　推进双边产业合作的对策建议

随着 2020 年中国与东盟国家全面经济合作伙伴关系协议的签订,中国与东盟国家的经济合作已经进入了全面实施阶段。但是由于中国与东盟国家产业发展相对较弱,双方产业的竞争性较强,加上政治、文化等方面的因素,双方的产业合作将面临一些困难。对于如何开展产业合作,双方需要进行全方位的系统考虑。

一、推动中国与东盟国家的产业整合和产业升级

中国和东盟国家由于存在一定的产业竞争性,这种竞争不会因中国与东盟国家的合作而增加或减少。在欧盟和北美自由贸易区,这种情况也是普遍存在的。区域合作就是要变劣势为优势,让优势得到更好的展现。

(一)形成中国与东盟国家更紧密的产业分工

从国际分工方面来看,传统的方式主要是通过产业,而在当代,国际分工主要以价值链为基础。随着规模经济的进一步扩大,产业在内部分工上也进一步深化,传统的产品之间已经没有原来那样明确的界限,无论是劳动、技术、资本,不同密集型的产品也没有严格的区分。无论生产哪种产品,某一些生产环节仍可以独立出来,从而转移到其他国家,降低生产成本。于是,跨国公司根据各国的比较优势,在不同国家生产特定的中间产品,逐步延展生产链、价值链和产业链。在这一过程中,跨国公司主要负责决策,通过企业内部贸易构建跨越国界的区域性生产网络。该生产模式充分利用各国优势,优化资源配置,最大限度地提升整条产业链的价值与效率。

近些年,中国经济迅速发展,由中国所带来的市场不断扩大,中国和东盟国家形成合作,目前正在变成新的经济增长链。这个结构以中国为中心,吸引外来投资和加工生产,然后发挥跨国公司的作用,通过公司的生产销售网络在东盟各地区形成相应的合作分工。这是一种水平式的联系,中国在这一结构中发挥着中心枢纽的作用,推动中间产品的分工,进一步促进各地区经济活动的发展。随着合作的不断深化,这种分工将更加精细,技术创新的内涵也会日益丰富。未来,中国与东盟的合作将成为推动地区经济发展的重要动力来源。可以看出,中国产业与东盟国家的分工合作契合东亚整体经济发

展趋势,且在实际推行中具有较高的可操作性。

当前,随着《区域全面经济伙伴关系协定》(RCEP)的签署,为了进一步畅通内部经济活动并加速统一市场的建立,各国需要提供政治制度保障,并加强政治协调与沟通。中国与东盟应抓住这一机遇,充分挖掘双方的互补性和潜在合作可能性,发挥各自优势,通过不断协调发展战略和产业政策,共同推动贸易合作迈向新阶段,切实发挥区域合作的积极作用。

(二) 推动中国与东盟的产业升级和产业集聚

当前,数字经济正以迅猛的速度推动全球经济发展,对产业发展产生了深远而重大的影响。不仅体现在数字产业化和产业数字化的发展上,还包括一种虽尚未成为主流、但正在对产业结构进行历史性变革的趋势——数字化推动的产业融合。在中国与东盟国家的产业合作中,这一过程伴随着产业升级的深入推进,展现出广阔的发展前景。

另外,中国和东盟国家在发展合作中要重点推进产业集聚。这是现代经济和产业发展非常重要的特点与方式。要想推动产业进一步升级,这种方式也是最明确、有效的。科技型产业在发展过程中不能按照传统产业的发展模式,科技产业发展需要有很多配套的条件,无论对硬件还是软件都有需求,而政府不能完全提供这些,所以有些方面需要靠企业提供。这就是产业集聚出现的来源。发达国家在进行区域活动时,在产业集群方面已经有明确的发展,所以中国和东盟国家在开展产业合作时,应该意识到这方面的重大作用。只有不断推动产业集群发展,政府和市场才能厘清边界、各司其职、通力合作,促进科技创新,从而使产业获得长足的进步与发展。20世纪90年代以后,产业园区这一新模式在祖国大地上遍地开花,如雨后春笋一般,对我国高新技术企业的诞生、发展、壮大做出了不可磨灭的贡献。然而,在推动中国与东盟国家企业合作的过程中,目前仍存在一定的困难。从投资角度看,中国对东盟国家的投资规模相对有限。因此,未来的发展需要针对这些关键问题制订切实可行的解决方案,以有效推动双方的共同发展,并进一步建设农业、工业及高科技园区。中国与东盟可根据各自实际情况,在本国建立具有互补特色的产业集群。例如,中国可以在农村或城市地区设立具有东盟特色的农业生产基地、工业制造园区和科技创新产业园;同时,东盟国家也可精心选址,建设体现中国特色的农业生产基地、工业制造园区及科技创新产业园区。这种互惠共赢的模式将为双方合作提供强有力的支撑。

(三)统筹考虑中国与东盟国家以及与美、日、韩等国的产业分工

中国与东盟国家的经济和产业与美、日、韩等国紧密地联系在一起。美、日、韩的经济发展对中国与东盟国家的经济发展十分重要。中国与东盟国家在产业合作过程中也应该积极与美、日、韩等国进行合作。在考虑产业分工和合作方面,中国应该统筹安排。只有仔细考虑好与东盟国家以及美、日、韩等国的具体分工合作,才能够更加促进中国与东盟在产业方面的合作。

二、发挥政府与企业在产业合作中的作用

中国与东盟国家在进行产业合作时,最终目的是通过发展开放经济,使各国在产业结构和经济方面都得到优化。主要的推动者是政府和企业。

(一)加强政府对中国与东盟国家产业合作的引导

分析中国和东盟的产业合作,到目前为止,毫不夸张地说,政府起到的作用占到了80%以上。正是由于政府持续、精准地强力推行,所以全方位的经济产业合作也在突飞猛进地发展。但我们同样要看到,单靠政府主导并不是"万能药",也会出现一些问题。截至目前,中国与东盟的产业合作中,政府发挥了主导作用,贡献比例超过80%。正是由于政府持续且精准的推动,双方的经济与产业合作得以快速且全面发展。然而,单纯依赖政府主导并非万能,仍存在一些不足之处。例如,部分政府部门虽积极倡导与东盟的合作,但实际行动多停留在口头和文件层面,对于指导、服务及支持在东盟投资和运营的企业,关注和帮助力度仍显不足。

另外,为调整产业结构,国家必须加强对产业的未来规划,政府之间要进

行协调。这些问题都要求政府进行转型。政府应明白其在合作中最重要的作用应该是为经济合作提供政治和制度方面的帮助。在管理机制方面,政府要厘清每一个环节,进行财政补贴,例如返还税费、贴息贷款等普惠金融政策;还可以根据项目特点特事特办。例如,如果是某种大型基础设施建设项目,这种项目能够对我国的出口有着不可估量的推动作用,那么就将该工作做在前面,提前进行相关地质勘测和经济谈判等,并给予一定的补贴,让政策落到实处。同时,政府还可以扩大投资的范围和深度,因地制宜。例如,针对西南沿边地区,那里最为欠缺的就是基础设施建设、交通网络布局。因为更为注重基础设施建设,以及交通网络的建立,政府可以颁布激励性的政策,鼓励沿海发达地区进行产业转移,推动产业结构化升级,进一步扩大开放的范围,调整产业结构。

应积极为企业提供服务。例如,针对东南亚市场的供需动态,政府需定期发布公告,并对市场情况进行深入分析。特别是对于有代表性的企业家,政府部门应保持密切沟通,倾听意见,向其传递东盟的投资环境信息及未来合作项目规划。同时,可组织企业家赴东盟国家开展实地考察、招商洽谈等活动,促进中国企业与东盟市场的紧密对接,并帮助企业更真实地了解东盟各国的市场状况。

此外,政府应推动更多开发区的设立,并鼓励各类企业积极投资。可以通过举办博览会等形式多样的交流活动,搭建沟通与合作的平台。中国与东盟十国可以共同组织此类活动,为体制、政策等领域的协调创造渠道。同时,双方企业家、技术研发人员、一线员工及贸易商等也可通过这些活动开展面对面的交流和合作。通过博览会等机制,东盟企业可更高效地进入中国市场,实现互利共赢。

(二)推动企业成为中国和东盟产业合作的主体

在市场经济体制下,产业的发展是由企业来推动的,所以在进行产业合作时,主要是各企业开展合作。在产业合作中,政府的作用应该占据主导,但是在贸易、投资、技术等方面,必须靠企业来推动。所以,中国和东盟国家在进行产业合作时,应该明确最终的主体。目前有关东盟的市场情况主要是政府和研究机构重点关注,而企业关注的并不多,合作意识比较弱,政府在掌握机会面前更加主动,企业反而落后于政府,政府想要推动,但企业却没有进一步动作。

中国企业家应深入了解东南亚市场的特点、内部供求关系及未来发展趋势,以便在市场开发过程中精准定位,抓住并创造商机。同时,还需熟悉东南亚各国的相关政策及政府的主要动向,这是企业在开拓市场、创造商机和开展合作中的基本前提。在运行机制方面,中国企业家还需详细研究东南亚企业的管理模式、业务运作及合作特点,以确保企业间的合作更加高效和具有针对性,从而实现共赢发展。

(三) 加强各种中介组织的作用

中国和东南亚地区非政府组织有很多,例如商会、行业协会等。这些组织具有很强的中介特性,在工作时可以更加灵活,搭起沟通的桥梁,组织的成员也更具代表性,涉及的范围更广。所以,政府应充分发挥这一组织的作用,了解企业的发展情况,进而规范企业经营行为。同时,针对商会活动,企业也应该积极参与进来,反映相关的问题。在经贸合作过程中,企业要分享交流相应的经验教训,通过经验积累,共同协作开发市场。中国和东盟国家商会之间应该建立起合作关系,涉及范围广,同时要经常联系,并且规划长期合作,如共同举办研讨会、招商会、展销会、论坛等,让企业的商业发展平台更加开阔,并提供更多的商务信息和中介服务。针对经贸合作中出现的问题和建议,企业要及时向政府部门反映,辅助政府发挥作用。这方面非常成功的例子就是中国东盟商会。

三、加强政治文化及其他方面的交流与合作

经济基础和上层建筑相互作用,在中国与东盟国家的产业合作中也同样如此。

（一）加快中国与东盟产业合作的组织化和制度化进程

中国在与东盟合作时，由于政治制度存在差异，而且在很长的时间段都处于对立的状态，彼此的沟通了解比较少。近些年，由于在世贸组织、亚太经合组织等场合彼此的交流增加，所以逐渐开始有了经常性的沟通。

未来还可以考虑推动构建中国和东盟的命运共同体。目前中国和东盟在合作时，政治和经济方面不太平衡，所以应该将中国与东盟的政治、经济合作组织制度化、常规化。

制定中国与东盟国家合作组织的活动章程。当双方在政治、经济等各个方面合作时，应该有明确的章程规定，所以要制定相应的活动章程。各国要明确相应的权利和义务，以及合作后能达成的目标，在合作中享有怎样的权利，以及能够切实得到怎样的惠利，这样各国在参与该组织时才会有足够的积极性和动力。

（二）推动科技教育和文化交流

经济、政治、文化三方面是密切融合的，在处理国际和区域关系时也是如此。国家在国际和区域进行合作时，文化交流有着独特的作用。中国和东盟各国从文化的角度来说，本身具有较大的相似性，所以更是如此。

第四节　研究不足和未来展望

本书详细探讨了中国与东盟国家产业合作的效益及成果，利用博弈论、计量模型定性研究、案例分析等方法，从合作模式的选择、产业竞争力、合作效益等方面得出了较为丰富的研究结论。然而，受篇幅与本人研究精力所限，本书的研究仍存在一定的不足。在未来的研究中，笔者还将对书中以下几个方面的不足进行优化。

从数据资料方面看,由于老挝、缅甸经济体量较小,现在世界上还没有包含中国和东盟10国的国家间投入产出数据库,本书采用的是目前学术界常规的方法。在未来的研究中,笔者需要挖掘更多的样本,使实证结果更具代表性,更能全面反映中国与所有东盟国家产业合作的情况。今后,会进一步寻找或者通过间接测算的方式获得老挝、缅甸两国的数据资料,提高研究的实践价值。

从理论方法来看,在构建以最终产品为外生变量的基于国家间投入产出表的冲击模型后,还需要假设产业合作中间投入结构的构成,这样能运用极限情形估计区间值,但不能得到准确的点估计测算。不得不说这是该研究理论方面存在的不足。因此,在后续研究中,如果能综合考虑概率分布得到一个均值,可能会在实证方面做出重要改进。

主要参考文献

一、中文文献

[1] 吕洪良.中国与东盟国家间的产业合作研究[D].武汉:华中科技大学,2005.

[2] 韩微.黑龙江省对俄林业产业合作研究[D].哈尔滨:东北林业大学,2007.

[3] 姜永铭.跨国区域经济合作与发展研究[D].长春:吉林大学,2009.

[4] 冷志明,张合平.基于共生理论的区域经济合作机理[J].经济纵横,2007(4):32-33.

[5] 汤建中,张兵,陈瑛.边界效应与跨国界经济合作的地域模式:以东亚地区为例[J].人文地理,2002,17(1):8-12.

[6] 张丽君,郑妍.云南边境对外贸易成就、问题与对策研究[J].中央民族大学学报(哲学社会科学版),2014,41(2):43-51.

[7] 衣保中,张洁妍.东北亚地区"一带一路"合作共生系统研究[J].东北亚论坛,2015(3):65-74.

[8] 吕余生.21世纪海上丝绸之路建设的产业合作探索[J].东南亚纵横,2014,11:11-13.

[9] 廖淑萍.中国—东盟引领"一带一路"产业合作[J].中国经济报告,2017,5:33-35.

[10] 李东晋.深化粤港澳大湾区面向东南亚对接合作,加强国际产能合作和产业梯度转移统筹谋划[J].现代管理科学,2019,7:46-48.

[11] 战伟."一带一路"与东盟的经贸合作及路径研究[J].智库时代,2018,19:54-55,58.

[12] 杨宏恩,孟庆强.市场对接、产业融合与打造中国—东盟自由贸易区升级版[J].求是学刊,2016,43(4):51-57,173.

[13] 徐颖.区域经济一体化的国际产业合作分析[J].生产力研究,2017,6：54-58.

[14] 胡晓珊.中国与东盟自由贸易区的博弈研究[J].亚太经济,2004(5)：42-44.

[15] 蔡洁,宋英杰.从合作博弈角度看中国—东盟区域经济合作[J].当代财经,2007,2：96-101.

[16] 王立平,李缓.制造业智能化、产业协同集聚与经济高质量发展：基于高技术产业与生产性服务业实证分析[J/OL].管理现代化,2021,2：24-28.

[17] 梁琦.知识溢出的空间局限性与集聚[J].科学学研究,2004,1：76-81.

[18] 韩峰,阳立高.生产性服务业集聚如何影响制造结构升级？一个集聚经济与熊彼特内生增长理论的综合框架[J].管理世界,2020,36(2)：72-94,219.

[19] 帅彦竹,朱鹏洲.产业集聚、FDI对出口产品质量提升的影响——基于制造业企业的分析[J].东北财经大学学报,2020,6：38-47.

[20] 苏丹妮,盛斌,邵朝对,等.全球价值链、本地化产业集聚与企业生产率的互动效应[J].经济研究,2020,55(3)：100-115.

[21] 文东伟,冼国明.中国制造业的空间集聚与出口：基于企业层面的研究[J].管理世界,2014,10：57-74.

[22] 傅十和,洪俊杰.企业规模、城市规模与集聚经济——对中国制造业企业普查数据的实证分析[J].经济研究,2008,43(11)：112-125.

[23] 陆毅,李冬娅,方琦璐,等.产业集聚与企业规模——来自中国的证据[J].管理世界,2010,8：84-89,101.

[24] 梁琦.中国制造业分工、地方专业化及其国际比较[J].世界经济,2004,12：32-40.

[25] 殷醒民.论长江三角洲城市圈的产业分工模式[J].复旦学报(社会科学版),2006,2：42-53.

[26] 孟德友,陆玉麒.中部省区制造业区域专业化分工与竞合关系演进[J].地理科学,2012,32(8)：913-920.

[27] 吕卫国,陈雯.江苏省内一体化、制造业聚散与地区间分工演化[J].地理科学进展,2013,32(2)：223-232.

[28] 李学鑫,苗长虹.城市群产业结构与分工的测度研究——以中原城市群为例[J].人文地理,2006,4：25-28,122.

[29] 姜晓丽,张平宇,郭文炯.辽宁沿海经济带产业分工研究[J].地理研究,2014,33(1)：96-106.

[30] 毛艳华.泛珠江三角洲的产业分工与协调机制研究[J].中山大学学报(社会科学版),2005,1：103-108,127-128.

[31] 李娜.基于新国际国内背景下的产业分工机理分析[J].世界地理研究,2008,17(4)：9-16.

[32] 王婷,芦岩.城市群内产业分工格局的影响因素分析[J].理论与现代化,2010,5：71-76.

[33] 陈永国.技术转移与京津冀产业分工协作[J].经济与管理,2007,10：26-29.

[34] 吴崇伯."一带一路"框架下中国与东盟产能合作研究[J].南洋问题研究,2016,3.

[35]　陈慧."一带一路"背景下中国—东盟产能合作重点及推进策略[J].经济纵横,
　　　 2017,4.

[36]　赵静.中国—东盟国际产能合作战略研究[J].宏观经济管理,2017,5.

[37]　严佳佳,曾金明."一带一路"倡议下我国与东盟产能合作研究[J].福州大学学报
　　　 (哲学社会科学版),2018,3.

[38]　张鑫.中国—东盟农业产业链一体化合作研究[J].世界地理研究,2017,26(6):
　　　 22-30.

[39]　翁鸣.从产业协调看中国与东盟农业合作发展的新动力[J].国际经济合作,2015,
　　　 11:67-69.

[40]　俞国祥,胡麦秀."21世纪海上丝绸之路"背景下中国与东盟水产品贸易的竞争性和
　　　 互补性研究[J].海洋开发与管理,2018,35(2):11-16.

[41]　王勤.面向工业4.0的中国与东盟区域合作[J].创新,2019,13(5):17-24.

[42]　骆永昆.中国与东南亚国家的海洋产业合作[J].国际研究参考,2018,2:30-36.

[43]　张越,陈秀莲.中国与东盟国家海洋产业合作研究[J].亚太经济,2018,2:19-
　　　 27,149.

[44]　李娅,缪靖羽.中国与东盟天然橡胶产业合作分析:"一带一路"背景下中国与东盟
　　　 地区天然橡胶产业的再认识[J].资源开发与市场,2016,32(10):1223-1227.

[45]　何勇.中国与东盟国家天然橡胶产业竞争与合作分析[J].世界农业,2016,5:
　　　 130-135.

[46]　郑一省,陈思慧.中国与东盟国家"新经济"产业合作展望[J].广西民族大学学报
　　　 (哲学社会科学版),2008,3:90-94.

[47]　吕政宝,吴晓霞."一带一路"建设下中国—东盟文化创意产业融合发展研究[J].广
　　　 西社会科学,2018,5:57-61.

[48]　张江驰,谢朝武."一带一路"倡议下中国—东盟旅游产业合作:指向、结构与路径
　　　 [J].华侨大学学报(哲学社会科学版),2020,2:25-34.

[49]　刘泽英,许立.油茶产业成中国—东盟深化合作新领域[J].中国林业产业,2019,11:
　　　 16-17.

[50]　高杰.中国—东盟养生产业合作开发路径研究[J].中国西部,2019,2:44-51.

[51]　赵锋,马奔,陈增贤.绿色"一带一路"背景下中国—东盟环保产业合作博弈分
　　　 析[J].石河子大学学报(哲学社会科学版),2020,1:1-6.

[52]　李波.中国—东盟贸易便利化合作对中国地区产业增长影响研究[J].亚太经济,
　　　 2017,4:125-134,176.

[53]　胡国良,王继源,龙少波.中国与东盟产业合作的效益测算及评价研究[J].世界经
　　　 济研究,2017,4:95-105,136.

[54]　熊彬,李洋,刘亚静.基于国际产业竞争力的"澜湄合作"背景下国际产能合作研
　　　 究[J].生态经济,2018,34(3):76-83.

[55]　广西壮族自治区东南亚经济与政治研究院课题组,刘家凯.广西与东盟产业合作创
　　　 新研究[J].改革与战略,2019,35(1):109-124.

[56] 周均旭,常亚军,何惠榕,等.广西与越南劳动密集型产业合作研究[J].广西社会科
学,2018,2：63-67.

[57] 王耀华,宁龙堂.推进广西—东盟优先服务产业贸易合作潜力与路径探讨[J].对外
经贸实务,2018,3：30-33.

[58] 唐奇展,杨凤英."一带一路"背景下广西对接东盟文化产业合作路径探析[J].广西
大学学报(哲学社会科学版),2018,40(1)：113-118.

[59] 姜文辉,杨扬,黄钰宁.福建与东盟产业合作现状及推进路径分析[J].集美大学学
报(哲社版),2018,21(2)：78-88.

[60] 饶志明.福建直接投资东盟国家的产业协作策略研究[J].华侨大学学报(哲学社会
科学版),2017,6：50-60,74.

[61] 陈岚,王琼."海丝"背景下闽西与东盟外向型经济合作路径探析[J].长沙大学学
报,2016,30(4)：14-16.

[62] 李逸群.CAFTA 背景下贵州—东盟产业的国际分工与合作[J].商业经济,2014,
10：43-44,46.

[63] 王丽,张岩.对外直接投资与母国产业结构升级之间的关系研究：基于 1990-2014
年 OECD 国家的样本数据考察[J].世界经济研究,2016,11.

[64] 赵云鹏,叶娇.对外直接投资对中国产业结构影响研究[J].数量经济技术经济研
究,2018,35(3).

[65] 闫慧.数字鸿沟研究的未来：境外数字不平等研究进展[J].中国图书馆学报.
2011,4.

[66] 王勤,温师燕.东盟国家实施"工业 4.0"战略的动因和前景[J].经济研究参考,
2020,12：120-128.

[67] 王勤.中国与东盟经济的互补和竞争及其发展趋势[J].东南亚研究,2004,3.

[68] 殷畅.产业经济园区对中国—东盟命运共同体建设的影响[D].南宁：广西民族大
学,2016.

[69] 陶莺,项丽瑶,俞荣建.中国企业出海"航母"模式：泰中罗勇案例研究[J].商业经济
与管理,2019,7：39-49.

[70] 雷晓蒙.东盟和大湄公河次区域电力互联面临的机遇与挑战[J].中国电力企业管
理,2017,22：67-69.

[71] 王金涛,赵宇飞,潘强.陆海新通道：疫情下战略价值凸显[J].瞭望,2020,51：
23-25.

[72] 蔡振伟.借 RCEP 进一步深化海南与东盟合作[N].海南日报,2020-12-29(B06).

[73] 广西布局数据中心集聚发展新格局：以南宁为核心打造国家级新基算力基地
[N].南宁日报,2020-08-11.

[74] 朱耐.双边政治关系对中国向东盟国家直接投资的影响研究[D].南宁：广西民族
大学,2018.

[75] 张群.中国—东盟经贸关系发展的特征与前景[N].中国社会科学报,2020-07-09.

[76] 朱东平.外商直接投资、知识产权保护与发展中国家的社会福利——兼论发展中国

家的引资战略[J].经济研究,2004,1:93-101.

[77] 蔡武.区域经济一体化与协调发展的理论及其发展[J].中共成都市委党校学报,2012,5:30-35.

[78] 杨建民.试论美国对拉美的新战略:"美洲增长"倡议[J].学术探索,2020(9):6.

[79] 肖炼.美国经济研究[C].北京:中国友谊出版公司,2007,250-253.

[80] 殷瑞瑞,赵炳新,于振磊."21世纪海上丝绸之路"东亚国家间产业网络及其关联效应研究[J].经济问题探索,2016,6:119-126.

[81] 林彩梅,庄耿铭.和平文化经营理念与多国籍企业文化管理绩效——以日本MNE之经营策略为例[J].多国籍企业管理评论,2007,1(1):1-38.

[82] 蓝昕.东亚区域合作中的韩国与东盟[J].国际经济合作,2004,11:38-40.

[83] 卢光盛.东盟与美国的经济关系:发展、现状与意义[J].当代亚太,2007,9:32-53.

[84] 张俊.新兴市场国家区域一体化开放与发展的经验借鉴及启示[J].企业改革与管理,2020,16.

[85] 丁阳."一带一路"战略中的产业合作问题研究[D].北京:对外经济贸易大学,2016.

[86] 李一鸣.中欧产业合作研究[D].长春:吉林大学,2018.

[87] 张海冰.欧洲一体化历程对东亚经济一体化的启示[J].世界经济研究,2003(4):75-80.

[88] 张彬,杨勇.欧洲经济一体化的贸易效应对中欧贸易的影响探析[J].国际贸易问题,2008,12:43-52.

[89] 肖灿夫,舒元,李江涛.欧洲经济一体化、区域差距与经济趋同[J].国际贸易问题,2008,11:43-49.

[90] 阎国来.欧洲经济一体化与经济增长关系研究[D].长春:吉林大学,2015.

[91] 魏红.区域贸易安排理论与实践研究[D].上海:华东政法大学,2008.

[92] 邱霞.欧盟区域合作稳定性研究[D].长春:长春工业大学,2016.

[93] 赵颖超.国际区域合作体的生命周期研究[D].长春:长春工业大学,2017.

[94] 雷瑞.东南亚国家农业投资潜力与我国农业"走出去"策略[J].农村经济,2017,4:80-85.

[95] 聂飞.中国对外投资的产业转移效应研究[D].武汉:华中科技大学,2016.

[96] 隋博文,庄丽娟.中国—东盟双方跨境农业合作方式探析[J].对外经贸实务,2017,6:26-28.

[97] 中华人民共和国商务部.中国与APEC[EB/OL].(2002-07-18)[2024-12-01].

[98] 在亚太经合组织领导人非正式会议上江泽民主席发表讲话[N].人民日报,1994-11-15.

[99] 胡锦涛在APEC第十三次领导人非正式会议上的讲话[N].新华网,2005-11-19.

[100] 舒建中.解读国际关系的规范模式:国际机制诸理论及其整合[J].国际论坛,2006,3.

[101] 东盟和中日韩(10+3)合作应对全球经济和金融危机联合新闻声明[N].新华网,

2016-6-29.

[102] 白阳.李克强出席第23次东盟与中日韩领导人会议[N].人民日报,2020-11-15.

[103] 陆建人.2001年东亚区域合作新进展[J].世界经济,2001,3:20.

[104] 桑百川,李计广.拓展我国与主要新兴市场国家的贸易关系——基于贸易竞争性与互补性的分析[J].财贸经济,2011,10:69-74,135-136.

[105] 李景华.基于投入产出技术的北京市产业发展战略研究[J].中国政法大学学报,2013,3:129-137,161.

[106] 李宏艳,齐俊妍.跨国生产与垂直专业化:一个新经济地理学分析框架[J].世界经济,2008,9:30-40.

[107] 王勤.中国—东盟海洋经济发展与合作:现状及前景[J].东南亚纵横,2016,6:36-38.

[108] 中国—东盟博览会秘书处.产业园区中国—东盟投资合作新模式[J].中国投资,2016,10:68.

[109] 李景华.国际贸易摩擦形成的博弈机制及应对[J].人民论坛/学术前沿,2018(16):66-76.

[110] 陈锡康,李景华.长江流域片水利投资后向效应经济分析[J].水利经济,2003,21(2):45-48.

[111] Datuk M S,陈红升.经济转型:相互投资与产业合作[J].东南亚纵横,2013(10):20-22.

二、英文文献

[1] Amin A,Cohendet P. Learning and Adaptation in Decentralised Business Networks[J]. Environment and Planning D:Society and Space,1999,17(1):87-104.

[2] Amin A,Thrift N. Institutional issues for the European regions:from markets and plans to socioeconomics and powers of association[J]. Economy and Society,1995,24(1):41-66.

[3] Amsden A H. Catch-Up Industrialization:The Trajectory and Prospects of East Asian Economies-By Akira Suehiro[J]. The Developing Economies,2010,47(4):488-491.

[4] Balassa B. Trade Liberalization and Revealed Comparative Advantage[J]. Manchester School,1965,33(2):99-123.

[5] Baldwin R,Harrigan J. Zeros,Quality,and Space:Trade Theory and Trade Evidence[J]. American Economic Journal:Microeconomics,American Economic Association,2011,3(2):60-88.

[6] Barrios S,Bertinelli L,Strobl E. Geographic Concentration and Establishment Scale:An Extension Using Panel Data[J]. Journal of Regional Science,2006,46(4):733-746.

[7] Blatter J. Emerging Cross-border Regions as A Step towards Sustainable Development[J].
      International Journal of Economic Development,2000,2(3): 402-439.

[8] Caves R E, Porter M E. From Entry Barriers to Mobility Barriers[J]. Quarterly
      Journal of Economics,1977,91: 241-261.

[9] Cooke P. Regions in a Global Market: The Experiences of Wales and Baden-Wurttemberg
      [J]. Review of International Political Economy,1997,4(2): 349-381.

[10] Demsetz H. Industry Structure,Market Rivalry,and Public Policy[J]. Journal of Law
      and Economics,1973,16: 1-9.

[11] Dermot Hodson, Uwe Puetter. The European Union in Disequilibrium: New
      Intergovernmentalism, Post Functionalism and Integration Theory in the Post-
      Maastricht Period[J]. Journal of European Public Policy,2019,26(8).

[12] Dietrich M. Firms,Markets and Transaction Cost Economics[J]. Scottish Journal of
      Political Economy,2010,38(1): 41-57.

[13] Dunning J H. The Eclectic Paradigm of International Production: A Restatement
      and Some Possible Extensions[J]. Journal of International Business Studies,1988,
      19(1): 1-31.

[14] Economic Commission for Europe (ECE). Analytical Report on Industrial Co-
      operation among ECE Countries[R]. Geneva,1973,2.

[15] Erik Dietzenbacher,Bart Los,Robert Steher,et al. The Construction of World Input-
      Output Tables in the WIOD Project[J]. Economic Systems Research,2013,25(1):
      71-98.

[16] Finger J M,Kreinin M E. A Measure of Export Similarity and Its Possible Uses[J].
      Economic Journal,1979,89(356): 905-912.

[17] Glaeser E,Kallal H,Scheinkman J,et al. Growth in Cities[J]. Journal of Political
      Economy,1992,100: 1126-1152.

[18] Grossman S,Hart O. The Costs and Benefits of Ownership: A Theory of Vertical and
      Lateral Integration[J]. Journal of Political Economy,1986,94.

[19] Hanson G H. US-Mexico Integration and Regional Economies: Evidence from
      Border-City Pairs[J]. Journal of Urban Economics,2001,50(2): 259-287.

[20] Henderson V. Marshall's Scale Economies[J]. Journal of Urban Economics,2003,
      53: 1-28.

[21] Henneberry S R,Mutondo J E. Agricultural Trade Among NAFTA Countries: A Case
      Study of U. S. Meat Exports[J]. Review of Agricultural Economics,2009,31(3):
      424-445.

[22] Holmes T J,Stevens. Geographic Concentration and Establishment Scale: Analysis
      in an Alternative Economic Geography Model[J]. Journal of Economic Geography,
      2004,4: 227-250.

[23] Isard W. Interregional and Regional Input-Output Analysis: A Model of a Space

Economy[J]. Review of Economics and Statistics,1951,33: 318-328.

[24] Jamieson R,South N,Taylor I. Economic Liberalization and Cross-Border Crime: The North American Free Trade Area and Canada's Border with the U. S. A. Part I [J]. International Journal of the Sociology of Law,1998,26(2): 245-272.

[25] Javorcik S B. Does Foreign Direct Investment Increase the Productivity of Domestic Firms? In Search of Spillovers Through Backward Linkages[J]. American Economic Review,2004,94(3): 605-627.

[26] John N. Non-Cooperation Games[J]. Annals of Mathematics,1951: 286-295.

[27] Krongkaew M. The Development of the Greater Mekong Subregion (GMS): Real Promise or False Hope? [J]. Journal of Asian Economics,2004,5.

[28] Krugman P. Increasing Returns,Monopolistic Competition,and International Trade [J]. Journal of International Economics,1979,9: 469-479.

[29] Krugman P,Venables A. Integration,Specification and Adjustment[J]. European Economic Review,1996,40(3-5): 959-967.

[30] Lafourcade M,Mion G. Concentration,Agglomeration,and the Size of Plants[J]. Regional Science and Urban Economics,2007,37: 46-68.

[31] Lakatos C,Walmsley T. Investment Creation and Diversion Effects of the ASEAN-China Free Trade Agreement[J]. Economic Modelling,2012,29(3): 766-779.

[32] Latour B. The Powers of Association[J]. Sociological Review,1986,32(1): viii,280.

[33] Leise N. The Industrial East-West Cooperation[J]. University of Hamburg,1977,7(29).

[34] Leontief W. Quantitative Input and Output Relations in the Economic System of the United States[J]. The Review of Economics and Statistics,1936,18(3): 105-125.

[35] Leontief W. The Balance of the Economic Balance of USSR. In Foundations of the Soviet Strategy for Economic Growth: Selected Soviet Essays[C]. Bloomington: Indiana University Press,1964: 88-94.

[36] Li J. A Decomposition Method of Structural Decomposition Analysis[J]. Journal of Systems Science and Complexity,2005,18(2): 210-218.

[37] Maher R. International Relations Theory and the Future of European Integration[J]. International Studies Review,2021,23(1): 89-114.

[38] Mihai N,Ziad S,Michael M,et al. The Impact of NAFTA on the Mexican-American Trade[J]. International Journal of Commerce and Management,2006,16(3-4).

[39] Mohamed F A,Chaufan C. A Critical Discourse Analysis of Intellectual Property Rights Within NAFTA 1. 0: Implications for NAFTA 2. 0 and for Democratic (Health) Governance in Canada [J]. International Journal of Health Services: Planning, Administration,Evaluation,2020,50(3): 278-291.

[40] Orillard M. Cognitive Networks and Self-organization in a Complex Socio-economic Environment[J]. Beyond Market and Hierarchy: Interactive Governance and Social Complexity,1997.

[41] Perez C. Structural Change and the Assimilation of New Technologies in the Economic and Social System[J]. Futures,1983,15(5)：357-375.

[42] Pierre O G,Hélène R,Sauzet M. The International Monetary and Financial System [J]. Annual Review of Economics,2019,11：859-893.

[43] Porter M. From Competitive Advantage to Corporate Strategy[J]. Harvard Business Review,1987,6：43-59.

[44] Porter M. The Contribution of Industrial Organization to Strategic Management[J]. Academy of Management Review,1981,6：609-620.

[45] Porter M. The Role of Location in Competition[J]. Journal of the Economics of Business,1994,1：35-39.

[46] Powell T C. How Much Does Industry Matter? An Alternative Empirical Test[J]. Strategic Management Journal,1996,17(4)：323-334.

[47] Prebisch R. The Economic Development of Latin America and its Principal Problems [J]. Economic Bulletin for Latin America,1962,7(1).

[48] Ray G,Xue L,Barney J. Impact of Information Technology Capital on Firm Scope and Performance：The Role of Asset Characteristics [J]. Academy of Management Journal,2013,56(4)：1125-1147.

[49] Riordan M H,Williamson O E. Asset Specificity and Economic Organization[J]. International Journal of Industrial Organization,1985,3(4).

[50] Rumelt R P. How Much Does Industry Matter? [J]Strategic Management Journal, 1991,12(3)：167-185.

[51] Rumelt R P,Schendel D,Teece D J. Strategic Management and Economics[J]. Strategic Management Journal,1991,12(S2)：5-29.

[52] Schenk K E. Outlook for Industrial East-west Cooperation[J]. Inter-economics, 1976,11(1)：8-11.

[53] Schmalensee R. Do Markets Differ Much? [J]American Economic Review,1985, 75(3)：341-351.

[54] Schott J,Hufbauer G. NAFTA Revisited[J]. Melbourne Review：A Journal of Business and Public Policy,2006,2(1).

[55] Scott A J. The Geographic Foundations of Industrial Performance[J]. Competition & Change,1995,1(1)：51-66.

[56] Sunley P. Context in Economic Geography：The Relevance of Pragmatism[J]. Progress in Human Geography,1996,20(3)：338-355.

[57] Szumanski A. The Industrial Cooperation Contract in East-West Trade[J]. Economic Review,1989,p.87-88.

[58] Thiravong S,Xu J,Jing Q. Study on Laos-China Cross-Border Regional Economic Cooperation Based on Symbiosis Theory：A Case of Construction of Laos Savan Water Economic Zone[J]. International Conference on Computer and Computing

Technologies in Agriculture. Springer,Cham,2015.

[59] Timmer M P,Dietzenbacher E,Los B,et al. An Illustrated User Guide to the World Input-Output Database:The Case of Global Automotive Production[J]. Review of International Economics,2015,23:575-605.

[60] Uhlig C. Industrial Cooperation as an Instrument of Development Policy[J]. Inter-economics,1980,15:188-193.

[61] Vernon R. How Latin America Views the U. S. Investor. F. A. Praeger,1966.

[62] Wagner R,Zahler A. New Exports from Emerging Markets:Do Followers Benefit from Pioneers? [J]Journal of Development Economics,2015,114(3):203-223.

三、中文著作

[1] 李悦.产业经济学[M].2 版.大连:东北财经大学出版社,2008.

[2] 李欣广.产业发展风险与管理[M].北京:中国时代经济出版社,2002.

[3] 宫占奎,陈建国,佟家栋.区域经济组织研究——欧盟、北美自由贸易区、亚太综合组织[M].北京:经济科学出版社,2000.

[4] 樊莹.国际区域一体化的经济效应 国际经济领域的前沿问题研究经合组织[M].北京:中国经济出版社,2005.

[5] 李欣广,等.区域经济一体化之下的经济互动与产业对接[M].成都:四川大学出版社,2008.

[6] 王丽荣,齐彬,胡玫.国际经贸组织研究[M].北京:中国商业出版社,2006.

[7] 李景华.博弈论[M].上海:上海财经大学出版社.2020.

[8] 李景华.宏观经济分析 IO 和 CGE 模型应用研究[M].上海:上海财经大学出版社,2013.

[9] 卢光盛.地区主义与东盟经济合作[M].上海:上海辞书出版社,2008.

[10] 李景华.中国第三产业投入产出分析:1987—1995——归因矩阵方法与 SDA 模型研究.中国投入产出分析应用论文精萃[M].北京:中国统计出版社,2004.

[11] 李景华.运筹学:理论、模型与 Excel 求解[M].上海:上海财经大学出版社,2012.

[12] 国家统计局.中国—东盟统计年鉴 2019[M].北京:中国统计出版社,2019.

[13] 国家统计局.中国—东盟统计年鉴 2018[M].北京:中国统计出版社,2018.

[14] 国家统计局.中国—东盟统计年鉴 2017[M].北京:中国统计出版社,2017.

[15] 国家统计局.中国统计年鉴 2019[M].北京:中国统计出版社,2019.

[16] 国家统计局.中国统计年鉴 2018[M].北京:中国统计出版社,2018.

[17] 国家统计局.中国统计年鉴 2017[M].北京:中国统计出版社,2017.

四、英文专著

[1] Amin A. An Institutionalist Perspective on Regional Economic Development[M].

Blackwell Publishers,Oxford,1999.

[2] Beechler S,Ranis S. The Prospects for Industrial Cooperation Between the United States and Japan[M]. 1993.

[3] Callon M. Techno-economic Networks and Irreversibility[M]. Routledge,London,1991.

[4] Dunning J H. Trade, Location and Economic Activity and the Multinational Enterprise: A Search for an Eclectic Approach[M]. MacMillan,London,1977.

[5] Elhanan H,Krugman P R. Market Structure and Foreign Trade: Increasing Returns, Imperfect Competition,and the International Economy[M]. MIT Press,1985.

[6] Filippi M. Industrial Cooperation: Definition[M]. Interest and Dynamic Evolution,1997.

[7] Gereffi G. Asian Development Bank. International Competitiveness of Asian Economies in the Apparel Commodity Chain[M]. Asian Development Bank,2002.

[8] Grubel H G,Lloyd P J. Intra-industry Trade: The Theory and Measurement of International Trade in Differentiated Products[M]. Wiley,1975.

[9] Hiratsuka D. Competitiveness of ASEAN, China and Japan[M]. Institute of Developing Economies,Tokyo,2003.

[10] Hodgson G M. Economics and Institutions[M]. Polity Press,Cambridge,1988.

[11] Jacobs J. The Death and Life of Great American Cities[M]. Vintage Books,New York,1961.

[12] Jacobs J. The Economy of Cities[M]. Vintage Books,New York,1969.

[13] John F,Ohkawa K,Ranis G. Keizai Hatten No Rekishiteki Pasupekutibu: Nihon, Kankoku,Taiwan[M]. Japan and Developing Countries,Tokyo,1986.

[14] John S,Gordon M. A Dictionary of Sociology[M]. Oxford University Press,Oxford, 1994.

[15] John V N,Oskar M. The Theory of Games and Economic Behavior[M]. Princeton University Press,Princeton,1944.

[16] Kojima K. New Perspectives of International Economies: From the Viewpoint of FGP-type Economic Development[M]. Bunshindo,Tokyo,2009.

[17] Leontief W. Structure of the American Economy[M]. Oxford University Press,New York,1941.

[18] Leontief W. Studies in the Structure of the American Economy: Theoretical and Empirical Explorations in Input-output Analysis[M]. Oxford University Press,New York,1953.

[19] Leontief W,et al. Studies in the Structure of the American Economy[M]. Oxford University Press,New York,1953.

[20] Ohlin B. Interregional and International Trade[M]. Harvard University Press,1933.

[21] Porter M E. Competitive Advantage[M]. The Free Press,New York,1985.

[22] Porter M E. Competitive Strategy[M]. The Free Press,New York,1980.

[23] Ricardo D. On the Principles of Political Economy and Taxation[M]. Murray,1817.

［24］ Rumelt R P. Strategy，Structure，and Economic Performance［M］. Harvard University Press，Cambridge，MA，1974.

［25］ Samuelson P A. Economics（1st ed.）［M］. McGraw-Hill Book Co，1948.

［26］ Smith A. An Inquiry into the Nature and Causes of the Wealth of Nations［M］. John Wiley & Sons，Ltd，2008.

［27］ Storper M. The Regional World：Territorial Development in a Global Economy［M］. Guilford Press，New York，1997.

五、外文译著

［1］ 迈克尔·波特. 国家竞争优势［M］. 李明轩，邱如美，译. 中信出版社，2007.